LA SECONDE GUERRE MONDIALE VUE D'AILLEURS

SOUS LA DIRECTION
DE CLAUDE QUÉTEL

—

LA SECONDE GUERRE MONDIALE VUE D'AILLEURS

BUCHET • CHASTEL

ISBN : 978-2-283-03427-9

INTRODUCTION

En France, nous avons été longtemps prisonniers d'une vision étroitement nationale de la Seconde Guerre mondiale : un pays en proie au pacifisme et aveugle à la montée de l'hitlérisme, son entrée dans la guerre à reculons, suivie de huit mois et sept jours sans combattre (« la drôle de guerre »), un gouvernement lui-même divisé entre « bellicistes » minoritaires et attentistes majoritaires ; la défaite de mai-juin 1940 et l'armistice ouvrant la porte de la collaboration avec l'Allemagne nazie ; la France des années noires, de Vichy, de la rafle du Vél'd'Hiv mais aussi celle de la Résistance et du général de Gaulle. D'une certaine façon, cette Seconde Guerre mondiale se terminait, sitôt après le débarquement en Normandie, par l'image du général de Gaulle descendant les Champs-Élysées le 26 août 1944. Il s'en fallait pourtant de neuf mois encore avant la capitulation allemande, le 8 mai 1945, mais c'était vite expédié, tout comme le rôle pourtant fondamental des Alliés.

À vrai dire, tout comme ces derniers faisaient l'Histoire (du côté occidental), ils l'écrivaient déjà. Vue de l'Angleterre invaincue, la guerre n'est déjà plus la même. Les traductions des historiens britanniques (Liddell Hart, Keegan, Kershaw, Beevor) tiennent le haut du pavé éditorial mais c'est de Londres qu'ils envisagent le conflit. Les historiens allemands leur emboîtent résolument le pas depuis Berlin. Et ainsi de suite...

Toutes ces histoires ont le même plan : d'abord la guerre européenne, de septembre 1939 à juin 1941, avec son long prélude « la montée des périls ». L'invasion de la Pologne, la défaite de la France, l'Angleterre seule dans la guerre, le théâtre de la Méditerranée, la conquête de la Yougoslavie et de la Grèce. Puis la guerre devenue mondiale, à partir de l'invasion de l'Union soviétique par le IIIe Reich en juin 1941 et de l'entrée en guerre des États-Unis après l'attaque de Pearl Harbor par le Japon impérial en décembre de la même année.

Les succès de l'Axe Rome-Berlin-Tokyo se prolongent jusqu'en janvier 1943, date à laquelle retentit le coup de tonnerre de la défaite allemande à Stalingrad et à laquelle aussi s'inverse le sort des armes dans la bataille de l'Atlantique, la guerre du désert en Afrique du Nord, la bataille de la Méditerranée. Il en va de même dans le Pacifique après le coup d'arrêt à l'avancée japonaise de la bataille de Midway en juin 1942.

La conférence de Casablanca, en janvier 1943, qui fait suite au débarquement anglo-américain en Afrique du Nord, tout comme celle de Téhéran à la fin de la même année, est dans ces récits considérée avec des yeux occidentaux (comme toutes les autres grandes conférences interalliées). Le « Second front » à l'Ouest, réclamé à grands cris par Staline, devient une réalité avec le débarquement en Normandie de 1944, prélude de la reconquête anglaise, américaine et canadienne à partir de la France. Mais qui dit Second front, dit Premier front, celui de l'Est, là où tout s'est joué, là où Hitler a perdu la guerre. Les histoires occidentales ne sauraient occulter cela mais les pages qui lui sont consacrées sous nos latitudes ne souffrent pas d'hypertrophie (pas plus que dans les histoires soviétiques hier, russes aujourd'hui, celles évoquant les opérations alliées à l'Ouest).

Des questions surgissent dès lors, rarement sinon jamais posées : l'historiographie soviétique voit-elle la Seconde Guerre mondiale de la même façon que celle de l'Europe de l'Ouest ? Et les historiens russes aujourd'hui ? Et comment le Japon et la Chine de leur côté, ou encore l'Australie, voient-ils la guerre du Pacifique, tout entière considérée généralement des États-Unis, jusqu'à la justification des bombardements atomiques d'Hiroshima et de Nagasaki ?

Certes, « les faits sont têtus » et les dates, les batailles restent les mêmes. Mais le regard et par conséquent le discours ? Comment la Pologne juge-t-elle l'attentisme de ses alliés français (et britanniques) au lendemain de la déclaration de guerre par le régime nazi ? Et comment voit-elle sa « libération » par l'Armée rouge ? Nombreux sont les Polonais qui, aujourd'hui encore, considèrent que pour leur pays la Seconde Guerre mondiale ne s'est pas terminée en 1945 puisque l'occupation soviétique a succédé à l'occupation allemande.

Le Canada français a-t-il marché du même pas que le Canada anglais lors de l'entrée en guerre ? Comment s'explique la neutralité de la république d'Irlande face au Royaume-Uni ? Et la neutralité de la Suède face au IIIe Reich ? Que dire de celle, sulfureuse entre toutes, de la Suisse ?

On sait quel fut l'engagement décisif du géant américain dans la guerre mais qu'en était-il exactement de l'opinion publique américaine avant l'attaque de Pearl Harbor, le 7 décembre 1941 ? On nous relate, avec force détails, l'arrivée tonitruante du général Patton sur la côte marocaine lors de l'opération Torch de novembre 1942 – mais le Maroc dans tout cela ? De même, Alexandrie, Le Caire, le canal de Suez ne nous apparaissent classiquement que comme des objectifs stratégiques dans la bataille de la Méditerranée et dans la guerre du désert – mais l'Égypte ? Voit-elle la même guerre ? Est-elle résolument rangée aux côtés des Britanniques ?

Et que dire de l'Italie, si souvent méprisée du point de vue militaire ? Sa guerre en Afrique ne mérite-t-elle pas d'être reconsidérée ? Quant au Vatican, généralement accusé de complaisance ou à tout le moins de neutralité coupable vis-à-vis de l'Allemagne nazie, ne convient-il pas d'y regarder de plus près ?

Il y a aussi « les questions qui fâchent » : le dramatique épisode de Mers el-Kébir en juillet 1940, la dénazification dans l'Allemagne de l'« année zéro », le génocide des Juifs vu de Moscou, hier et aujourd'hui… Partout présents aujourd'hui encore, les enjeux de mémoire liés à la Seconde Guerre mondiale sont parfois écrasants.

Voilà tout ce que ce livre se propose d'explorer. Chacune de ces interrogations a été confiée à un spécialiste de la question, invité à « décentrer » son regard et le nôtre. C'est une leçon, sinon d'humilité, du moins de prudence, face à l'Histoire en général et en particulier face à sa page la plus dramatique et supposée connue et rebattue. Voici une Seconde Guerre mondiale vue d'ailleurs.

LA GUERRE À RECULONS

Antoine de Tarlé

Dans un de ses romans les plus célèbres, *Le Complot contre l'Amérique*, Philip Roth imagine que, lors des élections présidentielles de 1940, l'aviateur Charles Lindbergh, connu pour ses sympathies pronazies se fait élire en battant Roosevelt et engage les États-Unis dans une politique de collaboration avec l'Allemagne d'Hitler. Cette uchronie a le mérite de montrer qu'au début de la Seconde Guerre mondiale les États-Unis avaient le choix entre plusieurs options dont aucune ne s'imposait en raison des profondes divisions de l'opinion publique. L'entrée en guerre en décembre 1941 ne résulta pas d'une décision concertée du président et du Congrès mais de l'initiative des pays ennemis : l'attaque de Pearl Harbor par les Japonais et la déclaration de guerre d'Hitler. C'est ainsi qu'une agression extérieure mit un terme à une situation ambiguë, reflet d'une nation mal remise de la grande crise de 1929.

De septembre 1939 à la fin de 1941, deux camps s'affrontèrent donc, incarnés par les deux hommes les plus populaires des États-Unis, Franklin Roosevelt et Charles Lindbergh. Roosevelt, triomphalement réélu à la présidence en 1936, était l'homme qui avait sauvé le pays de la terrible crise de 1929 en redonnant l'espoir à ses concitoyens. Son prestige était immense et ses adversaires républicains ne parvenaient pas à le menacer de manière crédible.

Jusqu'en 1938, le président s'était peu impliqué dans les affaires étrangères tant il était absorbé par la reconstruction d'un pays dévasté par la dépression. Toutefois, il se situait clairement dans le camp des internationalistes. Pendant la Première Guerre mondiale, il avait soutenu le président Wilson qui l'avait nommé sous-secrétaire d'État à la Marine et depuis 1933 il n'avait jamais dissimulé sa totale hostilité à Hitler et au régime nazi.

Néanmoins, ce fin politique était conscient du rejet par son pays de toute forme d'intervention armée en Europe. La participation des États-Unis au conflit mondial en 1917 avait laissé de mauvais souvenirs : cinquante mille hommes étaient morts en France dans les tranchées et le traité de Versailles avait été si mal défendu par un Wilson malade et en fin de mandat que le Sénat avait refusé de le ratifier, ce qui avait entraîné la non-adhésion du pays à la Société des Nations, pourtant le grand projet de Wilson. Aux yeux de la majorité des Américains, le pays avait été manipulé par les Anglais et les Français pour s'engager dans une guerre européenne qui avait enrichi les banquiers de Wall Street et débouché sur une paix injuste. En 1937 un sondage Gallup montra que 70 % des Américains considéraient que l'entrée en guerre vingt ans plus tôt avait été une erreur.

Lindbergh était devenu une célébrité mondiale en 1927 quand il fut le premier aviateur à traverser l'Atlantique sans escale avec son appareil le *Spirit of Saint Louis*. Au cours des années suivantes, il bénéficia de son image d'expert de l'aéronautique, un monde nouveau qui faisait rêver le grand public, et devint un héros national pour le public américain. En 1932, il se retrouva à nouveau, et dans des conditions tragiques, au cœur de l'actualité quand son fils âgé de 2 ans fut kidnappé puis retrouvé mort quelques semaines plus tard. Harcelé par les journalistes, il finit par s'installer, à partir de 1936, avec sa famille, en Angleterre d'abord, sur une île bretonne ensuite.

Ce long séjour en Europe eut un impact décisif sur ses idées politiques. Il en tira une opinion très négative des sociétés anglaise et française, jugées molles et décadentes. En revanche il fut fasciné par l'Allemagne nazie où il se rendit à plusieurs reprises sur l'invitation de Goering. Ce dernier sut le séduire en jouant sur leur fraternité d'aviateurs et en lui faisant découvrir le dynamisme et la puissance des forces aériennes allemandes, la Luftwaffe. Lindbergh en tira la conclusion que l'Allemagne était invincible et qu'en cas de guerre son aviation écraserait les forces britanniques et françaises, et détruirait leurs villes. On sait aujourd'hui qu'à la fin des années 1930 la Luftwaffe était loin de disposer de la force de frappe que lui attribuait la propagande nazie, mais le fait que Goering ait réussi à convaincre du contraire une personnalité aussi influente que Lindbergh constituait un succès incontestable et dont les conséquences sur le débat politique des années suivantes aux États-Unis furent considérables.

Dès le début de l'année 1939, la montée des tensions en Europe commença à alerter le public américain. L'occupation de la Tchécoslovaquie par l'Allemagne en mars 1939 montra que rien ne pourrait plus arrêter Hitler dans sa volonté de dominer l'Europe. C'est à ce moment-là que Lindbergh rentra en Amérique avec sa famille et que l'aviateur renoua des contacts avec les milieux isolationnistes de son pays.

De son côté Roosevelt était bien conscient de la nécessité pour les États-Unis de suivre de près ce qui se passait sur le vieux continent, tout en ménageant une opinion inquiète mais refusant jusqu'à l'hypothèse d'une intervention extérieure. Le 3 septembre, la France et le Royaume-Uni déclarèrent la guerre à l'Allemagne qui venait d'envahir la Pologne. Ce même jour le président des États-Unis affirma la neutralité de son pays au cours d'une déclaration radiodiffusée tout en soulignant qu'il ne jugeait pas de la même manière les différents belligérants. Sur le plan des principes, les États-Unis étaient clairement solidaires des démocraties européennes.

Roosevelt souhaitait aller plus loin dans le soutien aux Alliés en modifiant la « Neutrality Act » votée en 1937 par le Congrès qui interdisait toute fourniture de matériel aux pays en guerre. Ce mois de septembre 1939 fut le théâtre de la première bataille en faveur d'une évolution de la stricte neutralité américaine. Le président commença donc à rencontrer les élus et notamment les sénateurs les plus isolationnistes tels que l'influent William Borah pour les convaincre de la nécessité d'adopter le système « cash and carry » permettant aux Alliés de faire leur marché aux États-Unis à condition d'assurer eux-mêmes le transport et de payer immédiatement.

Avant même le vote du Sénat, Lindbergh, de plus en plus convaincu de la supériorité militaire de l'Allemagne et de son bon droit, décida, pour la première fois de sa vie, d'intervenir publiquement. Le 15 septembre, il prit la parole sur les trois réseaux radiophoniques nationaux pour mettre en garde le pays contre une intervention militaire qui coûterait des millions de vies américaines alors que le conflit était la conséquence des erreurs dues au traité de Versailles et qu'il fallait sauvegarder les intérêts de la « race blanche » menacée par les « races africaines et asiatiques » ainsi que par le communisme soviétique. Cette intervention, écoutée par des dizaines de millions d'Américains, fut le point de départ d'un affrontement d'une grande violence entre partisans et adversaires d'un engagement américain. Un deuxième discours le 13 octobre, s'opposant à toute livraison d'armes aux Alliés, conforta sa position de chef de file du camp isolationniste.

Toutefois, Lindbergh était loin de faire l'unanimité. La presse, très influente, était plutôt favorable aux Alliés, et de nombreuses manifestations, notamment dans les grandes villes de la côte Est poussaient dans le même sens. Au Sénat, Roosevelt donna une fois de plus la mesure de son habileté politique. Il ressouda la coalition entre démocrates libéraux du Nord qui étaient foncièrement hostiles au nazisme et démocrates du Sud qui étaient anglophiles et favorables à un renforcement de l'armée. La loi *Cash and Carry*, présentée comme le meilleur instrument d'aide aux Alliés tout en maintenant le pays à l'écart du conflit européen fut adopté par 63 voix contre 30, l'opposition venant essentiellement d'élus de l'Ouest.

Le président était néanmoins conscient que, dans un monde de plus en plus dangereux, son pays, géant économique, était un nain militaire. Les États-Unis disposaient d'une flotte importante et relativement moderne, mais leur armée de terre forte d'à peine deux cent cinquante mille hommes était sous-équipée et incapable de mener une action d'envergure. Leur aviation commençait à peine à se moderniser.

Le corps des officiers était dans son ensemble passablement hostile à l'administration démocrate et très admiratif de l'armée allemande qu'il n'envisageait pas d'affronter. Les militaires étaient donc aussi isolationnistes que la majorité de la population. Toutefois, la situation commença à évoluer grâce à l'arrivée, à la tête de l'armée de terre le 1er septembre 1939, d'un homme d'une envergure exceptionnelle, le général George Marshall. Ce dernier était convaincu de la nécessité impérative de doter le pays d'un appareil militaire capable de tenir tête aux grandes puissances européennes, mais Roosevelt et lui se heurtèrent pendant toute la période de la « drôle de guerre » à la mauvaise volonté du Congrès qui craignait de voir le pays s'engager dans un engrenage fatal et à terme à une réédition de 1917.

L'offensive allemande de mai-juin 1940 changea radicalement la donne. En deux mois Hitler envahit les Pays-Bas, la Belgique et la France alors qu'il avait déjà occupé la Norvège et le Danemark. Le Royaume-Uni se trouvait complètement isolé et menacé à son tour d'une invasion qui donnerait à l'Allemagne le contrôle de l'ensemble du continent européen.

Roosevelt ne perdit pas un instant pour agir. Lui-même, Marshall et son administration évoquèrent avec insistance le risque d'une intervention militaire allemande à partir de l'Amérique du Sud où les nazis bénéficiaient de nombreux soutiens. Dans ce cas la barrière de l'océan ne comptait plus et il y avait un risque que le canal de Panama passât sous contrôle ennemi. Ces craintes étaient évidemment très exagérées et ne reposaient sur aucun élément concret mais elles produisirent leur effet. Le 16 mai, le président prit la parole devant les deux Chambres et formula une série de demandes budgétaires pour augmenter les effectifs de l'armée de terre, renforcer la flotte et produire cinquante mille avions par an. Le Congrès acclama son intervention et lui accorda beaucoup plus que ce qu'il avait demandé soit 17,8 milliards de dollars de crédits, une somme colossale que l'administration eut du mal à dépenser rapidement en raison de la faiblesse des industries d'armement. Celles-ci ne fonctionnèrent à plein régime qu'à partir de 1942. Comme le rappela Marshall après la guerre, le pays perdit une année précieuse en refusant de réarmer dès 1939.

L'été 1940 marqua un tournant décisif dans l'évolution de l'opinion publique et des rapports de force politiques. L'entrée de l'armée allemande dans Paris, le 14 juin, constitua un choc majeur largement répercuté par la presse. Désormais, le Royaume-Uni restait le seul rempart contre la domination nazie comme Churchill, le nouveau Premier ministre, ne cessait de le rappeler. Celui-ci avait bien compris que son pays ne pourrait survivre que s'il bénéficiait du soutien massif des États-Unis. Le 15 juin, il adressa un message pathétique à Roosevelt. Il insista sur le fait que, dans le cas où la lutte contre le nazisme semblerait perdue, son gouvernement pourrait être balayé et remplacé par une équipe prête à capituler. Les États-Unis se retrouveraient alors seuls face à un empire européen foncièrement hostile et dominant les océans. Il était donc urgent pour les Américains de fournir aux Britanniques armes, avions et destroyers dont ils avaient un besoin vital.

Roosevelt était bien conscient de la nécessité d'aider le Royaume-Uni mais ses moyens étaient limités. Marshall et l'état-major considéraient que l'armée, en pleine reconstruction, ne pouvait se permettre de se séparer d'armements encore trop rares. Quant à la marine, elle était soucieuse de maintenir une présence forte dans le Pacifique pour faire face à une menace japonaise de plus en plus manifeste. Il n'était donc pas question de se séparer de navires trop peu nombreux pour dominer les océans Atlantique et Pacifique. Les défis géopolitiques devenaient de plus en plus complexes pour un pays qui s'était cru à l'abri des conflits européens et asiatiques.

En revanche, l'opinion, au cours de ces mois décisifs, ne cessa d'évoluer dans un sens favorable aux vœux de Churchill. Celui-ci y contribua de manière efficace en envoyant à New York un de ses proches, l'homme d'affaires canadien William Stephenson. Sa mission, ambitieuse, consistait à mettre en place un réseau de collecte d'informations et d'influence en faveur de la cause alliée. En quelques mois et avec une remarquable efficacité Stephenson monta une organisation, la British Security Coordination, BSC, basée à New York et employant un millier de personnes.

Il sut gagner la confiance du président et de Hoover, le tout-puissant patron du FBI. Son principal objectif était d'espionner et de mettre en cause les services des ambassades ennemies, allemande, italienne et aussi celle de la France de Vichy.

Les activités de BSC produisirent d'autant plus d'effets qu'elles coïncidaient avec l'évolution du sentiment populaire. L'opinion n'avait jamais manifesté de sympathie pour le nazisme et les tentatives maladroites de son organisation locale, le German American Bund, en faveur d'Hitler échouèrent totalement. En revanche, l'image du Royaume-Uni ne cessa de s'améliorer dans la mesure où son combat courageux et solitaire suscitait l'admiration du public qui manifesta son sentiment en envoyant à la Maison-Blanche des millions de lettres et de télégrammes. Les sondages reflétèrent cette situation : désormais 70 % de la population était favorable à une aide aux Britanniques mais seulement 10 % soutenaient la possibilité d'une entrée en guerre à leurs côtés. Le camp isolationniste n'avait donc pas encore perdu la bataille.

L'issue majeure de cet affrontement entre partisans et adversaires du soutien aux Britanniques était les élections présidentielles de novembre 1940 qui allaient permettre aux électeurs de trancher cette question vitale. Côté démocrate, Roosevelt décida de rompre avec une tradition qui remontait à George Washington et de solliciter un troisième mandat en invoquant la nécessité de maintenir la continuité du pouvoir en ces temps de crise majeure pour la nation. Ce choix risqué garantissait la perpétuation d'une politique favorable au Royaume-Uni, mais obligeait le candidat à faire preuve d'une certaine prudence pour ne pas s'aliéner des électeurs encore indécis, notamment dans l'Ouest. C'est sans doute ce qui explique les hésitations du président face à la demande de Churchill, appuyée par un groupe influent d'interventionnistes new-yorkais, de prêter cinquante destroyers construits au moment de la Première Guerre mondiale et gardés depuis en réserve. La flotte britannique avait subi des pertes importantes et elle avait besoin du maximum de moyens pour accompagner les convois transatlantiques attaqués en permanence par les sous-marins allemands. L'apport de ces destroyers revêtait donc une importance vitale pour l'île assiégée.

Après de multiples tergiversations, la Maison-Blanche proposa finalement de troquer les vaisseaux contre l'octroi de bases situées notamment dans les Antilles britanniques. Churchill n'avait pas d'autre choix que d'accepter le marché. La presse américaine approuva cette opération conclue le 3 septembre 1940, qui permettait à l'Amérique de renforcer son périmètre de sécurité.

Contrairement aux vœux de nombreux dirigeants républicains hostiles à toute forme d'accord avec les Britanniques, le candidat à la présidentielle que venait de désigner leur parti, Wendell Willkie, garda le silence sur cette transaction. Il est vrai que la personnalité du candidat républicain présentait un contraste surprenant avec les tendances majoritaires de ce parti ultraconservateur et isolationniste. Willkie, âgé de 48 ans à l'époque, était un industriel qui avait fait fortune dans le secteur de l'énergie. Vivant à New York, il avait séduit, grâce à son charisme et son brio intellectuel, l'establishment républicain de la métropole qui était beaucoup plus ouvert et internationaliste que les élus de l'Amérique profonde. À partir de la fin 1939, banquiers, avocats ou hommes de presse comme Henry Luce, le patron de *Time* et *Life*, décidèrent de pousser sa candidature face aux candidats traditionnels du parti, Thomas Dewey et Robert Taft qui étaient totalement opposés à une intervention extérieure. Willkie, un inconnu sur la scène politique, bénéficia donc d'une campagne de presse intense et entreprit de parcourir les fiefs républicains, notamment dans le Midwest, pour bâtir sa notoriété et collecter les soutiens des élus.

Quand la convention républicaine se réunit à la fin du mois de juin, ses chances de succès semblaient bien faibles face à Dewey. Néanmoins la crise internationale joua pleinement en sa faveur. La France venait de capituler et la défaite du Royaume-Uni semblait inévitable. Les délégués pensèrent qu'il était préférable de désigner un homme ayant une expérience du monde et ayant bien compris l'ampleur des enjeux. Le 27 juin, il fut désigné à une large majorité.

Cette nomination était une mauvaise nouvelle pour Roosevelt. Willkie partageait beaucoup d'idées du démocrate. Il avait accepté la plupart des réformes du New Deal et, surtout, il était un partisan déclaré d'une aide aux Britanniques. On pouvait donc craindre que cet homme jeune et charismatique ne prenne des voix au président usé par huit années d'exercice du pouvoir. Pour la première fois depuis 1932 une victoire républicaine semblait possible.

Roosevelt contre-attaqua par un coup de maître. Pour affaiblir son adversaire, il fit entrer dans son gouvernement, à des postes-clés, deux personnalités républicaines incontestables : Henry Stimson au département de la Guerre et Frank Knox à la Marine. Il avait d'autant plus besoin de ces nouveaux alliés qu'il s'engagea sur un projet à haut risque mais qui semblait inévitable : l'introduction du service militaire obligatoire, le *draft*, seul moyen d'étoffer de manière importante les effectifs de l'armée et de la marine.

Pour les adversaires du *draft*, celui-ci signifiait l'implication irréversible du pays dans ce qui était un conflit mondial et, à terme, l'envoi des « boys » sur le continent européen. Au Congrès, de nombreux élus y étaient totalement opposés. Le débat sur la conscription occupa les Chambres pendant une partie de l'été. En dépit de la violente opposition des élus isolationnistes, la loi qui était approuvée par près des deux tiers des Américains fut adoptée le 14 septembre. Il était désormais possible de recruter par tirage au sort et pour un service d'un an un million de jeunes Américains – ce qui rendait enfin crédible la constitution d'une armée de taille respectable.

Le 5 novembre, Roosevelt, après une campagne acharnée, l'emporta par 27 millions de voix contre 23 pour Willkie. C'était un score médiocre par rapport aux scrutins triomphaux de 1932 et 1936, mais le président avait maintenant les mains libres pour franchir une nouvelle étape dans l'abandon progressif d'une neutralité qui était de moins en moins crédible tant l'opinion, les médias et la majorité de la classe politique penchaient en faveur de Churchill et du peuple britannique accablé par le Blitz, le bombardement sans répit de Londres et des grandes agglomérations. Roosevelt était d'autant plus à l'aise que quelques jours après avoir reconnu sa défaite, Willkie annonça publiquement son soutien à l'action du président. Roosevelt, toujours à l'affût d'un coup politique, le reçut immédiatement à la Maison-Blanche et en fit son représentant spécial avant de l'envoyer à Londres afin de faire le point avec le gouvernement britannique.

Au début de 1941, le paysage politique s'était profondément modifié au regard de l'année précédente. Certes, le courant isolationniste n'avait pas renoncé. Il s'était regroupé au sein d'une nouvelle organisation : America First. Celle-ci, créée au départ par des étudiants de Yale et de Harvard (dont le jeune John Kennedy) avait changé de nature en transférant son siège à Chicago. La grande métropole du Midwest avait toujours considéré avec méfiance les ardeurs internationalistes de l'élite new-yorkaise. Au surplus, le *Chicago Tribune*, le principal quotidien de la ville qui exerçait une énorme influence sur toute la région était dirigé par Robert McCormick, un isolationniste forcené, qui accusait Roosevelt de « ruiner le pays et de saboter volontairement la démocratie ». Le journal n'hésitait pas à qualifier le président et ses collaborateurs de « gras vieillards, hystériques séniles qui consacraient toute leur énergie à susciter des guerres pour envoyer les jeunes au combat ». McCormick sut mobiliser une grande partie des milieux d'affaires de la ville où vivait une importante population d'origine allemande. America First créa des centaines d'antennes dans toute l'Amérique et convainquit Lindbergh, toujours très populaire, d'être son porte-parole officiel et d'intervenir dans des débats qui faisaient salle comble.

Néanmoins, America First était traversé de courants antagonistes et ses dirigeants ne parvinrent pas à freiner une évolution de ses militants vers des positions extrêmes, de plus en plus éloignées des opinions majoritaires. Si de nombreux citoyens, et notamment des jeunes, peu désireux de servir de chair à canon, restaient hostiles à l'entrée en guerre, l'admiration pour la résistance héroïque des Britanniques était largement partagée. De même, beaucoup d'Américains répugnaient aux insinuations racistes et même franchement antisémites de nombreux animateurs du mouvement. Il était clair qu'au fil des mois America First, loin d'exprimer un sentiment général, devenait la propriété d'une extrême droite obsédée par Roosevelt et très minoritaire dans un pays où l'idéologie nazie n'avait jamais réussi à s'implanter. Il devenait évident que les États-Unis s'engageaient de manière de plus en plus active aux côtés des Britanniques.

Leur pays supportait non seulement un Blitz meurtrier mais était au bord de l'effondrement financier. Il avait mobilisé depuis un an toutes ses ressources pour acheter armes et produits de première nécessité en application de la loi « cash and carry » mais il ne pouvait poursuivre ces importations vitales qu'avec l'aide financière de l'Amérique. En arrivant à New York après un déplacement à Londres, l'ambassadeur britannique, Lord Lothian, résuma la situation face aux journalistes par une formule brutale : « Eh bien les gars, l'Angleterre est fauchée. Nous avons besoin de votre argent. » Cette formule particulièrement osée fut largement reprise par la presse et complétée par un courrier dramatique de Churchill adressé au président, le 7 décembre 1940.

Roosevelt et son secrétaire au Trésor Morgenthau, conscients que l'on ne pouvait plus attendre, proposèrent au Congrès un dispositif qui allait jouer un rôle déterminant dans la suite de la guerre : la loi « lend lease » (« Prêt-Bail »). En application de ce texte les États-Unis « prêtaient » aux pays alliés et en priorité au Royaume-Uni des quantités illimitées de matériel avec un paiement théoriquement différé. Selon l'expression de Roosevelt, l'Amérique assumait le rôle d'arsenal de la démocratie.

Une telle démarche éloignait de manière encore plus flagrante les États-Unis de leur position de neutralité. Elle suscita la fureur des isolationnistes républicains et démocrates au Congrès. Ils déployèrent des efforts gigantesques pour bloquer l'approbation de la loi, mais ce fut en vain. Les sondages de Gallup montraient que près de 70 % des Américains étaient favorables au « lend lease » qui présentait aussi l'avantage de relancer l'économie et donc de créer des millions d'emplois alors que le chômage, séquelle de la crise de 1929, continuait à sévir. Fidèle à ses convictions, Willkie soutint publiquement le projet ce qui sema le désarroi chez les républicains. Le 9 février 1941, le Congrès adopta le projet de loi par 260 voix contre 165.

Cette évolution de l'engagement américain marquait un tournant de la guerre et rendait encore plus direct l'affrontement entre Roosevelt et Hitler. Toutefois, tout au long de l'année 1941, l'un et l'autre essayèrent d'éviter une entrée en guerre prématurée. Hitler était absorbé par la préparation de l'invasion de l'URSS. Roosevelt ne voulait pas être entraîné dans un conflit auquel continuait à s'opposer une fraction importante de la population et du Congrès.

Le champ de bataille potentiel entre les deux puissances était l'Atlantique par où passaient les convois qui alimentaient un Royaume-Uni au bord de l'asphyxie. En 1939, le gouvernement américain avait délimité une zone neutralisée de 300 milles au-delà de la côte Est du pays. La flotte américaine y patrouillait pour écarter les sous-marins allemands. Le 25 mars 1941, l'Allemagne, tirant les conséquences de l'adoption du « lend lease », élargit considérablement sa zone de combat en l'étendant jusqu'aux rives du Groenland. Roosevelt réagit à cette provocation le 10 avril en annonçant l'établissement d'une base militaire au Groenland, un territoire qui appartenait au Danemark, pays occupé par l'Allemagne. Désormais les zones américaine et allemande se recouvraient partiellement et les bâtiments de l'US Navy avaient pour rôle d'informer les convois britanniques de la présence éventuelle de sous-marins ennemis. Le chef de la marine allemande, l'amiral Raeder, se vit cependant refuser par Hitler le droit d'attaquer les navires américains présents dans cette zone à un moment où, grâce au « lend lease », le trafic entre les deux puissances anglo-saxonnes ne cessait de s'intensifier. Le Führer ne souhaitait pas ouvrir un conflit avec un nouvel ennemi avant d'en avoir fini avec la Russie.

L'étape suivante de l'engagement américain était logiquement l'accompagnement des convois britanniques par la marine de guerre des États-Unis. Les secrétaires à la Guerre et à la Marine y étaient favorables mais les états-majors, y compris l'entourage de Marshall et de l'amiral Stark, s'y opposaient. De nombreux officiers généraux restaient convaincus de la défaite probable du Royaume-Uni qui accumulait les échecs en Libye et en Grèce, et soulignaient la faiblesse de l'appareil militaire américain.

Beaucoup d'officiers supérieurs restaient séduits par les thèses isolationnistes et demeuraient en contact avec America First et Lindbergh.

Roosevelt prononça le 27 mai un discours radiodiffusé qui fut écouté par les deux tiers de la population et dans lequel il annonçait la mise en place d'un état d'urgence pour une période illimitée et sa volonté d'apporter toute l'aide nécessaire aux Britanniques. Pour un conseiller du président, aux yeux de l'opinion publique ce discours signifiait que « l'entrée en guerre contre l'Allemagne était inévitable et imminente ».

L'intervention du président ne mit pas un terme à la division du pays qui se traduisit, tout au long de l'année, par des affrontements d'une violence croissante entre partisans et adversaires de l'engagement. America First, qui était en perte de vitesse, rebondit en avril quand Lindbergh devint son porte-parole officiel et multiplia les meetings à travers le pays, face à des foules enthousiastes. De leur côté, les promoteurs de l'entrée immédiate en guerre créèrent un nouveau mouvement Fight for Freedom qui bâtit un réseau dense de cercles de débat dans tout le pays. Entre ces deux groupes, les accusations et les menaces furent de plus en plus virulentes au point que Lindbergh bénéficia d'une protection policière, en raison des menaces de mort proférées contre le « traître nazi ».

Britanniques et Allemands observaient avec intérêt cette situation. Le BSC bénéficiait du soutien officieux de la Maison-Blanche, de la sympathie de la presse, et échangeait en permanence des informations avec les collaborateurs de Roosevelt. Les Allemands étaient beaucoup moins efficaces, compte tenu de l'image déplorable du nazisme et de la maladresse de ses agents, même s'il est probable que certains sénateurs et membres du Congrès reçurent de l'argent allemand. Au fil des mois, l'administration durcit ses positions. Marshall invita ses collaborateurs à cesser de fréquenter l'attaché militaire allemand et en juillet une partie du personnel diplomatique de l'Allemagne fut expulsée pour cause d'espionnage. De toute façon, les nazis avaient définitivement perdu la bataille de l'opinion. Si les deux tiers des Américains restaient hostiles à une entrée en guerre qui entraînerait l'envoi des « boys » en Europe, le même pourcentage était favorable à un soutien inconditionnel aux Britanniques.

Le 22 juin 1941, l'Allemagne nazie entra en guerre contre l'Union soviétique. Désormais, le Royaume-Uni n'était plus l'adversaire unique d'Hitler et Roosevelt indiqua que la Russie pourrait bénéficier du « lend lease ».

L'extension de la guerre rendait encore plus urgente la nécessité de trouver une solution pour la protection des convois qui étaient décimés par les meutes de sous-marins allemands. En juillet, les Américains franchirent une nouvelle étape dans leur engagement en installant une base en Islande, un territoire qui dépendait du Danemark. Cette occupation permit à la marine américaine d'accompagner les convois britanniques au moins jusqu'en Islande à la grande fureur de l'amiral Raeder à qui Hitler continua à interdire de s'attaquer à l'US Navy à un moment où l'offensive contre la Russie atteignait sa phase critique.

Cette situation ne pouvait cependant pas durer dans la mesure où cohabitaient dans les eaux de l'Atlantique Nord trois forces navales antagonistes, britannique et américaine d'un côté, allemande de l'autre. L'incident inévitable survint le 31 octobre quand un sous-marin allemand coula pour la première fois depuis le début des hostilités un destroyer américain, le USS *Reuben James*. Cent quinze marins périrent dans le naufrage.

Roosevelt, à la surprise générale, ne réagit pas à cette provocation mais il fit voter par le Congrès, quelques semaines plus tard, une nouvelle loi modifiant le « Neutrality Act » pour autoriser l'armement des navires de commerce et la livraison directe de matériel dans les ports britanniques.

La marche vers la guerre connut cependant une accélération décisive pendant le mois de novembre 1941, le Japon jouant un rôle déterminant dans ce processus.

Ce pays avait adopté depuis 1932 une politique de plus en plus agressive. Il avait pris le contrôle de la Mandchourie et, à partir de 1937, avait envahi une partie de la Chine. En 1940, il avait conforté son alliance avec l'Allemagne et profité de la défaite de la France pour faire entrer l'Indochine dans sa sphère d'influence. Il paraissait de plus en plus évident qu'il visait désormais les possessions britanniques et néerlandaises en Asie. Le gouvernement américain considérait cependant que la menace japonaise, bien réelle, n'était pas prioritaire. L'objectif stratégique essentiel était de vaincre l'adversaire nazi et de sauver le Royaume-Uni.

En 1941, le gouvernement américain décida de freiner l'essor de l'impérialisme japonais en lui imposant un embargo sur un certain nombre de produits essentiels et envisagea de bloquer la fourniture de pétrole dont le Japon avait un besoin vital. Pour Tokyo, il apparut que la seule solution pour mettre un terme à ces pressions et se déployer librement en Asie était de frapper l'Amérique avant qu'elle ait eu le temps de se réarmer. Fin novembre, une puissante flotte japonaise partit en secret des îles Kouriles en direction d'Hawaï. Le 7 décembre, la flotte américaine basée à Pearl Harbor fut attaquée par surprise provoquant l'entrée des États-Unis dans la Seconde Guerre mondiale et la disparition immédiate du mouvement isolationniste dont les dirigeants n'eurent d'autre choix que de se rallier publiquement à Roosevelt. Lindbergh lui-même tenta mais sans succès de se faire engager dans l'armée de l'air.

Le président fit immédiatement voter par les deux Chambres la déclaration de guerre au Japon. En revanche, à la grande déception de Churchill, il continua à procrastiner sur une ouverture des hostilités contre l'Allemagne tant il craignait de braquer l'opinion publique. Finalement, Hitler lui rendit un service majeur en prenant la décision, le 11 décembre, de déclarer la guerre aux États-Unis. Désormais, l'Amérique était pleinement engagée dans le conflit mondial et pouvait mobiliser, sans contestation interne, ses vastes moyens industriels et humains au secours de la démocratie.

On s'est beaucoup interrogé sur les raisons des tergiversations de Roosevelt face à un péril nazi dont il mesurait l'ampleur et aux sollicitations pathétiques de Churchill. Le président était parfaitement conscient des réactions ambiguës de l'opinion, surtout avant des élections présidentielles difficiles en novembre 1940. Il voulait éviter à tout prix de se retrouver dans la même situation que Wilson, accusé de s'être engagé de manière irréfléchie dans la Première Guerre mondiale.

Sur le plan idéologique, les Alliés avaient conquis les esprits dès la fin de 1939. Face à une Allemagne nazie totalitaire, pourchassant sans pitié les Juifs et les opposants politiques, le Royaume-Uni incarnait une démocratie respectueuse du pluralisme et des droits de l'homme. Les *comics*, ces bandes dessinées lues par des dizaines de millions d'Américains eurent tôt fait de décrire le combat victorieux de *Captain America* contre Hitler et les ignobles nazis. Hollywood s'engagea avec plus de prudence, mais elle réussit avec le film *Sergeant York* (septembre 1941) à attirer des millions de spectateurs sur l'histoire d'un héros de la Grande Guerre incarné par Gary Cooper, tandis que le film de Charlie Chaplin *Le Dictateur* (mars 1941) fut un énorme succès commercial. De même, des livres anglais décrivant le combat quotidien du pays comme *Mrs Miniver* se vendirent à plus d'un million d'exemplaires. Dès 1940, les sondages montrèrent qu'une grande majorité des Américains souhaitait que leur pays aidât massivement les Britanniques luttant pour leur survie. Au surplus, la politique de réarmement, qui permit au pays de sortir définitivement de la grande crise, fut vite populaire.

En revanche, et jusqu'à la fin de 1941, l'opinion était beaucoup plus réservée sur une entrée en guerre avec le risque de centaines de milliers de morts de jeunes Américains. Ce n'est pas un hasard si le mouvement America First fut créé par des étudiants. Ceux-ci changèrent d'avis quand ils comprirent que la guerre était inévitable et que leur mouvement passait sous le contrôle des isolationnistes forcenés de Chicago qui haïssaient Roosevelt et les Britanniques.

En définitive, Roosevelt obtint ce qu'il souhaitait : se faire forcer la main par l'ennemi afin d'obtenir le soutien unanime du pays pour une guerre totale contre le nazisme et le Japon.

LA QUESTION DE L'ENGAGEMENT DU CANADA FRANÇAIS

Caroline D'Amours

Le 10 septembre 1939, le Parlement canadien entérine officiellement la décision d'entrer en guerre contre l'Allemagne nazie. Le Premier ministre, William Lyon Mackenzie King, s'était pourtant efforcé d'éviter le conflit à tout prix. Les importantes pertes humaines de la Première Guerre mondiale ainsi que les tensions sociales et politiques engendrées par l'adoption de la conscription lui font en effet craindre le pire pour l'unité entre Canadiens français et Canadiens anglais. Mais Mackenzie King savait également que si le Royaume-Uni entrait en guerre, le Canada ne pourrait s'abstenir de le faire. Ainsi, une semaine après que Londres a déclaré la guerre à l'Allemagne, le Parlement canadien votait presque à l'unanimité l'engagement du pays dans le conflit.

La préservation de l'unité canadienne au mois de septembre 1939 constitue assurément l'une des réalisations les plus remarquables de la carrière politique de Mackenzie King. À cette époque, la Confédération canadienne compte neuf provinces en plus des territoires du Yukon et du Nord-Ouest. La population du pays, soit 11,5 millions d'habitants, n'est pas répartie uniformément sur l'ensemble du territoire. Le Québec et l'Ontario abritent à eux seuls près des deux tiers de la population alors que les provinces de l'Ouest ne comptent que 3 millions d'habitants et les provinces maritimes 1 million seulement.

La population canadienne se divise également en deux principales communautés linguistiques et culturelles. Le nombre de Canadiens d'origine britannique s'élève alors à 5,7 millions d'individus répartis dans toutes les provinces du pays. Les Canadiens français, les descendants de la population française venue s'établir sur les rives du fleuve Saint-Laurent aux XVIIe et XVIIIe siècles, comptent quant à eux 3,3 millions d'habitants. Si un peu plus de 80 % d'entre eux résident au Québec, ils sont eux aussi installés partout dans le pays. La population canadienne-française est également à très grande majorité catholique, ce qui signifie que l'Église joue un rôle important dans la vie de ses fidèles, principalement au Québec.

Les différences entre les deux communautés linguistiques et culturelles expliquent en partie leurs désaccords sur la participation aux guerres de l'Empire britannique. Depuis la guerre des Boers au tournant du XXe siècle et pendant la Première Guerre mondiale, l'unité entre Canadiens français et Canadiens anglais avait en effet été fortement ébranlée par les débats entourant la conscription pour le service dit outre-mer. Les impérialistes canadiens anglais défendaient avec enthousiasme la participation canadienne alors que les nationalistes, majoritairement canadiens français, favorisaient plutôt une autonomie vis-à-vis de Londres. L'idée selon laquelle les colonies britanniques pouvaient être considérées comme des réservoirs d'effectifs militaires alors que le Royaume-Uni décidait seul de l'entrée en guerre ou non de l'Empire britannique soulevait l'indignation générale au Québec. Le recours à la conscription pour le service outre-mer en décembre 1917 mena ainsi à une véritable crise nationale, ce qui accentua les tensions entre francophones et anglophones.

Il faut comprendre que les Canadiens français se considèrent d'abord et avant tout comme des Canadiens. Depuis la conquête de la Nouvelle-France en 1760 par les Britanniques, la population canadienne française s'est en effet forgé une identité distincte afin de se protéger des velléités assimilatrices britanniques. Dans ces circonstances, les appels à voler au secours du Royaume-Uni au début de la guerre ne rencontrent pas une réponse enthousiaste de leur part.

Les appels pour sauver la France ne donnent pas de meilleurs résultats, bien que les Canadiens français conservent un certain attachement pour la terre de leurs ancêtres. La population considère en général qu'il n'est pas nécessairement de son devoir d'aller mourir pour la France étant donné que celle-ci l'a abandonnée à son sort cent soixante-quinze ans plus tôt. Dans un Québec conservateur et catholique, la capitulation en 1940 de la France républicaine et laïque n'ébranle pas la position des Canadiens français. À l'été 1940, plusieurs d'entre eux voient la « Révolution nationale » du maréchal Pétain comme une occasion de redressement moral pour la France. Cependant, la collaboration de Vichy avec l'Allemagne nuira de plus en plus à l'image de Pétain au Québec, ce qui se traduira progressivement par un soutien plus actif au général de Gaulle. Malgré tout, les Canadiens français considèrent toujours en 1942 qu'ils ne doivent prendre les armes que si leur pays, le Canada, est attaqué.

En 1939, les garanties offertes par Mackenzie King contre l'adoption de la conscription pour le service outre-mer réconcilient la population francophone avec l'idée d'une participation canadienne à ce nouveau conflit. Les Canadiens français demeurent néanmoins farouchement opposés à la conscription pour le service outre-mer jusqu'à la fin du conflit. À la vérité, le soutien pour l'enrôlement volontaire et l'effort de guerre en général coexiste au Québec avec l'opposition à la conscription. Les Canadiens français restent en effet favorables à l'enrôlement volontaire dans les forces militaires canadiennes et se soumettent généralement assez bien aux différentes mesures pour la victoire des Alliés. La chute de la France au printemps 1940 et, surtout, l'attaque des convois maritimes alliés par des sous-marins allemands dans l'estuaire et le fleuve du Saint-Laurent de 1942 à 1944 conduisent également les Canadiens français à participer de plus en plus activement à l'effort de guerre national.

La contribution généralement enthousiaste du Québec à l'enrôlement militaire, à la production de guerre, aux Obligations de la Victoire et à la Croix-Rouge canadienne constitue un excellent étalon de l'engagement du Canada français pour la victoire contre les forces nazies. En effet, tout au long de la Seconde Guerre mondiale, les Canadiens français décident délibérément et massivement de contribuer à l'effort de guerre national.

Enrôlement militaire

L'attitude des Canadiens français face à la conscription est souvent perçue comme une manifestation de leur supposé antimilitarisme atavique. Pourtant, ils s'enrôlent massivement dans les forces armées canadiennes pendant la Seconde Guerre mondiale. Si l'absence de statistiques sur la langue maternelle croisée avec le statut à l'enrôlement ne permet pas à l'heure actuelle de dénombrer avec précision le nombre de volontaires canadiens français, il est tout de même possible d'estimer la participation des francophones en utilisant les données pour le Québec. Bien sûr, des volontaires québécois sont d'origine anglophone. Mais il faut également considérer que plusieurs francophones s'enrôlent également dans les provinces de l'Ontario, du Nouveau-Brunswick, du Manitoba et de la Saskatchewan par exemple.

Au moment de la déclaration de la guerre, l'armée canadienne compte 212 officiers et soldats francophones sur les 4 169 militaires d'active, soit un peu moins de 5 %. Ces derniers font en grande majorité partie de la seule unité francophone de l'armée régulière, le Royal 22e Régiment. Dans ces circonstances, ils doivent s'entraîner à l'aide de manuels d'instruction en anglais, donnent les commandements en anglais et correspondent avec leurs homologues du reste de l'armée presque uniquement en anglais. Du côté de la milice, l'organisation d'active, si l'on tient compte uniquement des bataillons francophones, ce n'est guère mieux. Sur un total de 40 686 miliciens au Canada, seulement 2 656 d'entre eux font partie des unités de milice francophones. La situation de service dans la marine et l'aviation ne fait que confirmer la condition marginale des Canadiens français dans les forces armées canadiennes. Dans la marine, à peine 5 officiers francophones figurent parmi les effectifs réguliers alors que l'aviation compte seulement 9 officiers francophones et 6 aspirants. La situation dans la marine et l'aviation s'explique par le fait que l'on excluait systématiquement tout unilingue francophone de ces deux organisations pendant l'entre-deux-guerres. Pour qu'un Canadien français puisse y avoir sa place, il devait impérativement parler l'anglais.

La participation limitée des Canadiens français aux forces militaires nationales ne cause toutefois aucun problème au début de la guerre. Si le gouvernement de Mackenzie King s'engage résolument dans la lutte contre l'Allemagne nazie en 1939, il consent seulement à un effort de guerre ciblé. Pour éviter les pertes désastreuses de la Première Guerre mondiale, il limite le contingent canadien à seulement deux divisions d'infanterie canadiennes et concentre les efforts de recrutement sur l'aviation et la marine. Or, la chute de la France au printemps 1940 change radicalement la donne : d'un simple allié secondaire au début du conflit, le Canada devient alors le principal partenaire du Royaume-Uni. En juin 1940, le Parlement canadien adopte la loi sur la mobilisation des ressources nationales (LMRN) qui permet au gouvernement de recourir à la conscription des Canadiens mais seulement pour défendre le territoire national. Les débats sur la conscription pour le service outre-mer culminent avec la consultation électorale du 27 avril 1942 qui oppose encore une fois Canadiens anglais et Canadiens français. Si l'amendement de la LMRN permet dès lors d'envoyer des conscrits outre-mer, cette disposition n'est appliquée qu'en novembre 1944 lorsque le nombre de volontaires devient insuffisant pour maintenir les effectifs de l'armée canadienne.

Au final, 94 446 Québécois se portent volontaires pour servir dans l'armée de terre canadienne alors que 24 768 et 12 404 d'entre eux s'enrôlent respectivement dans l'aviation et la marine. Il s'agit donc d'un total de 131 618 Québécois qui se portent volontaires pour les trois armes, soit seulement 19 % de la population masculine âgée de 18 à 45 ans du Québec. La disparité avec le Canada anglais, où un peu plus d'un homme sur trois en âge de se battre s'enrôle dans les forces militaires nationales, est flagrante. Comment expliquer une telle situation ?

Il faut répéter que les Canadiens français se considèrent d'abord et avant tout comme des Canadiens. Il faut également considérer les obstacles au recrutement des Canadiens français. De 1939 à 1945, l'organisation militaire canadienne demeure essentiellement unilingue anglophone et, sauf pour les régiments d'infanterie, aucune arme n'est véritablement accueillante pour les francophones. Le manque d'officiers francophones dans l'entre-deux-guerres limite également les possibilités du recrutement. Le ressentiment des Canadiens français résultant des campagnes de dénigrement à leur endroit freine aussi leur volonté de s'enrôler. De même, la Commission d'information en temps de guerre, l'organisme responsable de communiquer certains renseignements sur le déroulement de la guerre à la population, ne semble pas plus sensible au caractère particulier de la société canadienne française lorsqu'elle fait des appels au patriotisme en utilisant l'Union Jack, le drapeau britannique, ou en se référant à l'Angleterre.

Dans ces circonstances, il semble normal que seulement 19 % de la population masculine âgée de 18 à 45 ans du Québec se portent volontaires pour rejoindre les forces militaires canadiennes. Mais l'attachement au territoire canadien joue également un rôle dans la réponse plus enthousiaste des Canadiens anglais. Les hommes d'origine européenne arrivés récemment au Canada sont en effet plus susceptibles de se porter volontaires pour défendre leur ancienne patrie. Ils forment donc une proportion importante des effectifs de l'armée canadienne. Ainsi, seulement 618 354 des 730 625 soldats canadiens, volontaires et conscrits, sont nés au pays. Lorsque l'on tient compte de ces données, les Canadiens français représentent ainsi 22,6 % des militaires strictement d'origine canadienne. Du reste, ceux qui hésitent à s'enrôler ne se concentrent pas forcément uniquement au Québec. Lorsque l'on scrute les statistiques du recrutement, la proportion modérée d'engagements volontaires à l'extérieur du Québec est frappante. En effet, seulement 32 % des hommes en âge de se battre se portent volontaires dans le reste du Canada. Il faut donc comprendre que le volontariat demeure un phénomène minoritaire au sein des deux communautés linguistiques canadiennes.

Dans le cas du Service féminin de l'armée canadienne (CWAC), 2 215 des 21 624 femmes militaires servant au sein de cette organisation résident au Québec, soit un peu plus de 10 %. S'il n'était pas possible d'accéder aux statistiques pour le Service féminin de la marine royale du Canada (WRCNS) et le Service féminin de l'Aviation royale canadienne (RCAF (WD)) au moment de rédiger cette contribution, nul doute qu'elles forment une petite minorité des 23 799 membres de ces deux organisations majoritairement unilingues anglaises. En outre, les stéréotypes quant au rôle des femmes et les inquiétudes pour la moralité des recrues féminines dans ces milieux masculins, profondément ancrés au sein de la population francophone, ont nécessairement ralenti le recrutement des Canadiennes françaises pour les trois divisions féminines. De même, la position du Québec contre la conscription n'est probablement pas étrangère à cette situation.

La production de matériel militaire

Dans les premiers mois de la guerre, la production de matériel militaire du Canada demeure assez limitée. À dire vrai, l'économie canadienne d'avant-guerre n'était pas axée sur la fabrication. Le pays ne disposait pas d'industrie lourde et même le secteur automobile bien développé dépendait fortement des moteurs fabriqués aux États-Unis. Des petits chantiers navals étaient également exploités. Ainsi, au début du conflit, le pays ne produit ni canons, ni chars d'assaut, ni avions, ni grands navires. Ce n'est qu'avec la défaite de la France au printemps 1940 qu'il devient un acteur incontournable de l'approvisionnement des Alliés en matériel militaire. Au cours de la guerre, le Canada devient, avec les États-Unis, l'arsenal de la démocratie. En effet, il construit 487 navires de guerre et 391 navires marchands, 50 663 chars d'assaut, 16 418 avions militaires,

815 729 véhicules militaires, 1,5 million de carabines et de mitrailleuses, 72 millions d'obus pour canons et mortiers ainsi que 4,4 milliards de cartouches d'armes légères. Ainsi, la valeur totale de la production de guerre canadienne, sans compter la production agricole, les mines et les forêts, dépasse 9,5 milliards de dollars canadiens.

Le Québec, grâce à son importante concentration d'industries premières, telles que la production de bois et de métal (en particulier l'aluminium nécessaire à la construction des avions et le fer qui sert à celle des navires), et d'industries secondaires telles que les usines (munitions, canons, navires de guerre), profite de l'expansion et de l'intensification de la production industrielle au cours du conflit. En effet, de vieux établissements tels que l'Arsenal fédéral de Québec, les usines Angus de la Canadian Pacific Railway ou l'aluminerie d'Alcan sont agrandis ou reconvertis. De nouvelles manufactures telles que l'établissement aéronautique Canadair ainsi que les usines de munitions Cherrier et Bouchard sont également construites pour les besoins militaires. Ainsi, de 1939 à 1944, la valeur brute des biens manufacturés au Québec passe de 1 à 2,9 milliards de dollars canadiens et le nombre d'employés dans les industries de la province de 220 331 à 424 115. Montréal, la métropole du Québec et du Canada, voit la valeur brute de sa production industrielle et manufacturière passer de 483 millions en 1939 à 1,2 milliard de dollars canadiens en 1944 et son nombre d'employés de 105 315 à 185 708.

Au sommet de sa production industrielle en 1943, le Québec abrite ainsi la seule usine de chars d'assaut du pays, la plus grande fabrique d'aluminium, deux de ses quatre principales usines de canons, trois de ses huit principales usines aéronautiques, une demi-douzaine de chantiers navals, la seule usine de bombes aériennes, presque toutes les manufactures de projectiles de petit calibre, dix fabriques d'obus et deux de cartouches d'obus, près de la moitié des grandes entreprises d'explosifs et de produits chimiques militaires ainsi que deux des quatre principaux établissements de remplissage des obus et des bombes. La production de la province de Québec ne se limite cependant pas à ces usines. Au final, le Québec aura fourni 40 % de la valeur de production de guerre au pays.

En termes de main-d'œuvre, le Québec emploie 233 466 des 718 689 travailleurs engagés dans les industries de guerre canadiennes en 1944. En utilisant la proportion de travailleurs du Québec engagés dans les différents secteurs de production nationale, il est possible de dresser un tableau éclairé de la part de la production québécoise. Ainsi, le Québec fournit 45 % des employés fabriquant des munitions, 41 % de ceux de l'industrie aéronautique, 30 % de ceux de la construction navale et 29 % des autres secteurs (exploitation forestière, industrie agro-alimentaire, industrie textile, etc.). Quant à elles, les 55 825 Québécoises engagées dans les industries de guerre en 1944 contribuent de manière significative à l'effort industriel national. Ainsi, elles fournissent 42 % des employés féminins des munitions, 30 % de celles de l'industrie aéronautique, 15 % de celles de la construction navale et 31 % de celle des autres secteurs.

Les Obligations de la Victoire

Au cours de la guerre, le gouvernement dépense environ 22 milliards de dollars canadiens pour combattre les forces de l'Axe. Pour financer cet effort de guerre, il lance dès juin 1941 une première campagne d'émission d'Obligations de la Victoire. De février 1942 à novembre 1945, Ottawa organise tous les six mois environ une campagne intensive grâce à laquelle il réussit à atteindre des objectifs de plus en plus élevés. Au final, un peu plus de 12 milliards de dollars canadiens du budget de guerre sont empruntés aux citoyens canadiens pendant le conflit. L'important succès obtenu au Québec lors des neuf campagnes des Obligations de la Victoire ne laisse guère de doute sur le fait que le gouvernement réussit clairement à persuader les Canadiens français qu'il est de leur devoir d'acheter des obligations pour soutenir l'effort de guerre national.

Pour orchestrer la première campagne en juin 1941, le ministre des Finances crée un comité central à Ottawa chargé de diriger les activités provinciales et locales. Au Québec, le comité provincial est composé de personnalités de premier plan, essentiels à la réussite de l'entreprise. Il en va de même pour les comités régionaux et locaux. D'importantes campagnes publicitaires soutiennent puissamment cet effort. La mobilisation de l'opinion est totale.

Pour le Québec, les objectifs de 160 millions de dollars canadiens des deux premières campagnes des Obligations sont somme toute modestes en comparaison de celles qui suivront. L'ambivalence des Canadiens français face à la guerre en 1939 explique probablement les visées plus modestes de la part d'Ottawa. Alors qu'un Canadien sur treize achète des obligations en juin 1941, la proportion des Québécois s'élève à seulement un sur vingt-deux. Cela dit, au fur et à mesure que la guerre avance, les objectifs ne cessent d'augmenter et les résultats suivent. Les organisateurs de la quatrième campagne (mai 1943) réussissent ainsi à obtenir 68 millions de dollars canadiens de plus que l'objectif fixé, pour un total de près de 361 millions de dollars canadiens alors que lors de la campagne suivante, en novembre 1943, le Québec devient la première province au Canada à dépasser l'objectif qui lui a été assigné. Lors de la neuvième campagne à l'automne 1945, les souscriptions québécoises s'élèvent à plus de 561 millions de dollars canadiens, soit près de 141 millions de dollars canadiens de plus que l'objectif fixé.

Tout au long du conflit, le succès des campagnes des Obligations de la Victoire est indéniable au Québec. Le nombre d'acheteurs augmente sans cesse, passant de 167 415 lors de la première campagne de 1941 à plus de 720 000 lors de la septième campagne à l'automne 1944. La proportion de souscripteurs passe ainsi de 4,5 % de la population québécoise en 1941 à 20 % pour chacune des campagnes de 1943 à 1945, un ratio similaire à celui du reste du pays avec 25 % de la population canadienne. En excluant les achats effectués par les entreprises, les Québécois achètent des Obligations de la Victoire à hauteur de 1,2 milliard de dollars canadiens (soit 355 dollars canadiens par personne pour la durée de la guerre). Dans le reste du pays, les Canadiens achètent en moyenne 478 dollars canadiens d'Obligations de la Victoire au cours de la même période. Mais à une époque où le salaire annuel moyen québécois oscille autour de 700 dollars canadiens, soit 40 dollars canadiens de moins que le salaire annuel moyen au niveau national, l'investissement financier des Québécois dans l'effort de guerre s'avère remarquable. Au total, le Québec fournit un effort proportionnel à sa population avec l'achat de près de 3,3 milliards de dollars canadiens sur un total de 12,5 milliards de dollars canadiens pour le pays entier.

La Croix-Rouge canadienne

Pendant la Seconde Guerre mondiale, le bénévolat constitue assurément l'une des meilleures façons de montrer son engagement envers l'effort de guerre national. En ce sens, une proportion considérable de la population québécoise répond à l'appel. De toutes les organisations de bienfaisance, la

Croix-Rouge canadienne s'avère probablement l'organisation la plus active dans la province, du fait de son implication dans les différents services pour les civils et pour le personnel des forces armées. Pourtant, l'organisme n'avait pas réussi à obtenir le soutien de la population québécoise lors de la Première Guerre mondiale. Comme le fait remarquer l'historienne Sarah Glassford dans son étude de 2017 sur l'histoire de la Croix-Rouge canadienne, les liens étroits de l'organisation avec son homologue britannique et l'absence de documentation en français expliquent probablement pourquoi les Canadiens français du Québec ne manifestèrent pas d'enthousiasme particulier envers la Croix-Rouge de 1914 à 1918.

Si le personnel de la division du Québec demeure majoritairement anglophone en 1939, l'organisation provinciale tente dès le début de la guerre d'obtenir un plus grand soutien de la part de la population canadienne française. En 1939, le lieutenant-gouverneur du Québec, Sir Eugène Fiset, et le Premier ministre de la province, Adélard Godbout, acceptent respectivement de parrainer et de présider l'organisme. L'année suivante, plusieurs représentants éminents de la communauté francophone intègrent la direction de la division et des comités provinciaux, et nomment des présidents et des vice-présidents appartenant aux deux communautés linguistiques. En 1941, la division publie son premier rapport annuel bilingue depuis sa création en 1896.

À l'instar de ce qui se fait pour les campagnes des Obligations de la Victoire, le comité exécutif de chacune des sections locales mobilise les élites politiques, les notables communautaires et les membres du milieu des affaires. Grâce à ces nombreux appuis, le nombre de sections locales au Québec ne cesse de croître tout au long du conflit, passant de 127 en 1939 à 191 en 1945. La division du

Québec réussit également à recruter un nombre croissant de bénévoles pour permettre la tenue de ses nombreuses activités. Au début du conflit, ce sont 110 000 bénévoles qui participent directement ou indirectement aux multiples activités de la Croix-Rouge. En 1945, la division du Québec compte 350 000 bénévoles parmi ses rangs, ce qui constitue un peu plus de 16 % des membres à l'échelle nationale.

À l'exception de 1941, la Croix-Rouge canadienne organise chaque année une campagne de souscription à l'échelle du pays pour soutenir ses activités du temps de guerre. Encore une fois, les Québécois se montrent généreux pour l'organisation de bienfaisance. Ainsi, bien que les objectifs augmentent d'année en année, la division provinciale réussit non seulement à systématiquement les atteindre, mais également à les dépasser. Par exemple, la collecte de fonds du mois de mars 1945, dont l'objectif était de collecter 2,25 millions de dollars canadiens, récolte 2,58 millions de dollars canadiens, ce qui représente près de trois fois le montant recueilli en novembre 1939. De 1939 à 1945, les Québécois donnent au total près de 12 millions de dollars canadiens à la Croix-Rouge sur les 47 millions collectés à l'échelle nationale.

L'armée de bénévoles et les importantes campagnes de souscription soutiennent les nombreuses activités en faveur de l'effort de guerre national. La préparation de colis à l'attention des prisonniers de guerre demeure probablement l'une des plus importantes contributions de l'organisation. Le personnel du centre d'emballage de LaSalle, près de Montréal, emballe des colis contenant entre autres de la nourriture, des médicaments et des cigarettes. L'utilisation d'une chaîne de montage fonctionnant jour et nuit permet ainsi de produire plus de 7 000 colis par semaine en 1945. Au total, le Québec acheminera à lui seul plus de 3 millions des 16 millions de colis expédiés par l'organisation canadienne. Parmi bien d'autres, le sergent André Michaud, capturé lors du raid de Dieppe de 1942, soulignera l'importance à la fois matérielle et morale de ces colis.

Le Comité de confection de guerre du Québec fabrique également des bandages, des fournitures médicales et de la literie pour les hôpitaux, des vêtements pour les réfugiés et des vêtements chauds tels que des chapeaux, des gants, des chandails et des chaussettes pour les militaires. Ainsi, de septembre 1939 à avril 1946, la division du Québec produit au total 1,5 million d'articles pour les hôpitaux, 1,1 million de tricots destinés aux combattants, 92 000 fournitures et lainages pour les services auxiliaires féminins (les femmes employées dans les forces armées canadiennes), 1,4 million de vêtements de secours pour les réfugiés, 9 millions de pansements et plus de 16 000 layettes pour les nouveau-nés. À la fin du conflit, les bénévoles de la division du Québec auront préparé plus de 13 millions d'articles, soit un peu plus de 25 % de la contribution du pays.

La collecte de sang constitue une autre responsabilité importante de la Croix-Rouge du Québec en temps de guerre. Les campagnes publicitaires nationales insistent tout au long du conflit sur le besoin urgent et la sécurité des dons de sang. L'organisme établit des cliniques à partir de 1941 dans les principales villes comme Montréal, Québec, Sherbrooke, Sorel ou Trois-Rivières et des unités mobiles dans les régions moins peuplées. L'augmentation du nombre de cliniques et les campagnes publicitaires permettent à la division provinciale de faire passer les dons de sang de 21 919 unités en 1942 à un sommet de 139 653 en 1944, avec un total de près de 300 000 unités pour la durée du conflit. La contribution des Québécois équivaut à près de 13 % de l'effort national de 1939 à 1945.

Contrairement à l'idée reçue dans la mémoire et l'historiographie canadienne que les Canadiens français n'ont pas payé leur écot à l'effort de guerre, les contributions du Québec en matière d'enrôlements de volontaires, de production de matériel militaire, d'achats des Obligations de la Victoire et du soutien apporté à la Croix-Rouge canadienne sont sans équivoque. Le degré d'adhésion des Canadiens français à l'effort de guerre est à la mesure de l'ensemble de la société.

En définitive, les Canadiens français ont fait le choix délibéré de participer aux initiatives soutenant l'effort de guerre. Bien sûr, les élites et la propagande ont joué un rôle dans cette décision mais, en dernier lieu, les Canadiens français restaient tout de même libres de s'abstenir. Ils ne se sont pas abstenus.

LA BASE ARRIÈRE AUSTRALIENNE

Romain Fathi

« Mes chers compatriotes, il est de mon triste devoir de vous informer officiellement qu'en conséquence de l'obstination de l'Allemagne à envahir la Pologne, la Grande-Bretagne lui a déclaré la guerre et que, de ce fait, l'Australie est elle aussi en guerre. » C'est par ces mots, dans un discours radiodiffusé, que le Premier ministre australien Robert Menzies justifie la déclaration de guerre de son pays à l'Allemagne, le 3 septembre 1939.

Mais que l'on ne s'y trompe pas : constitué d'anciennes colonies britanniques fédérées en 1901, le dominion australien – un État indépendant membre de l'Empire britannique – ne se retrouve pas en guerre du fait de son appartenance à cet empire ou d'une quelconque obligation formelle envers le Royaume-Uni, comme le message du Premier ministre pourrait le laisser penser. L'Australie s'enrôle aux côtés de l'Empire britannique de son propre chef. Les liens avec Londres sont si forts que l'engagement à ses côtés ne fait aucun doute, comme ce fut le cas lors de la Première Guerre mondiale. Outre la dimension filiale et culturelle, l'Australie, isolée et vulnérable face à l'impérialisme nippon croissant des années 1930, est très peu préparée, encore moins équipée, pour la guerre et se retrouve donc dépendante de la présence britannique dans les océans Indien et Pacifique, ainsi que du contrôle britannique du canal de Suez auquel l'immense majorité du commerce australien est subordonnée. Les intérêts militaires et économiques, s'ils n'avaient pas besoin d'être évoqués par Menzies, constituent cependant des facteurs explicatifs essentiels pour comprendre pourquoi la si lointaine Australie déclare la guerre au IIIe Reich à la suite de l'invasion d'un pays, la Pologne, avec lequel elle entretenait alors très peu de relations. L'Australie s'engage donc pour défendre ses intérêts, mais également pour l'Empire et la protection qu'il pourrait offrir alors même que l'armée britannique est encore l'une des plus puissantes du monde.

Entrée en guerre et engagement

Pendant l'entre-deux-guerres, l'Australie n'investit que trop modérément – et trop tard – dans ses capacités de défense. Les forces armées permanentes sont modestes. La flotte, limitée, n'est pas suffisamment moderne. L'aviation militaire manque de pilotes et d'avions. L'industrie de l'armement vivote.

Entre 1939 et 1945, avec un tournant décisif à partir de 1942, la donne change. L'Australie recrute, forme, développe sa flotte, son aviation, sert de base américaine, devient presque autonome dans la production de la plupart des munitions dont ses forces armées ont besoin et exporte massivement ses denrées agricoles vers le Royaume-Uni pour soutenir l'effort de guerre. Comme d'autres dominions de l'Empire britannique, l'Australie se mobilise rapidement et massivement. Il faut garder à l'esprit qu'à l'époque les Australiens se conçoivent comme essentiellement britanniques, sujets de Sa Majesté le roi George VI, dont ils fêtent chaque année l'anniversaire. À l'école, ils apprennent l'histoire du Royaume-Uni. La littérature est britannique, les sports collectifs aussi. Les rues des villes portent le nom de monarques britanniques et les Australiens sont très attachés à leurs origines anglaises, écossaises, galloises ou irlandaises.

Un peu moins d'un million d'Australiens, sur les sept millions d'âmes que compte alors le pays, contribuent à l'effort de guerre sous les drapeaux, dont près de 558 000 en service actif à l'étranger et 433 000 sur le territoire australien. Ce million inclut les combattants au sein des différents corps (armée de terre, air, marine) mais également les soignants, logisticiens ainsi que des corps de volontaires tel que celui en charge de la défense antiaérienne. Il comprend également plus de 50 000 femmes au sein des différentes armes. L'armée professionnelle et volontaire (Second Australian Imperial Force), forte de 307 000 membres, est épaulée par les Citizen Military Forces développées à partir de milices locales établies lors de la période coloniale, sorte d'armée de réserve dont les rangs de volontaires sont grossis par des conscrits. D'autres Australiens servirent au sein même de la Royal Air Force, grâce à l'Empire Air Training Scheme en particulier.

Le départ massif d'hommes vers les différentes armes entraîne la création, sur le modèle britannique, de l'Australian Women's Land Army : l'armée de terre – au sens littéral – des femmes australiennes, pour remplacer dans les fermes les hommes partis à la guerre. Le programme n'attire que quelques milliers de femmes, ces dernières préférant prendre la direction du marché du travail dans des secteurs offrant de meilleures conditions et rémunérations. Ainsi, près de 200 000 Australiennes rejoignent le marché du travail pendant la Seconde Guerre mondiale.

Enfin, il convient de noter que près de 3 000 Aborigènes servent sous les drapeaux. Le comité de défense national était revenu sur la décision les autorisant à s'engager au tout début du conflit au motif que leur contribution n'était « ni nécessaire ni désirable », certains Australiens d'ascendance européenne ne souhaitant pas combattre à leurs côtés. Avec le manque d'hommes et de bras puis l'entrée en guerre du Japon, les restrictions imposées sont progressivement et en partie revues, et les Aborigènes sont de nouveau autorisés à combattre, ainsi qu'à rejoindre les corps de travailleurs volontaires ou à s'engager dans des missions de reconnaissance dans le Nord australien. Très peu nombreux, ils sont intégrés dans la plupart des corps déjà mentionnés, tant en active qu'en réserve. Une fois sous l'uniforme, il n'y a pas de ségrégation officielle et nombreux sont ceux qui se considèrent mieux traités que dans leur vie civile. En devenant soldats, les Aborigènes améliorent leurs revenus, accèdent à des droits qui ne leur étaient pas ouverts et pourront même demander une pension d'ancien combattant une fois les combats terminés.

Ces chiffres ne sont pas donnés pour établir un catalogue de l'engagement militaire du pays mais bien pour prendre la mesure, à l'échelle de ce pays faiblement peuplé, du degré de mobilisation générale. Après l'entrée en guerre contre l'Allemagne en 1939, l'Australie entre également en guerre contre l'Italie le 11 juin 1940 puis contre le Japon, le 9 décembre 1941. C'est véritablement cette nouvelle étape – la guerre dans le Pacifique – qui force la nation australienne à s'armer et à se mobiliser contre un empire nippon surpuissant et plus de dix fois plus peuplé.

Théâtres d'opérations

Le premier front australien est d'abord le front intérieur. Avec le National Security Act de 1939, une mesure déjà prise lors du précédent conflit mondial est remise au goût du jour : celle de l'internement des *enemy aliens*, c'est-à-dire des personnes étrangères ou même naturalisées mais d'origine étrangère qui pourraient représenter un danger pour la sécurité nationale australienne. Si en majorité il s'agit d'hommes, femmes et enfants sont aussi concernés : des Allemands en majorité, des Italiens, Russes, Hongrois et Finlandais, mais également des Japonais souvent transportés depuis d'autres parties de l'Empire. L'Australie n'accepte exclusivement que les immigrants anglo-celtiques ou d'Europe de l'Ouest. Au total, près de quinze mille personnes sont internées en Australie pendant le conflit dans dix-huit camps répartis dans tout le pays. Ces camps sont placés sous le contrôle de l'armée. Les internés y sont traités avec moins de sévérité que le sont les prisonniers de guerre, emprisonnés dans d'autres lieux de détention. Certains camps d'internés civils sont dotés d'une école.

Parmi les internés, on compte près de sept mille personnes naturalisées australiennes mais dont les relations avec leur pays d'origine ont été jugées dangereuses. La guerre, peut-être même à cause de son éloignement géographique dans ses premières années, crée une atmosphère de suspicion envers les personnes d'origine étrangère. Un exemple notoire est l'internement de centaines de Juifs ayant fui l'Allemagne nazie *via* le Royaume-Uni et pourtant internés à leur arrivée en Australie du fait de leur nationalité allemande. Par ailleurs, la politique d'internement engendre parfois des situations ubuesques, avec des pères internés dont les fils sont au front au sein des troupes australiennes. Cependant, du point de vue du gouvernement, elle permet de donner une dimension réelle au conflit et de mobiliser les Australiens contre des ennemis identifiés à portée de main.

C'est en Méditerranée puis en Afrique du Nord et au Moyen-Orient que les combats d'envergure commencent pour les troupes australiennes qui y sont engagées en nombre contre les forces de l'Axe. Elles concourent également, mais certes modestement, à la défense des îles Britanniques lors de la bataille d'Angleterre. Dès 1940, la Royal Australian Navy épaule la Royal Navy contre les Italiens et quelques divisions australiennes de l'armée de terre s'illustrent au combat, à Tobrouk (Libye) en 1941 pour la 6e division, puis lors de la campagne libano-syrienne à l'été de la même année pour la 7e division. Quelques revers sont aussi essuyés, en Grèce en 1941 ou à Malte en 1942, contre les forces allemandes et italiennes. Les troupes australiennes sont alors parties prenantes à des opérations britanniques dirigées par Londres aux côtés de troupes venues d'autres dominions. Les deux premières années, c'est donc une guerre « à distance » que les soldats australiens mènent. Les combats se déroulent loin de leur pays bien qu'ils prennent conscience que la menace se rapproche.

Avec l'attaque japonaise de Pearl Harbor le 7 décembre 1941, l'entrée en guerre des États-Unis et la descente infernale de l'armée impériale japonaise sur l'Asie du Sud-Est, la donne change considérablement pour l'Australie. 1942 marque l'intensification du conflit et surtout le rapprochement des bruits de canon. Là commence le second volet de la guerre pour le pays : la guerre dans le Pacifique. Il faut comprendre que depuis le début des années 1920, la stratégie de défense de l'Australie s'articule autour de la Singapore Strategy. Cette dernière compte sur la protection qu'assurerait en cas de guerre une large partie de la flotte britannique qui mouille à Singapour pour contrôler l'océan Indien et une partie du Pacifique. Afin d'appuyer cette flotte, nombreux sont les Australiens postés en Malaisie et à Singapour alors que les troupes japonaises progressent vers le sud, irrésistiblement. Mi-février 1942, celles-ci prennent la base navale britannique et font près de quinze mille prisonniers australiens. La Singapore Strategy est un échec : la Royal Navy est défaite et se retire, laissant l'Australie dans une situation de vulnérabilité extrême. Quant aux troupes d'active, elles sont toujours pour leur majorité en Méditerranée, en Afrique du Nord, au Moyen-Orient avec de modestes contingents dans le Pacifique. Bien sûr, de nombreuses unités demeurent en Australie mais elles sont insuffisantes tandis que l'aviation et la marine australiennes ne sont pas aussi modernes que celles des Japonais.

Début 1942, le Premier ministre de l'époque, John Curtin, poussé par une certaine panique qui s'empare des Australiens, décide de rapatrier une partie des troupes vers les terrains d'opération du Pacifique pour protéger l'Australie et, immense changement diplomatique pour le dominion, d'appeler les États-Unis à l'aide. Ces deux mesures ne manquent pas de contrarier le Premier ministre britannique, Winston Churchill. Fervent partisan de l'unité et de l'identité impériale, Curtin avait pourtant annoncé à ses concitoyens quelques mois plus tôt dans des termes qui reflètent l'état d'esprit de l'époque : « Nous tiendrons ce pays et le garderons comme citadelle pour la race britannique, comme un lieu où la civilisation persistera. » L'impossible défense de Java face aux percées japonaises incessantes ont raison de sa ferveur. Le 19 février 1942, les Japonais attaquent par les airs la ville australienne de Darwin sur la côte nord de l'île, qu'ils continueront de bombarder par intermittence. Depuis l'époque de la colonisation et des *frontiers wars* menées contre les Aborigènes, c'est la première fois que le territoire australien est frappé par une force étrangère sur son sol.

Des mois d'avancée japonaise, le retrait des Britanniques de Singapour, l'isolement, les revers sur de nombreux fronts font craindre le pire. Les travaillistes au pouvoir suggèrent (à tort, l'histoire le dira) que les libéraux du gouvernement précédent avaient approuvé un plan de défense appelé la Brisbane Line. En cas d'invasion japonaise, les Australiens devraient se replier dans la moitié sud du pays, abandonnant tout ce qui se trouve au nord de Brisbane. En réalité, des lignes de défense ont été établies autour des centres névralgiques du pays et les Japonais n'ont pas particulièrement souhaité envahir l'Australie alors qu'ils ont à leur disposition des ressources abondantes dans les territoires nouvellement conquis. Les Australiens sont cependant d'autant plus inquiets que l'écrasante majorité d'entre eux vivent dans quelques grands centres urbains (Sydney, Melbourne, Brisbane, Adélaïde), tous situés sur la côte ou accessibles par voie maritime et fluviale.

Au début de l'année 1942, le commandement japonais se penche sur la possibilité d'une invasion de l'Australie, mais cette opération est écartée car elle n'apparaît ni nécessaire ni stratégique. Cela, les Australiens ne le savent pas encore et les services de renseignement alliés acquièrent la certitude que les Japonais ne projettent pas d'attaque d'envergure ou de débarquement en Australie qu'au milieu de l'année 1942. Encore aujourd'hui, un des mythes populaires les plus durables voudrait que l'Australie ait frôlé l'invasion japonaise. Comme l'a montré l'historien Peter Stanley, rien n'est plus erroné, les Japonais n'ayant jamais eu ce projet. Cependant, la peur aura été un acteur majeur dans la militarisation de la société australienne pendant la Seconde Guerre mondiale, car rien n'indiquait fin 1941 ou au tout début de 1942 que les Japonais ne pourraient pas tenter d'envahir l'île. Cette peur a créé les conditions pour un rapprochement significatif, tant militaire que culturel, avec les États-Unis.

L'Amérique à la rescousse

Dès la toute fin décembre 1941, la présence américaine devient cruciale et les troupes australiennes, d'abord placées sous une direction des opérations britannique, passent sous contrôle américain. Le commandement suprême des troupes australiennes dans le Pacifique est mis sous l'autorité du général américain Douglas MacArthur qui, depuis l'Australie où il arrive en mars 1942, coordonne la défense de la South West Pacific Area. Évidemment, l'Australie conserve ses officiers les plus gradés, souvent nés au Royaume-Uni. Plus d'un million de soldats américains stationnent en Australie entre 1942 et 1945 et amorcent la construction d'infrastructures aériennes, ferroviaires et portuaires. D'aucuns ont parlé à ce sujet « d'invasion amicale ». En effet, ce chiffre est impressionnant à l'échelle du pays qui ne compte alors, nous l'avons dit, qu'un peu plus de sept millions d'habitants. L'Australie devient la plus grande base américaine de la région. L'île est utilisée tant pour le repos des troupes que pour leur déploiement, l'armée américaine lançant de multiples contre-attaques contre les Japonais depuis l'Australie.

Les Japonais tentent bien d'isoler l'Australie et son allié américain en voulant prendre Port Moresby en Nouvelle-Guinée et en souhaitant s'assurer le contrôle des îles Salomon et Fidji, mais leur défaite lors de la bataille de la mer de Corail qui fait rage du 4 au 8 mai 1942 les en empêche. En effet, si la bataille aéronavale se solde par de très lourdes pertes matérielles chez les Alliés, elle met un coup d'arrêt à la progression des Japonais vers le sud, et donc vers l'Australie. Les Japonais ne font pas pour autant demi-tour et continuent leurs agressions ciblées qui menacent l'Australie. Dès la fin juillet 1942 par exemple, et pendant plusieurs mois, les combats font rage sur la piste Kokoda en Nouvelle-Guinée, territoire directement au nord de l'Australie et perçu comme un dernier rempart terrestre. Plusieurs milliers d'Australiens combattent les têtes de pont japonaises dans des combats de jungle nourris par des ravitaillements aériens. La progressive domination aérienne qu'établissent les Américains étouffe finalement les forces japonaises qui se replient dans les îles les plus à l'est de la Nouvelle-Guinée ou elles utilisent leur base de Rabaul, Nouvelle-Bretagne, depuis laquelle elles continuent leurs raids aériens, dans le nord de l'État australien du Queensland, par exemple. Si ces raids demeurent modestes, leur impact psychologique sur la population est important.

MacArthur devient le conseiller militaire principal, et primordial en réalité, du gouvernement australien. Les Australiens ont, depuis la colonisation de 1788, toujours été préoccupés par leur incapacité à défendre seuls leur continent et la politique des *great and powerful friends*, qui consiste à être l'amie de grandes démocraties libérales armées, est toujours d'actualité. L'aide apportée à l'Empire britannique devait garantir en retour le concours de ce dernier en cas d'extrême nécessité, ce qui n'est pas le cas avec l'abandon de la base de Singapour. L'immense puissance américaine est donc très bien accueillie par la population.

On observe cependant quelques frictions avec la population locale, souvent près de bases américaines, alors que les GI reçoivent toutes les attentions des Australiennes. On retiendra également de fameux posters mettant en scène des femmes australiennes peu vêtues au bras de beaux Américains alors que les soldats australiens se battent à l'étranger, ou encore le titre explicite de l'ouvrage de l'Australien John Moore : *Over-sexed, over-paid, & over here : Americans in Australia 1941-1945* – copié-collé des critiques émises par la population britannique lors du stationnement des troupes américaines au Royaume-Uni avant le débarquement de 1944.

En Australie, la présence américaine change durablement les pratiques de rencontres amoureuses, précédemment très codifiées et modelées sur les pratiques britanniques d'introduction des jeunes gens et des jeunes femmes dans des cadres sociaux déterminés et surveillés. Les pratiques des *dates*, des rendez-vous galants et des soirées dansantes, remuent durablement le paysage culturel australien qui s'enrichit de parfums, rouges à lèvres et bas nylon. Les Américains sont puissants, équipés, nouveaux et bien payés, ce qui provoque non seulement une certaine jalousie de la part des soldats australiens mais également le rapatriement de près de quinze mille épouses de guerre (*war brides*) australiennes vers les États-Unis une fois la guerre finie. En général donc, l'entente aura été plus que cordiale.

Dès la fin 1943, et en accord avec les Américains, les Australiens commencent à réduire leurs forces armées au sein de la South West Pacific Area pour libérer des bras redirigés vers la production de guerre soutenant le Royaume-Uni et les Américains. Plus qu'une base arrière, l'Australie devient un centre de production pour l'effort de guerre allié. En 1944, certains Australiens commencent même à critiquer le rôle militaire jugé trop modeste de l'armée australienne si bien que le gouvernement redéploie des hommes vers les îles Bougainville et Salomon. Les Américains souhaitant reprendre les Philippines seuls, ces déploiements australiens leur conviennent. Par ailleurs, pour l'Australie, se battre jusqu'à la fin, même sur des théâtres d'opérations secondaires, assurerait dans l'esprit de certains un rôle plus important au pays dans le contrôle de la région une fois la guerre finie. Ainsi, en 1945, les Australiens apportent leur soutien aux Américains lors de la campagne de Bornéo, une des dernières campagnes alliées d'envergure de mai à juillet 1945 avec plusieurs débarquements amphibies qui se soldent par une victoire alliée.

Au total, 27 073 Australiens meurent au combat entre 1939 et 1945, 23 477 ont subi des blessures plus ou moins graves et près de 30 000 ont été faits prisonniers de guerre des Allemands, des Italiens et surtout des Japonais. Parmi les 27 073 morts australiens, on compte près de 8 000 prisonniers de guerre qui sont décédés aux mains des Japonais, ce qui continuera d'alimenter une forme de racisme et de rejet puissant des Japonais plusieurs décennies après la fin de la guerre. Ces chiffres sont très modestes par rapport à d'autres puissances alliées ou occupées, même en proportion de leurs populations. Cela s'explique par le fait qu'une bonne partie des troupes australiennes n'était pas au feu et que le pays est rapidement devenu une base arrière et un centre de production, les deux axes majeurs de l'engagement australien.

Au sortir de la guerre, les prétentions impériales japonaises si décriées par les Australiens depuis plusieurs décennies déjà sont anéanties. L'économie australienne tourne à plein régime et le gouvernement fédéral sort renforcé du conflit. Avec les crises successives provoquées par la Seconde Guerre mondiale, le gouvernement fédéral de Canberra a accru ses prérogatives grâce à toute une série de lois lui octroyant des responsabilités plus grandes tant en matière militaire qu'industrielle. Comme dans le cas des États-Unis, l'Australie sort de la Seconde Guerre mondiale plus forte qu'elle n'y était entrée.

Sortie de guerre et mémoire du conflit

Pourtant, comme l'a signalé l'historienne Joan Beaumont, la Seconde Guerre mondiale demeure pour l'Australie « la seconde guerre à tous les égards ». Bien que plus importante stratégiquement pour l'Australie que la Première Guerre mondiale et ayant bien plus mobilisé que cette dernière, la Seconde Guerre mondiale ne bénéficie pas dans ce pays d'un statut mémoriel de premier plan comme c'est le cas en Europe ou aux États-Unis.

Cela s'explique par le fait que, dans l'imaginaire national, la Première Guerre mondiale et le débarquement des Dardanelles du 25 avril 1915 constituent l'acte de naissance de l'Australie contemporaine. Composée d'anciennes colonies britanniques, l'Australie se fédère en 1901, gardant le monarque britannique pour chef d'État et faisant partie intégrante de son empire. À l'époque, cette fédéralisation n'est pas vécue comme un moment historique, seule une guerre d'importance pourrait alors marquer l'entrée de la petite et nouvelle Australie dans le concert des nations. Défaite ou succès (une défaite en l'occurrence à Gallipoli), la population attendait consciemment de célébrer ce premier engagement militaire majeur pour se forger des mythes et des références nationales. La Seconde Guerre mondiale arrive donc une guerre trop tard, le paysage mémoriel et commémoratif étant déjà saturé par l'imaginaire, les mémoriaux, les récits liés à la Première Guerre mondiale. En Australie, la subordination mémorielle de la Seconde Guerre mondiale à la primauté de la Grande Guerre est toujours d'actualité.

Il faut ajouter à cela que la Première Guerre mondiale en Australie permet de dépasser la période coloniale, de reléguer à de l'histoire ancienne le passé pénitentiaire de l'île et les massacres perpétrés contre les Aborigènes. La Première Guerre mondiale et ses héros remplirent donc de nombreuses fonctions culturelles et politiques au-delà de leur contribution militaire, somme toute limitée, les soldats australiens représentant 0,6 % du total des combattants de la Première Guerre mondiale.

De surcroît, dans l'imaginaire collectif des années 1940, les vraies batailles se livrent alors à Stalingrad, en Normandie, dans les Ardennes. Or, contrairement à la Première Guerre mondiale, très peu d'Australiens ont servi sur le front occidental pendant la Seconde Guerre mondiale, même si certains participèrent à la libération de l'Europe en 1944 et 1945. Les combats dans la jungle entre petites unités ou les engagements entre navires et avions de chasse ne sont pas perçus comme de « grandes » batailles comme les Dardanelles, la Somme ou Ypres avaient pu l'être quelques décennies plus tôt. Par ailleurs, la mémoire collective de la Seconde Guerre mondiale en Australie est moins héroïque que pour la précédente, le pays ayant eu de nombreux prisonniers de guerre. Leur expérience de la captivité occupe une place centrale dans la mémoire de cette guerre. Enfin, lors de la Première Guerre mondiale, l'Australie perd 60 000 de ses fils pour un pays de moins de 5 millions d'habitants, quand elle en perd 27 000 pour 7 millions d'habitants en 1940.

Cela établi, la Seconde Guerre mondiale a donné lieu à des changements majeurs en Australie. Le stationnement de près d'un million de GI provoque une américanisation croissante de l'Australie, tant dans le domaine des produits de consommation que de ses références culturelles, cinématographiques et musicales. Naturellement, la politique étrangère australienne post-Seconde Guerre mondiale s'est attelée à maintenir une coopération militaire étroite avec les États-Unis. Cette coopération est toujours d'actualité (Vietnam, guerres en Irak et opérations militaires en Afghanistan par exemple) et nombreuses sont les bases américaines de stationnement ou d'écoute établies pendant la guerre froide qui sont encore opérationnelles en Australie. La politique militaire contemporaine de Canberra est en grande partie alignée sur celle de Washington dans le cadre du traité ANZUS en particulier, un pacte militaire signé en 1951 entre l'Australie, la Nouvelle-Zélande et les États-Unis.

Néanmoins, les Australiens ont continué de se sentir proches du Royaume-Uni dans l'après-guerre car une majorité d'entre eux ou de leurs parents et grands-parents y étaient nés. Cet attachement filial créait un triple sentiment d'appartenance : à son État, à son pays (l'Australie) et à l'Empire. Ces trois composantes faisant partie d'un tout, en aucun cas elles ne pouvaient s'exclure. L'affinité impériale demeure donc fort longtemps après la Seconde Guerre mondiale même si les priorités géopolitiques et militaires de l'Australie sont réorientées. Les Australiens font même partie des impérialistes du dernier soir, une majorité d'entre eux s'étant sentis abandonnés quand le Royaume-Uni rejoignit le marché commun européen en 1973, délaissant définitivement le programme impérial. Encore aujourd'hui, le chef de l'État australien demeure le monarque britannique, preuve de cet attachement durable bien que de nos jours perçu comme anachronique par de plus en plus d'Australiens.

Économiquement, l'industrialisation à marche forcée pendant le conflit a doté l'Australie d'infrastructures qui lui ont permis de vivre elle aussi ses Trente Glorieuses. Enfin, si l'Australie anglo-celtique fut toujours consciente de sa vulnérabilité face à des ennemis potentiels ou imaginés, la crise de 1942 a provoqué le changement de cap sociétal le plus important pour l'Australie contemporaine : la doctrine d'après-guerre *populate or perish* (le peuplement ou la mort). En effet, lors de la fédéralisation des colonies et la création du Parlement australien en 1901, le pays avait légiféré pour n'autoriser que les émigrants anglo-saxons à s'installer et, parmi eux, les Anglo-Celtiques en priorité. Cette législation s'appelait la *White Australia Policy* (la politique de l'Australie blanche). Le pays mit donc en place des politiques discriminatoires et racistes pour se prémunir d'une immigration de populations non désirées par les Australiens.

De ce fait, les entrées étaient limitées (contrairement au Canada ou aux États-Unis, alors un peu plus accommodants) et la population australienne bien trop réduite pour peser dans les relations internationales ou même régionales d'alors. En 1938 par exemple, l'Australie avait refusé d'accueillir les réfugiés juifs que la conférence d'Évian avait tenté d'assister. Son représentant, Thomas White, avait publiquement déclaré : « Dans la mesure où nous n'avons pas de vrai problème racial, nous ne sommes pas désireux d'en importer un en mettant en place un programme migratoire depuis l'étranger de grande échelle. » Quand on sait que les Aborigènes n'étaient pas pris en compte dans les recensements de la population jusqu'en 1967, on se doute bien que le racisme y était en réalité endémique.

Cependant, la Seconde Guerre mondiale remet en question la *White Australia Policy* car, dès le milieu de l'année 1945, le gouvernement australien s'embarque dans une politique de peuplement active qui fait la part belle à l'immigration choisie. D'abord avec des Britanniques et des Européens du Nord et de l'Est dans la seconde moitié des années 1940, puis avec des Européens du Sud et des Balkans dans les années 1950, s'élargissant à la Turquie et à d'autres pays dans les années 1960, puis enfin à tout un chacun dès le milieu des années 1970. Immédiatement après la guerre, les autorités australiennes envoyèrent, dans le cadre d'un programme des Nations unies d'assistance aux populations civiles déplacées, des représentants pour offrir à des réfugiés de guerre triés sur le volet en Europe centrale, du Nord et de l'Est, la possibilité d'émigrer en Australie. L'objectif était de recruter des Scandinaves en priorité car trop peu de Britanniques se portaient volontaires, même si le voyage leur était offert.

La politique d'ouverture vers les personnes non anglo-saxonnes est avant tout le résultat d'un trop faible recrutement des profils souhaités. Face à la nécessité de peupler et de trouver des travailleurs pour des industries en pleine expansion, sans compter les pressions internationales, l'Australie s'ouvre donc progressivement aux non-Européens puis aux Asiatiques dans les années 1970. Après la Seconde Guerre mondiale, dont on connaît pourtant le caractère génocidaire, après l'ouverture des camps, après les procès de Nuremberg, l'Australie a continué d'établir ses politiques d'immigrations sur des critères racialistes jusqu'au démantèlement total des dernières lois de la *White Australia Policy*, abrogées en 1973.

Aujourd'hui, l'Australie compte vingt-six millions d'habitants, soit près de quatre fois plus qu'en 1945. Là réside l'impact le plus significatif de la Seconde Guerre mondiale pour l'Australie, pays qui célèbre son multiculturalisme et ses communautés grecque, italienne, libanaise, vietnamienne, etc. Cette grande diversification de la population est le produit direct et le plus visible de la prise de conscience de la vulnérabilité de l'Australie au sortir de la Seconde Guerre mondiale.

L'ÉGYPTE, ENTRE ENJEU STRATÉGIQUE ET NEUTRALITÉ DE FAÇADE

Benoît Rondeau

« *Misr om el donia* », l'Égypte mère du monde : ce dicton remplit de fierté les Égyptiens qui considèrent la civilisation pharaonique comme la première de toutes et la matrice du monde. Taha Hussein, le grand écrivain aveugle, n'exprime pas autre chose dans un article qu'il signe en janvier 1940 dans la *Revue du Caire*. Il affirme que les Alliés sont entrés en guerre « pour défendre contre l'envahissante barbarie, les droits sacrés de la civilisation. Or, de celle-ci, l'Égypte fut la première patrie. » Et d'ajouter : « Mon pays est donc *logiquement* intéressé dans le conflit qui divise l'Europe actuelle », les Alliés représentant *de facto* « les défenseurs du patrimoine égyptien ».

L'élite cultivée marque sa sympathie pour la cause alliée. Dès octobre 1939, Mohammed Zulficar Bey, directeur de la *Revue du Caire*, déclare : « Le cœur serré, le monde assiste à la lutte que la France et la Grande-Bretagne ont assumé, précisément pour sauver le monde. Parce qu'Hitler l'a voulu, parce que 66 millions d'Allemands ont fait de Hitler leur dieu, la guerre est déchaînée. »

Une indépendance de façade

La position géostratégique qu'occupe l'Égypte, en particulier en raison du canal de Suez, veine jugulaire des voies de communications impériales britanniques, lui confère une importance primordiale. Envahie par l'Angleterre en 1882, l'antique terre des pharaons est en théorie un État indépendant et souverain depuis 1922, le traité de 1936 légalisant la présence de forces britanniques sur son sol, prêtes à intervenir contre toute tentative d'ingérence dans les affaires égyptiennes par une puissance tierce. La pérennité de la domination britannique se révèle par le fait que le Royaume-Uni soit la seule puissance à posséder une ambassade en Égypte, les autres pays ne bénéficiant que de légations ou de consulats.

Autre marque de la prééminence britannique, exception faite du roi, ce sont les ministres et leaders politiques égyptiens qui doivent se rendre auprès du diplomate britannique lorsque des échanges s'avèrent nécessaires. En 1936, le nouveau roi, qui a le pouvoir de nommer et révoquer le Premier ministre, de suspendre le Parlement et dont l'accord est nécessaire à toute nouvelle législation, est le jeune Farouk Ier, un play-boy viveur de 18 ans, qui renvoie par ailleurs l'image d'un musulman pieux. Avec l'ambassadeur britannique, Sir Miles Lampson, qui le toise de haut et ose l'appeler « mon garçon », le mépris est d'emblée réciproque. Pour Farouk, l'imposant ambassadeur est « Gamoose Pacha », c'est-à-dire le « Pacha Buffle ».

Le Royaume-Uni conserve une base navale à Alexandrie, des troupes pour assurer la défense du canal, ainsi que des facilités pour son aviation. En cas de tensions sur la scène internationale, l'Égypte se doit d'accorder sans restrictions aux Britanniques les renforts qu'ils jugeront nécessaires, ainsi que l'usage des ports, aérodromes et moyens de communications.

Les Égyptiens s'interrogent cependant sur la capacité de Londres à être réellement en mesure de les défendre : l'invasion de l'Éthiopie par l'Italie en 1936 puis la crise des

Sudètes en 1938 ne sont guère rassurantes à ce propos. Le gouvernement s'empresse ainsi de passer commande de deux millions de masques à gaz.

Le maintien de la neutralité envers et contre tout

Lorsque, le 3 septembre, le Royaume-Uni et la France déclarent la guerre à l'Allemagne, l'Égypte n'emboîte pas le pas, mais déclenche le plan dit « Tombock ». Les ressortissants allemands présents sur le sol égyptien sont internés (les Juifs allemands, arrêtés eux aussi, sont contraints de cohabiter avec des nazis avant d'être relâchés, mais pas avant 1942...), les biens allemands sont mis sous séquestre, l'embargo économique puis la rupture des relations diplomatiques avec le IIIe Reich décrétés... La position des dirigeants égyptiens est délicate car ils sont impliqués dans une guerre européenne qu'ils n'ont pas voulue. Considérant l'éloignement du front en Europe et le succès du Blitzkrieg en Pologne, sachant la majorité des parlementaires hostile à l'entrée en guerre, le Premier ministre Ali Maher est déterminé à garder son pays en dehors du conflit, et ce d'autant plus que ses sympathies penchent nettement en faveur de l'Axe.

Comme Gandhi en Inde en 1942, les nationalistes égyptiens du Wafd (le parti nationaliste créé par Saad Zaghloul, le leader de la lutte pour l'indépendance après la Grande Guerre), profitent des circonstances pour tenter d'arracher des concessions aux Britanniques. En avril 1940, Nahhas Pacha, leur leader, demande à ce que le Royaume-Uni s'engage au retrait de ses troupes dès la fin de la guerre, ainsi que l'abrogation de la loi martiale dont le gouvernement de Maher abuse pour museler l'opposition.

L'Égypte propose aussi en vain de déclarer Le Caire ville ouverte le 30 mai 1940, ce qui mettrait la cité à l'abri des bombardements, mais supposerait le retrait des troupes britanniques qui y tiennent garnison.

Le 10 juin 1940, l'entrée en guerre de l'Italie, pourtant jugée menaçante depuis des années, n'entraîne guère plus qu'une rupture des relations diplomatiques, ainsi qu'une mise sous séquestre des biens italiens. Si des centaines de personnes suspectes sont exilées d'Alexandrie vers la Haute-Égypte ou incarcérées, Lampson commet toutefois un faux pas lorsqu'il exige le départ des Italiens de l'entourage du roi. Farouk a alors cette répartie cinglante passée à la postérité : « Je me séparerai de mes Italiens lorsque vous vous serez séparés des vôtres », allusion à peine voilée à la jeune épouse transalpine de l'ambassadeur britannique...

De son côté, Ali Maher repousse toute idée d'entrée en guerre tant que son pays ne sera ni envahi ni bombardé, précisant que l'Égypte ne se sentirait pas agressée par une attaque italienne visant la seule armée britannique... Il affirme dans le même temps qu'il engagerait résolument son pays dans le conflit s'il avait à sa disposition une armée capable d'influer sur le cours des événements. L'armée égyptienne ne compte que trente mille hommes en 1940. Son handicap majeur est la vétusté du matériel, sa modernisation s'étant heurtée à la mauvaise volonté des Britanniques. Ces derniers jugent les Égyptiens inaptes à assurer la sécurité du canal de Suez, et, avant-guerre, ils ont accordé la préséance pour leurs exportations d'armes à la Belgique et aux Pays-Bas, mais aussi à la Yougoslavie et à la Turquie (pis, ces pays reçoivent des avions de chasse modernes Hurricane alors que les Anglais ne livrent aux Égyptiens que des biplans Gladiator dépassés).

Doutant de la sincérité des Égyptiens à se battre pour eux (des officiers comme les futurs présidents Nasser et Sadate sont plutôt favorables à l'Axe) et conscients des limites de cette armée, les Britanniques n'entendent pas les impliquer dans des actions offensives. Les troupes égyptiennes sont donc rapidement retirées de la frontière avec la Libye. Elles assurent un rôle utile dans la DCA déployée dans la région du delta du Nil, surveillent les lignes de communications et assument des missions de soutien logistique. Portées à cent mille hommes au cours du conflit, elles ne jouent au final qu'un rôle très secondaire.

Les événements se précipitent au cours du mois de juin 1940. Comme dans le monde entier, la défaite de la France, inattendue, fait l'effet d'un choc. Le Royaume-Uni est désormais seul en Méditerranée, sans les forces françaises du Levant et d'Afrique du Nord pour l'épauler, ce qui n'est pas pour rassurer les Égyptiens... Les Britanniques sont de leur côté contrariés par le fait que l'Égypte maintienne des relations diplomatiques avec des pays entretenant les meilleures relations avec le IIIe Reich : le Japon, la Roumanie, la Bulgarie et la Hongrie. Une situation qui perdure jusqu'à l'été 1941, date à laquelle les consulats sont fermés, tandis que la légation du Japon se voit désormais interdire tout envoi de télégramme à Tokyo.

Lampson enjoint au roi de remplacer Maher, en qui les Britanniques n'ont aucune confiance, par un Premier ministre pro-britannique qui serait à la tête d'une coalition composée du Wafd et de libéraux. « Il est de mon devoir de garder mon peuple hors de la guerre, à l'écart du camp des perdants » déclare Farouk. Ce à quoi l'ambassadeur rétorque : « L'Égypte nage ou coule avec nous. » Farouk cède et, le 28 juin, Hassan Sabry est appelé à former un gouvernement, tandis que le pro-britannique Ahmed Hassanein Pacha devient le chef du cabinet royal. Ce même jour, l'annonce de la nomination comme gouverneur italien de Libye du général Graziani, qui s'est illustré par sa brutalité envers la population civile, ne fait que renforcer la volonté de l'Égypte de demeurer à l'écart du conflit. Par mesure de prudence, le gouvernement procède à l'évacuation de six mille enfants d'Alexandrie.

L'invasion italienne depuis la Libye survient en septembre 1940. Certes, la portée du succès italien semble mesurée, mais le repli des Britanniques jusqu'à Marsa-Matrouh offre une image regrettable. Empreint d'une susceptibilité toute nationaliste, le journal *Al Balagh* annonce pourtant que les troupes égyptiennes et britanniques combattent côte à côte, ce qui est loin d'être la vérité. En décembre, la fulgurante contre-attaque victorieuse des Britanniques à Sidi Barrani apporte un soulagement non feint. Le spectacle du défilé de dizaines de milliers de prisonniers italiens à travers les rues du Caire est particulièrement édifiant. Les journaux comme *Al Mussawar* en rajoutent en affirmant que l'aide et la coopération égyptiennes, y compris celles des civils, se sont avérées indispensables. Et de réclamer comme juste retour une accession à l'indépendance complète. Le quotidien *Al Ahram* est d'un tout autre avis en soulignant combien le traité anglo-égyptien s'avère absolument essentiel pour la sécurité du pays. De son côté, Hussein Sirry, l'oncle par alliance de Farouk, qui remplace au pied levé Hassan Sabry, décédé subitement d'une crise cardiaque alors qu'il prononçait le discours du roi devant le Parlement, peste contre Churchill qui a osé affirmer que l'Égypte « se trouve sous la protection de la Grande-Bretagne » et exige des explications du gouvernement anglais.

Pourtant, en avril 1941, le peuple égyptien est frappé de stupeur à l'annonce du retour sur la frontière égypto-libyenne des forces italiennes, cette fois-ci soutenues par le fameux Afrikakorps allemand d'Erwin Rommel. La nouvelle s'accompagne d'une litanie de défaites subies par les

Britanniques en Méditerranée, en Grèce, puis en Crète, questionnant ainsi l'invincibilité de la Royal Navy, tandis que la révolte antibritannique en Irak sonne comme un nouvel aveu de faiblesse.

Redoutant le pire, l'ancien Premier ministre Ismaïl Sidqy rédige une déclaration à l'attention de l'Axe dans laquelle seraient affirmées l'indépendance et la non-belligérance de l'Égypte. Ces événements provoquent un afflux de réfugiés grecs et yougoslaves, dont le prince Paul, ex-régent de Yougoslavie, puis le roi Pierre en août 1943 et le roi Georges de Grèce.

Ce même mois d'avril 1941, alors que des affiches et des tracts appelant à la révolution apparaissent dans les rues du Caire et que des menaces de mort sont adressées aux directeurs de journaux trop complaisants avec le gouvernement, la féministe Huda Shaarawi, qui fut en 1923 la première femme musulmane à se dévoiler en public, demande à l'ambassade britannique la permission de fournir de l'aide médicale aux Irakiens, ce qui lui est refusé. Aziz el-Masri, l'ancien commandant de l'armée égyptienne, limogé en raison de ses déclarations en faveur de l'Axe, tente en vain de quitter le pays pour rejoindre l'Irak.

La panique s'empare d'une partie de la population lorsque Alexandrie est la cible de bombardements en juin 1941. L'évacuation est cette fois-ci massive : cinquante mille à soixante-dix mille personnes quittent la ville et Port-Saïd. La bourse du Caire s'effondre. Les marchands de blé anticipent une invasion et, réaction immémoriale, constituent des stocks, provoquant une pénurie. En septembre, un raid allemand sur Abbassia (banlieue de la capitale) fait trente-neuf morts. Consternation : on pensait que Le Caire serait épargné. Autre conséquence de la guerre, le Royaume-Uni achète de nouveau l'intégralité de la récolte de coton, comme en 1939 et 1940, mais, en fixant les prix, les Britanniques mécontentent les grands propriétaires fonciers, qui sont aussi membres du Parlement. Nahhas Pacha saisit l'opportunité pour lancer une campagne antibritannique, accusant Londres d'anéantir l'économie égyptienne.

Farouk, s'il éprouve de l'antipathie pour la présence anglaise et une certaine sympathie pour l'Axe, ne prend pas position ouvertement car trop conscient que son maintien sur le trône dépend du cours de la guerre. La déposition du shah d'Iran par les Britanniques au cours de l'été 1941 est du plus grand effet sur lui, d'autant que le nouveau monarque iranien, Mohammad Reza Pahlavi, fils du shah déchu, est son beau-frère. Farouk sait par ailleurs que l'ancien khédive d'Égypte, déposé en 1914, est toujours en vie, en Turquie. Son oncle, le pro-britannique prince Mohammed Ali Tewfik, cousin du roi Fuad, attend aussi son heure dans son palais Manial de l'île de Roda, au Caire. Le prince Abbas Alim, son cousin, au contraire admirateur de Hitler, représente une autre menace.

La guerre s'est étendue à l'Union soviétique, puis au Pacifique, sans que la position du gouvernement égyptien évolue : favorable à la cause alliée, il reste neutre. *Le Journal d'Égypte*, quotidien francophone du Libano-Égyptien Edgard Gallad s'en fait le porte-parole en mettant à l'honneur le « courage des bandes armées soviétiques » (les partisans), soulignant les pertes sérieuses essuyées par la Wehrmacht à l'Est et vantant les mérites des forces britanniques.

Le 2 février 1942, au terme d'une période marquée par des manifestations d'étudiants de la prestigieuse université d'al-Azhar aux cris de « À bas les Britanniques ! » et « Nous sommes les soldats de Rommel ! », Hussein Sirry doit démissionner après avoir été contraint par les Britanniques de rompre les relations diplomatiques avec le gouvernement de Vichy, et ce sans en référer au roi qui est hostile à cette décision. Lampson, qui estime le Wafd dévolu à la cause alliée, ne veut pas du retour d'Ali Maher aux affaires : il souhaite la nomination de Nahhas mais, coup de théâtre, Farouk n'invite pas ce dernier à constituer un gouvernement avec le Wafd. Interloqué, l'ambassadeur adresse un ultimatum au monarque, avec le secret espoir d'obtenir enfin la déposition de ce roi qu'il méprise. L'abdication semblant inévitable, un navire se tient prêt à appareiller afin d'embarquer Farouk pour les Seychelles...

L'ultimatum n'ayant pas donné l'effet attendu, l'ambassadeur se rend en personne au palais Abdine, cerné par les troupes anglaises. Lampson, plein de morgue, déclare au roi qu'il n'est plus apte à occuper le trône. Farouk accuse le choc. Sur le point d'apposer sa signature sur la déclaration d'abdication sous le regard d'un Lampson jubilant, il supplie subitement de se voir accorder « une dernière chance » et se tient prêt à accepter Nahhas Pacha en qualité de Premier ministre. Décontenancé, Lampson, qui n'avait pas anticipé ce revirement, ne peut qu'accepter, pestant au fond de lui-même d'avoir manqué l'occasion de se débarrasser de Farouk.

L'humiliation subie par le roi a un effet déplorable auprès des Égyptiens, même les plus favorables aux Britanniques. Cet acte, considéré comme une atteinte au traité et à l'indépendance du pays, heurte la sensibilité nationaliste. Le lieutenant-colonel Neguib demande à Farouk, qu'il renversera un jour, d'accepter sa démission puisque l'armée n'a pas été en mesure d'assurer la défense du roi, ce que ce dernier refuse puisqu'il avait lui-même donné l'ordre de demeurer l'arme au pied. Si les tensions sont vives, le chef d'état-major de l'armée, le général Atallah Pacha, parvient cependant à éviter tout incident sérieux.

Au sein de la haute société, la tendance devient celle d'un boycott social. Pendant ce temps, en ce même mois de février 1942, alors que beaucoup estimaient que la cause des Britanniques en Égypte serait vite entendue, le front se stabilise en Libye à hauteur de Gazala. Plus que jamais, la presse se fait l'écho des sympathies envers les Alliés, tel *Le Journal d'Égypte* qui vante l'héroïque défense de Malte, ainsi que celle de Leningrad, tandis que le Japon est un peu prématurément jugé dans une situation précaire. Quant à Nahhas Pacha, s'il renouvelle l'antienne de ses prédécesseurs, à savoir ne pas entraîner son pays dans le conflit, il déclare le 1er mai qu'il défend « l'existence de la démocratie et de la liberté ».

Le peuple égyptien dans la guerre

Le pays compte seize millions d'habitants en 1939. L'Égyptien peut être anglophobe sans être pour autant germanophile, et n'est jamais nazi ou fasciste, mis à part les membres du parti Jeune Égypte devenu Parti nationaliste islamique, menés par Ahmed Hussein. Au sommet de la hiérarchie sociale, une élite européanisée, pour laquelle le français, signe de liens culturels déjà anciens, est la langue dominante.

L'Égypte est cosmopolite, une réalité particulièrement tangible dans ses deux grandes métropoles, Le Caire et Alexandrie : coptes et musulmans descendants des Égyptiens du temps des pharaons côtoient Juifs, Levantins, chrétiens syro-libanais, Français, Italiens, Grecs, Maltais, Chypriotes… ainsi que des Britanniques. Deux cent cinquante mille étrangers, dont vingt-cinq mille Français, vivent ainsi en Égypte. Comme de nos jours, les Égyptiens de différentes confessions s'offrent des vœux mutuels à l'occasion des fêtes religieuses. L'antisémitisme est alors presque inexistant et les soixante mille Juifs vivent en harmonie avec les autres communautés. Il y a alors fort peu de discriminations religieuses ou raciales, même si les Européens sont largement favorisés pour l'accès aux emplois les plus attractifs, situation qui entraîne une certaine frustration chez les Égyptiens les plus éduqués. Les Italiens d'Égypte, dont beaucoup sont favorables à Mussolini, ont la déconvenue de se retrouver dans « l'autre camp ». Ils ne dissimulent nullement leurs sympathies, n'hésitant pas à fêter les célébrations fascistes. On parade même dans le stade d'Alexandrie... En octobre 1940, lorsque l'Italie envahit la Grèce, des heurts éclatent entre les deux communautés qui vivaient pourtant en harmonie depuis des générations, quatorze mille Grecs d'Égypte rejoignant par ailleurs la patrie en danger pour s'enrôler.

À l'autre bout du spectre social, les fellahins, les paysans, analphabètes pour 80 % d'entre eux, souffrent de maux de toutes sortes, la bilharziose, mais aussi la tuberculose qui reste très répandue dans certains villages, ainsi que, partout, une extrême pauvreté. Aly Ibrahim Pacha, le ministre de la Santé publique, déplore en février 1941 l'insuffisance de ce qui a été réalisé. La guerre, dont on a des échos que par la radio ou plus encore par les rumeurs, est donc à cent lieues des préoccupations quotidiennes des paysans. Pour une partie de cette masse ignorante, Hitler, que l'on dit musulman et que l'on appelle Mohammed Ider, peut représenter un véritable héros dont on attend la venue. Une sympathie pour un ennemi du Royaume-Uni qui n'a rien d'idéologique.

Beaucoup d'Égyptiens sont cependant impliqués dans cette guerre. De nombreuses femmes issues de toutes les communautés assistent les soldats blessés dans le cadre de la Croix-Rouge ou du Croissant-Rouge. Des entrepreneurs égyptiens de travaux publics participent à l'effort de guerre en bâtissant des casernes pour les forces britanniques. Le développement d'une grande base logistique pour mener des opérations militaires en Méditerranée entraîne en effet un accroissement considérable de l'activité économique. Quant aux soldats de l'Empire, ils représentent autant de clients pour l'économie égyptienne. Le Caire, ville de 1,3 million d'âmes (près de 20 millions de nos jours...), accueille 35 000 soldats alliés au printemps 1941. Dès l'automne de la même année, on dénombre en moyenne plus de 120 000 soldats dans et autour de la capitale. Si les membres des états-majors se comportent correctement, ce n'est pas toujours le cas de la troupe, notamment les permissionnaires...

La présence de tant de soldats ne peut pas ne pas avoir de répercussions sur le coût de la vie. De fait, la hausse des prix atteint 45 % entre août 1939 et septembre 1941. L'augmentation du coût des produits de base (fèves, huile, farine) est encore plus marquée : de l'ordre de 94 %. En novembre 1941, on doit instaurer des jours sans viande, faute d'importations de Turquie et des Balkans, le bétail égyptien devant être préservé pour les travaux des champs. Il faut réassigner des feddans à la culture des céréales, mais le pain manque toujours, provoquant la mise à sac de boulangeries en janvier 1942. Un parlementaire du Wafd ne manque pas de faire le parallèle avec les événements survenus en France en 1789...

Rêvant de l'instauration d'une société islamique pure, libérée des influences occidentales jugées corruptrices, les Frères musulmans, et leur guide suprême, Hasan al-Banna (un temps inquiété, mais bénéficiant de soutiens au Palais), montent au créneau en accusant les Britanniques d'être à l'origine des pénuries. Ce mouvement fondamentaliste musulman a vu le jour en Égypte en 1928 en réaction aux influences occidentales jugées néfastes. Il prône l'instauration d'un État islamique régi par la charia. Attendant leur heure, les Frères musulmans profitent de la situation engendrée par la guerre pour développer un important réseau d'activités charitables et sociales.

El-Alamein

Le front stabilisé à Gazala en février 1942 se porte en Égypte à l'été 1942. Le 1er juillet, une semaine après sa victoire retentissante de Tobrouk, Rommel parvient à El-Alamein, distante d'à peine 100 kilomètres d'Alexandrie... L'arrivée de l'Afrikakorps semble imminente. Ce 1er juillet, ironiquement baptisé le « mercredi des cendres », les autorités britanniques offrent un bien piètre spectacle aux Cairotes en procédant prématurément à la destruction d'une masse de documents. L'évacuation précipitée de la base d'Alexandrie par la Royal Navy participe aussi au climat de panique qui se répand en Égypte. La presse tente d'être rassurante et met en avant le général britannique Auchinleck, qui commande la 8e armée à El-Alamein, mais tous comprennent que l'heure est grave.

Des Alexandrins passent les nuits dans des abris, souvent aménagés sous les maisons individuelles. Les raids, qui visent avant tout le port et l'aérodrome de Dekhla, peuvent s'éterniser pendant des heures. Certains préfèrent quitter la ville, cherchant refuge auprès de la parentèle ou chez des amis dans un village, d'autres ayant l'amère surprise de constater que leur villa secondaire a été réquisitionnée par l'armée... Le chaos règne dans les gares et sur les routes de la région du delta du Nil. Ceux qui ont le plus de raisons d'être inquiets sont les ressortissants des pays en guerre contre l'Allemagne et, plus encore, les Juifs, dont certains se réfugient jusqu'à Louxor. L'administration britannique de Palestine refuse d'assouplir ses quotas d'immigration...

On décèle un certain dilemme sur la question d'ouvrir ou non les boutiques et les échoppes, considérant le risque de saccages, mais aussi la possibilité de vendre au prix fort des marchandises. Le gouvernement stocke du blé au Caire pour répondre à d'éventuels imprévus. Pour certains, c'est l'occasion de piller les campements abandonnés par l'armée anglaise. C'est ainsi que le camp de la Royal Navy de Sidi Bish, près d'Alexandrie, est la proie de pilleurs avant même que les couleurs ne soient amenées. D'autres commettent l'erreur de céder hâtivement leurs commerces à des prix très bas. Pourtant, montrant ainsi leur absolue confiance dans les Britanniques, des personnalités cairotes achètent en quantité les bons du Trésor émis par le gouvernement égyptien.

On anticipe l'accueil des soldats de l'Axe en confectionnant des drapeaux nazis et italiens. D'autres s'assurent d'avoir des photographies de Hitler et de Rommel prêtes à orner leurs boutiques. Certains brûlent prudemment les uniformes britanniques bien compromettants laissés chez eux… Le pays bruisse de rumeurs d'une possible politique de la terre brûlée menée par les troupes britanniques en retraite. Le grand romancier Naguib Mahfouz se fait l'écho des sentiments d'alors : « Les gens murmuraient que la guerre allait faire du pays un lieu de désolation sur lequel planeraient les croassements des corbeaux, ou bien un marécage déserté abandonné aux seuls moustiques. » L'inondation de certaines terres est de fait effective près d'Alexandrie, des civils sont évacués, des arbres sont coupés et des bâtiments détruits pour dégager les champs de tirs… Une liste des destructions supplémentaires à mener est dressée par les Britanniques, sans en informer le gouvernement égyptien : réserves de pétrole, chemins de fer, centrales électriques, mais aussi stocks de coton, de laine, de cuir…

En revanche, certains Égyptiens acclament les troupes australiennes venues à la rescousse depuis la Syrie, tandis que les soldats britanniques battant en retraite depuis le désert en des colonnes ininterrompues suscitent aussi des élans de sympathie de la part de civils qui leur offrent des boissons ou des cigarettes. À l'inverse, d'autres ne sont pas mécontents des revers essuyés par les Britanniques et c'est avec une certaine satisfaction qu'ils voient fuir ces Anglais qui les traitent souvent avec arrogance. Au *Muhammad Ali Club*, le prince Abbas Halim lève un toast à la santé et au succès de Rommel. Cette déclaration lui vaut d'être mis sous les verrous peu après.

Si une partie de la haute société est prête à se rallier aux Allemands et aux Italiens au moment opportun, la plupart des élites ne sont pas dupes des visées sur leur pays de Mussolini, qu'ils affublent du sobriquet de « Moussa Nili », « le Moïse du Nil ». Alors que le Parlement siège en session permanente, Nahhas Pacha garde son sang-froid mais, prudent, prépare toutefois l'éventualité du transfert du gouvernement et des réserves d'or à Khartoum. Il prend aussi des mesures contre la « cinquième colonne » : on enjoint à tous de dénoncer les suspects et autres parachutistes, et la cour martiale est promise aux propagateurs de fausses nouvelles... À Lampson qui lui demande s'il va fuir, le roi Farouk, dont la position reste peu assurée en cas de victoire de Rommel, répond qu'il n'est pas « un roi fantoche ». Karim Tabet, du journal *Al Mokkatam*, souligne combien « l'attitude de l'Égypte provoque l'éloge de tous les pays démocratiques ». Quant aux dirigeants qui se sont montrés proches des Britanniques, la propagande nazie leur a promis la corde...

La crainte de Churchill, qui considère Le Caire comme un « nid d'espions », de sabotages est illusoire. Les Britanniques ne sont confrontés à aucune rébellion. Quelques membres de l'armée égyptienne seulement sont arrêtés en raison de leurs propos défaitistes et sous le prétexte d'activités subversives. Parmi la poignée d'Égyptiens s'engageant activement en faveur de l'Axe figurent Sadate et un groupe de nationalistes qui préparent une note à l'attention de Rommel.

Un projet qui reste lettre morte puisque l'avion du pilote égyptien chargé d'entrer en contact avec le « Renard du Désert » est abattu... par les Allemands.

En août, Rommel est définitivement stoppé. La crise est surmontée et les réfugiés rentrent à Alexandrie. En septembre, la réouverture de l'université d'Alexandrie – baptisée Farouk Ier – avec Taha Hussein en qualité de président, constitue un symbole fort. Elle sera officiellement inaugurée en janvier 1943. L'été de tous les dangers n'est plus qu'un souvenir. La victoire remportée par la 8e armée de Bernard Montgomery à El-Alamein en novembre 1942 est vécue comme un véritable soulagement par les Égyptiens. Le roi se décide alors enfin à se séparer des Italiens encore présents au palais. Pour l'Égypte, la guerre est finie, si ce n'est quelques incursions de la Luftwaffe depuis la mer Égée.

La guerre s'éloigne

Pour le petit peuple, la fin des combats sur le territoire national ne signifie aucunement une amélioration du lot quotidien : l'hiver 1942-1943, froid et très humide, s'avère difficile et voit une recrudescence de la typhoïde. L'espoir réside dans le départ des Britanniques et la baisse des prix, mais il n'en est rien et les salaires ne suivent pas l'inflation. Les pauvres sont frappés de nouveau par une pénurie de sucre et de paraffine, mais surtout de céréales, ces dernières rapportant moins aux grands propriétaires fonciers que le coton. Les Égyptiens découvrent aussi un nouveau belligérant, de plus en plus présent depuis l'été 1942 : les Américains. Des escadrilles sont en effet déployées en soutien de la 8e armée britannique, ainsi que des techniciens accompagnant les tanks de fabrication américaine. Ils sont un millier au début de l'année 1943, et leur aisance est à double tranchant : ils sont prêts à payer à n'importe quel tarif, sans négocier, ce qui a le don de surprendre, mais qui ne peut que provoquer une envolée des prix.

À ce stade de la guerre, les politiciens égyptiens commencent à penser sérieusement à l'avenir de leur pays après la cessation des hostilités. Le Wafd cherche à restaurer sa popularité en adoptant une posture résolument antibritannique. Quant à la presse, elle n'admet plus que la moindre critique de l'Égypte soit formulée dans les journaux de Londres. Farouk, comme Nahhas, envisage non seulement de diriger un État indépendant, mais aussi d'assumer le leadership du monde arabe libre de l'après-guerre, anticipant ce qui sera l'ambition de Nasser dans les années 1950-1960. Balayant de la main une carte de l'Afrique du Nord devant les yeux de Churchill en janvier 1943, le roi égyptien, faisant référence à des temps immémoriaux et révolus, déclare que la Cyrénaïque avait été égyptienne. Ce à quoi le Britannique rétorque qu'il n'en a nul souvenir...

La vie reprend son cours comme si la guerre n'existait pas : fruits frais, chocolat, café et beurre sont disponibles en abondance, les riches fréquentent assidûment les boîtes de nuit et des vedettes comme Joséphine Baker ou Vivien Leigh sont en tournée... Le 26 septembre 1944, dans cette ambiance frivole alors que le monde reste déchiré par le pire des conflits, se tient à Alexandrie la première conférence des leaders arabes, tenue à l'instigation de Nahhas Pacha. Les participants signent un protocole qui constitue la première étape d'un processus qui donnera naissance à la Ligue arabe. Nahhas, discrédité par ailleurs, cède pourtant le pouvoir au bénéfice du pro-britannique Ahmed Maher.

En février 1945, Churchill, en route pour Yalta, s'entretient avec Farouk, auquel il annonce la tenue de la convention des Nations unies à San Francisco au mois d'avril suivant. Seuls pourront y prendre part les États entrés en guerre contre l'Allemagne et le Japon avant le 1er mars. Quand le monarque apprend que les Turcs en seront, il se laisse convaincre, persuadé que les deux pays parleront d'une même voix. Le 26 février 1945, l'Égypte déclare la guerre au IIIe Reich. Elle ne le fait que pour une seule et unique raison : compter parmi les membres fondateurs de l'ONU. Le Wafd et les Frères musulmans s'y sont pourtant opposés. La rumeur enfle : il va falloir envoyer des troupes en Extrême-Orient… Ahmed Maher parvient à convaincre le Parlement. Un succès politique qu'il paye de sa vie deux jours avant la déclaration de guerre : le 24 février, quittant la Chambre des députés, il est assassiné alors qu'il se rend au Sénat.

Le 8 mai 1945, la guerre s'achève en Europe. Les drapeaux égyptiens et alliés envahissent les rues où on assiste aux mêmes scènes de liesse qu'ailleurs dans le monde. La fin de la guerre, ce n'est pas seulement l'espoir d'un retour à la normale et la fin de la hausse des prix lit-on dans l'hebdomadaire *L'Image du Caire*, « elle nous libère du cauchemar ».

MERS EL-KÉBIR : À TORT OU À RAISON ?

Bernard Costagliola

L'ouverture du feu par la Royal Navy sur la flotte française le 3 juillet 1940 dans la rade de Mers el-Kébir, à Oran, signe l'accomplissement d'une mission tragique*. Validée par le cabinet de guerre selon le vœu de Churchill, l'opération Catapult se distingue de l'ensemble des missions confiées aux marins britanniques pendant la Seconde Guerre mondiale. En premier lieu parce que la Navy a frappé non pas l'ennemi – l'Allemagne ou l'Italie –, mais l'ancien frère d'armes. Ce coup de force contre nature, Churchill ne cessera d'en justifier l'exécution au sein de son gouvernement, devant son peuple, le monde et au tribunal de l'histoire dans ses Mémoires.

Mais pour leur part, les amiraux de Sa Majesté s'étaient prononcés contre Catapult. Or, comme le rappelle l'imposante colonne Nelson érigée au cœur de Londres, la marine constitue l'outil militaire premier entre tous. Agent de défense des voies de communication avec l'immense empire colonial, la Navy a sauvé à deux reprises les îles britanniques de l'invasion, et sa réputation fera reculer Hitler. Respectueuse des ordres reçus, c'est avec fortes réticences, au prix de tensions avec Churchill, que la Navy a rempli

* L'auteur exprime sa profonde reconnaissance à monsieur Robert O. Paxton pour sa relecture critique de ce texte.

sa mission. Mais l'événement n'a cessé de la hanter, écrivit Lord Mountbatten, amiral de la flotte. Qu'en fut-il, et quelle représentation perdure aujourd'hui au Royaume-Uni du drame qui coûta la vie à mille deux cent quatre-vingt-dix-sept marins français ?

La « Royale » au cœur des débats

Catapult est fille du déroulement des combats en France à partir de l'attaque allemande (10 mai 1940) et de l'impensable percée de Sedan trois jours plus tard. Appelé à Downing Street, Churchill entrevoit que le Royaume-Uni sera bientôt seul en guerre contre l'Allemagne (et l'Italie au 10 juin) et les Chiefs of Staff (COS – chefs d'état-major) se penchent à sa demande (19 mai) sur « la stratégie britannique dans certaines hypothèses » – lire la défaite française. Mais le Premier ministre garde l'espoir que le gouvernement français poursuivra la lutte selon l'engagement réciproque du 28 mars 1940 à ne pas conclure d'armistice sans entente préalable. Le 16 juin, Londres accepte de délier la France de son serment sous réserve d'envoyer la flotte au Royaume-Uni ; cette note bientôt annulée est suivie de l'offre d'union franco-britannique. En cette journée fatidique, l'amiral Darlan renonce, après en avoir contemplé la possibilité avec gravité, à « f... le camp avec la flotte » pour continuer le combat, dans l'hypothèse, où il aurait joué le rôle d'un « super de Gaulle ». La démission de Reynaud et l'exil simultané à Londres du général rebelle ne privent pas le cabinet de guerre d'espérer le départ du maréchal Pétain pour l'Afrique du Nord. Mais cet espoir se brise et la tension monte entre les Alliés : livrer la flotte à Hitler, écrit Churchill, « marquerait [le nom de Pétain] au fer rouge pendant mille ans d'histoire ».

C'est que la Royale, comme on l'appelle encore, est une belle marine de 600 000 tonnes. Quatrième derrière les flottes britannique, américaine et japonaise, elle tient le premier rang des marines secondaires devant celle de l'Axe (Italie et Allemagne). Ses cuirassés modernes *Strasbourg*, *Dunkerque* et *Richelieu* sont jugés par les Anglo-Saxons à même de rompre l'équilibre, de « faire la différence » dans la perspective d'un affrontement général en mer en cas de ralliement à l'Axe. Approché par Churchill à la conférence interalliée de Briare (11-12 juin), Darlan a pris l'engagement solennel que la flotte resterait française ou disparaîtrait selon le code de l'honneur partagé par les marines – telle la flotte allemande qui se saborda en 1919 à Scapa Flow.

Mais une réelle inquiétude anime les Britanniques et s'il y a un reproche à faire aux Français, c'est de ne pas l'avoir compris. Car la Navy avait nourri sa réflexion stratégique à partir de la présence amicale en Méditerranée de la France face à l'Italie. Les plans d'avant-guerre, qui prévoyaient l'envoi d'unités en Asie face au Japon, n'avaient jamais envisagé d'affronter seule la flotte italienne. Et si de plus la flotte française épaulait celle de l'Axe ? Surgit le scénario « catastrophe » d'une défaite navale et de là le transport de troupes et de blindés permettant l'invasion des îles Britanniques.

Une question de confiance

« Où en êtes-vous ? », s'enquiert Dudley Pound, Premier Lord de la mer, qui voit Darlan à Bordeaux le 18 juin. La marine luttera jusqu'à l'armistice, répond ce dernier qui répète sa résolution à saborder la flotte en cas de conditions d'armistice déshonorantes. Ainsi la destruction prévue du cuirassé *Jean-Bart*, dans l'incapacité de prendre la mer. Mais à quoi bon cent réassurances quand manque la confiance ? Les Français ne se rebelleront pas si Hitler exige le retour de la flotte en métropole, écrit l'ambassadeur Campbell, et ils pourraient même annuler l'ordre de sabordage : « Nous en sommes ramenés aux assurances pathétiques de Darlan. » Informé que le *Richelieu* et le *Jean-Bart* appareillent pour l'Afrique, l'officier de liaison de l'Admiralty, Pleydell-Bouverie, note de même : « Nos pires craintes se sont réalisées. » Les deux cuirassés quittent Bordeaux le 22 dans la nuit, réduisant le lien franco-anglais. L'heure témoigne de la tentative inouïe d'acheter un commandant : chèque à l'appui, Marzin est invité à conduire le *Richelieu* à Bathurst !

À l'exception des unités affectées à la protection du lien colonial, les armistices (22-24 juin) immobilisent la flotte dont le désarmement suivra. À Oran mouillent les cuirassés *Dunkerque*, *Strasbourg*, *Bretagne* et *Provence*. Casablanca abrite le *Jean-Bart*, le *Richelieu* gagne Dakar et les navires restants se figent en métropole, dans l'Empire et au Royaume-Uni (environ 10 % des unités de retour de Norvège).

Déclarant la neutralité de la France dans le conflit en cours, Pétain ajoute que l'honneur impose de ne « rien faire contre l'ancien allié ». Mais Churchill, qui fustige le « gouvernement de Bordeaux », affirme le 24 que les anciens Alliés seront bientôt en guerre. La veille, l'ambassadeur Corbin a rapporté la certitude des Britanniques de voir la flotte utilisée contre eux. Sollicité, le vice-amiral Odend'hal, chef de la Mission navale française à Londres, remet à Pound une lettre établissant que son gouvernement n'a signé l'armistice qu'à « condition que la flotte resterait française, sous pavillon français, avec équipage réduit français ». Ébranlé, Pound s'enquiert du texte exact de la convention. Le 29, Odend'hal précise la position anglaise dans une note parvenue trop tard à Vichy : si l'Afrique du Nord, loin de l'ennemi, offre des garanties, l'internement dans des ports de la métropole, Toulon inclus, est à l'inverse rejeté de crainte d'un raid de l'Axe. Soulignant l'impact d'une rupture de la balance des forces dans la lutte à mort qui était engagée, Odend'hal appuie l'exigence de Pound : c'est seulement une fois connues les décisions des commissions d'armistice de l'Axe concernant les ports et les conditions d'internement que l'Admiralty pourra évaluer le risque. Or sur ce point et celui du sabordage, Londres ne recevra pas d'informations précises.

L'épreuve de force

Churchill a entretemps imposé sa vision et la décision de principe du coup de force à Oran, prise le 27, est mise à l'étude. Le 29, le Joint planning Sub-Committee of the COS (sous-comité soumettant sa réflexion aux chefs d'état-major) s'inquiète que Catapult n'entraîne « l'hostilité active » de la France et se prononce contre l'épreuve de force. À l'inverse, les COS rappellent leur hypothèse des années 1930 d'une guerre contre l'Axe où l'Angleterre, la France à ses côtés, se trouverait en infériorité face au Japon. C'est la situation à ceci près que la France, qui n'est plus un allié, pourrait devenir hostile. Aucun crédit ne doit être accordé aux assurances venues de Bordeaux et si la flotte est internée en métropole, il ne fait aucun doute que l'Axe s'en saisira tôt ou tard, note froidement Pound. Enfin Churchill repousse le jugement selon lequel un coup de force provoquera l'hostilité de la France.

Une tout autre atmosphère imprègne les bases de Gibraltar, d'Alexandrie et de Malte. L'amiral Andrew Cunningham s'oppose le 30 à l'assaut, refusant de croire que les Français rallieront l'Axe – il conclura un « deal » avec l'amiral Godfroy, commandant de l'escadre française d'Alexandrie. Nommé au commandement de la force H à Gibraltar, James Somerville répugne à l'usage du feu qui transformera l'allié vaincu en ennemi. Plus grinçant, l'amiral Dudley North suggère de renommer l'opération Catapult l'opération « Boomerang ».

La décision finale relève du cabinet de guerre où Churchill « oublie » de faire mention de l'accord donné par la commission d'armistice italienne, relayé par Odend'hal, à la démilitarisation de la flotte à Oran, c'est-à-dire hors de métropole selon l'exigence de l'Admiralty. Le feu vert donné par Rome ne suggérait-il pas d'attendre (insistait Odend'hal) la réponse de Berlin sur ce point crucial ? Hélas. Dédaigneux, le Premier ministre balaye la question de l'internement éventuel des navires dans les bases de l'Empire. Si Churchill n'avait pas « l'intention de tromper ses collaborateurs, il est difficile de suivre son raisonnement », écrit David Brown, directeur de la section navale historique de la Royal Navy. Validée le 1er juillet, Catapult est exécutée le 3.

Le déroulement de la journée est bien connu. Surpris à l'aube à quai en Angleterre, les cuirassés *Courbet*, *Paris*, une quinzaine de torpilleurs, contre-torpilleurs et sous-marins (dont une part ira aux Français libres) sont saisis à l'heure où la force H approche d'Oran. Au rejet de l'ultimatum par le vice-amiral Gensoul, Somerville ouvre le feu en fin de journée. La tragédie était-elle évitable ? Le capitaine Holland, porteur de l'ultimatum, confia : « Permettez-moi de vous dire, d'officier à officier, qu'à votre place ma réponse n'eût pas été différente. » Aucune des options présentées, sauf à combattre, n'était acceptable au regard des armistices signés huit jours plus tôt.

Tiré de sa retraite pour réaliser « une des tâches les plus désagréables et difficiles auxquelles un amiral britannique ait jamais été confronté », Somerville évoquera un carnage et s'inquiétera d'entrer dans l'histoire comme le « boucher maladroit d'Oran ». Touchés, le *Dunkerque*, le *Provence* et le *Mogador* s'échouent ; le *Bretagne* chavire, noyant un millier d'hommes, et le feu aurait été plus meurtrier si le *Strasbourg* ne s'était échappé *in extremis*. Deux raids suivront contre le *Dunkerque* et le *Richelieu*, mais celui sur le *Jean-Bart* sera annulé. Le 14, Pound informe Odend'hal qu'il est renoncé à toute agression future dans la mesure où les navires stationnés dans l'Empire ne tenteront pas de gagner la métropole.

Action et communication

L'émotion fut immense. À lire la presse, Catapult fut approuvée et « applaudie en plusieurs instances », faisant la preuve du talent d'orateur de Churchill qui rend compte aux Communes du raid (4 juillet). Fustigeant l'attitude « dure et peut-être malveillante » de l'ancien allié envers le Royaume-Uni dont la survie était en jeu, le Premier ministre justifie l'emploi de la force seul à même d'empêcher la flotte de passer au Reich. Nul n'ayant connaissance des échanges au sein du cabinet de guerre, Churchill passe rapidement sur le succès de Cunningham qui ignora son ordre « d'en finir vite avec Godfroy ». Il répétera cette version mensongère dans ses Mémoires, écrivant avoir donné tous les détails des événements. Unis par un réflexe de défense nationale, à près de 90 % les députés applaudissent le Premier ministre.

Certains politiciens excellent dans la communication. Churchill fut de ceux-là, qui sut « vendre » avec force rhétorique les véritables motifs de l'assaut sous l'habillage du danger que l'on sait. Mais en son for intérieur, Churchill pensait *l'inverse* de ce qu'il affirma aux députés. À preuve, alors Premier Lord de l'amirauté, sa lettre adressée vingt-cinq ans plus tôt au secrétaire d'État aux Affaires étrangères

Edward Grey qui, en septembre 1914, imaginait (déjà !) Paris signer une paix séparée et livrer sa flotte à l'Allemagne. « Idée absurde qui dépasse l'entendement », et à supposer que cet accident « monstrueux » se produise, un an au moins serait nécessaire, écrit-il, pour former l'équipage de navires que la Navy pourrait couler dans l'intervalle.

Churchill, dont la mémoire est vantée, aurait-il oublié son propre argumentaire qui, énoncé devant le cabinet de guerre en juin 1940, aurait enterré Catapult ? Ou jugeait-il périmé son jugement de 1914 qu'épousaient North, Cunningham et Somerville, jusqu'à ébranler Pound ? Peu avant l'entrée en vigueur des armistices, le cabinet de guerre avait discuté l'envoi d'un ultimatum pressant le gouvernement français de saborder ses navires. Or les COS s'y opposèrent, prévoyant des pertes et arguant de leur confiance en l'allié. Et Pound adopta ce point de vue, affirmant qu'il faudrait à l'Axe des *mois* (Brown souligne ce point) avant de pouvoir utiliser la flotte française – à supposer qu'il s'en saisisse. En somme, ce qui était en 1914 absurde, impensable, monstrueux, est devenu évident, certain et bientôt réalisé en 1940. Les contextes sont-ils si antinomiques ? Ne doit-on pas à l'inverse assumer que la victoire de 1918 avait accru la confiance entre les frères d'armes ?

Ces éléments suggèrent de rejeter avec force la position défendue par Churchill avant et après le 3 juillet (devant le cabinet de guerre, puis aux Communes et dans ses Mémoires), position selon laquelle le coup de force était indispensable pour empêcher la flotte française de rallier la Kriegsmarine. Et aucun terme de l'équation ne cautionne, en écho de sa lettre de 1914, l'exigence d'un assaut dans l'urgence, à l'opposé de la volonté des amiraux de prendre le temps de négocier. Le mémorandum des COS du 30 juin énumère l'ensemble des options présentables aux Français, c'est-à-dire rejoindre la Navy pour combattre l'Axe, se réfugier au Royaume-Uni et ne pas faire combattre la flotte sauf rupture de l'armistice, démilitariser la flotte sous inspection de Londres, saborder la flotte. Mais avant la dernière option – frapper Oran en cas de refus des Français – les COS évoquent un appel à la raison :

> En assumant que les [différentes] options [...] ne soient pas acceptées, ne lancer aucun coup de force avec l'espoir que les événements tourneront en notre faveur, c'est-à-dire selon les termes d'un armistice honnêtement appliqué.

Mais Churchill imposera l'assaut le lendemain, fort de l'alternative binaire, simpliste et anxiogène (« il faut couler la flotte ou le pays périra ») propre à gagner le député, le Britannique *lambda*... et nombre d'historiens à leur suite. La peur constitue un puissant ressort humain et l'histoire ne manque pas de mensonges délibérés assenés aux peuples pour leur « vendre » une guerre certifiée nécessaire. Méfions-nous de celui qui jugeait qu'« en temps de guerre la vérité est si précieuse qu'elle doit toujours être protégée par un rempart de mensonges ».

Passions tristes

Quels furent les « vrais » motifs de l'assaut ? Rares sont les historiens à n'avoir pas noté que Catapult pesa surtout politiquement en cela qu'elle affichait la détermination britannique de poursuivre la lutte jusqu'à la victoire. Le 5 juillet, Lord Halifax félicitera Churchill d'avoir brisé l'image d'un IIIe Reich invincible. L'anthropologie cautionne l'interprétation : une démarche sacrificielle à tonalité brutale, s'apparentant à un rite de passage, permet à un chef qui accède au pouvoir d'imposer son autorité – tel Hitler lors de la « Nuit des longs couteaux ».

Mais pourquoi ne pas faire payer l'Axe dans sa chair le « message » qui lui était destiné ? Le raid a suscité un sentiment de révolte nationale en France dont les marins sont devenus « solidement pro-Vichy et contre nous », note Somerville. À Tarente, Cunningham coulera (le 11 novembre 1940) la moitié des forces de la Marina. Encourager Vichy à soutenir son effort de guerre sera au fondement de la stratégie de Londres en 1940-1942 : était-il un meilleur moyen de renforcer les Français, rivaux des Italiens, dans leur volonté d'abattre l'Axe ?

Avec le coup de force, jugent aussi les Britanniques, un message politique sera envoyé à l'opinion américaine évaluée plus favorable à la France qu'au Royaume-Uni avant l'armistice, mais qui s'est retournée depuis. Les États-Unis s'inquiètent d'un renforcement naval au bénéfice du IIIe Reich et c'est dans un sens favorable à Londres que Catapult devrait toucher l'opinion, prédit le Foreign Office. De fait Roosevelt donna son feu vert puis son accord pour fournir cinquante destroyers américains destinés à renforcer la défense des convois approvisionnant les îles Britanniques. Si le raid a cristallisé le rapprochement avec Washington, écrit l'historien anglais R.T. Thomas, rien que cela justifiait Catapult !

Deux ressorts plus sensibles émergent avec, sinon une francophobie traditionnelle de l'Angleterre alimentée par la propagande nazie, du moins une forme d'égoïsme naval. Ce fut la première réaction de De Gaulle vis-à-vis de ces Britanniques « imbéciles [et] criminels [...] incapables de résister à l'envie d'abaisser la puissance navale de la France ». Comment interpréter l'ovation du 4 juillet ? Frappé par le triomphe fait à Churchill dont il valide la décision, le diplomate Cadogan note : « Quel drôle de peuple nous sommes ! Bien sûr cela était juste et vital, mais j'aurais cru qu'il y aurait pu avoir une nuance de regret. C'était très nécessaire, mais ce n'était pas agréable. »

En conversation privée, le regretté Claude Huan, auteur d'une étude sur l'assaut, ne cachait pas sa conviction du choix de Churchill de « punir » l'allié vaincu, ce que conforte un échange à Buckingham Palace : informé que le *Richelieu* a quitté Dakar et qu'il finirait à Plymouth ou « au fond de la mer », George VI dépeint Churchill « furieux contre la France. Pourquoi devrions-nous faire des politesses après sa conduite envers nous ? Elle est revenue sur sa parole et sur son alliance [...]. Nous nous retrouvons seuls au monde, à attendre. »

La colère domina-t-elle Churchill au point, quelques jours seulement après avoir proposé à la France la fusion avec le Royaume-Uni, d'infliger de nouvelles peines au frère d'armes tombé à terre ? Il se décrira « obsédé et miné de chagrin » dans ses Mémoires, l'infanterie britannique n'ayant pu davantage lutter : « 90 % du carnage et 99 % des souffrances » accablèrent la France seule.

Le blocus dans la guerre sur mer

Mais Catapult repose surtout sur des motifs d'ordre naval dont l'un a été négligé par l'historiographie : les COS ont imaginé une bataille navale directe entre les anciens alliés. Entre une modeste infanterie britannique et des Français blottis derrière la ligne Maginot, la stratégie alliée, essentiellement navale, repose en 1939 comme en 1914 sur le blocus de l'Allemagne. La défaite de la France brise ce cadre : le contrôle naval incombe désormais à la seule Navy et la France occupée devra s'y soumettre. Le 15 juin 1940, les COS soulignaient la nécessité de mettre sous blocus toute l'Europe, trafic colonial français inclus (Churchill l'avait indiqué à Reynaud), faute de quoi l'ensemble du système s'effondrerait. Car il ne pouvait être question de renoncer au blocus, répétait Hugh Dalton, en charge de l'économie de guerre. Mais *quid* des Français ? Le blocus aiguise la réflexion sur l'attaque à l'étude : tirer sur la flotte pourrait entraîner une réplique armée, notent les COS. Mais d'ajouter qu'une épreuve de force interviendrait tôt ou tard, car la France s'opposera au blocus. Alors puisqu'on en viendra à combattre avec ou sans Catapult, précipiter l'hostilité des Français devient un point secondaire : on frappera avant que ne survienne un affrontement, dans des conditions optimales de succès et de sauvegarde des unités de la Navy. Or les navires français, dont la démilitarisation a débuté, souffrent d'une capacité de mouvement et de défense très réduite (les seize canons du *Dunkerque* et du *Strasbourg* sont tournés non pas vers la mer, mais vers l'intérieur). L'attaque devra être menée du point de vue militaire « aussitôt que possible », profitant de la situation (un marin déclarera avoir « tiré sur des poissons dans un tonneau ») avant que le *Dunkerque* et le *Strasbourg* ne gagnent Toulon dont la rade est moins accessible et mieux protégée. *Ainsi et seulement ainsi* s'explique, pour ne pas laisser passer une occasion unique, l'exécution quasi immédiate de la mission.

En amour comme à la guerre, tous les coups sont permis. Les échanges au sein du cabinet de guerre démontrent que la volonté d'imposer un blocus à la France a joué un rôle clé et peut-être même pesé du poids le plus lourd dans la genèse de Catapult. Mais était-il possible de frapper l'ancien allié, en ce qui s'assimile à une mesure de guerre préventive, en arguant de son refus anticipé de se soumettre au blocus ? D'où, pour emporter l'opinion, l'instrumentalisation du danger allemand dans l'équation d'un affrontement naval « purement » franco-anglais pour fait de blocus.

L'opération, en dépit de ces facteurs à l'avantage de la Navy, n'a pas eu le succès escompté. Et comme l'avaient pressenti les COS, l'échappée du *Strasbourg* marquera de son empreinte l'histoire du blocus : l'absence quasi totale de contrôle sur le trafic colonial français en Méditerranée occidentale et à Gibraltar en 1940-1942 est due dans une large mesure à la capacité d'intervention du cuirassé réfugié à Toulon. Et à dessein d'éviter un affrontement, en une sorte de rédemption du « crime » de Catapult, Somerville bravera la colère de ce « salopard de Winston », comme il aimait appeler Churchill, en sabotant de l'intérieur l'exercice du blocus les mois suivants.

Somme toute, la décision d'exécuter Catapult est la résultante d'un ensemble de motifs plus ou moins avouables et avoués faisant écho à l'inquiétude de Londres. Principalement, sous la forme la plus abordable par l'opinion, la volonté de réduire à l'extrême le risque de combattre une flotte française hostile – du moins privée de ses cuirassés modernes – à l'heure où toutes les pensées se concentrent sur la perspective de la bataille d'Angleterre et la menace d'invasion des îles Britanniques.

Coups de barre à 180 degrés

La guerre finie, restait à la conter. « L'histoire me sera favorable car j'ai l'intention de l'écrire », plaisantait Churchill. Soldat dans l'âme, chef unique, Churchill mena son pays à la victoire grâce à la sûreté de son jugement. À preuve l'odieux mais nécessaire raid contre la flotte française : faut-il toujours, trois générations après l'édition de ses Mémoires, entretenir la fiction qu'il a racontée au monde ?

De fait, l'historiographie anglo-saxonne témoigne de coups de barre diamétralement opposés sur le propos. On sait les réticences des amiraux qu'ils répéteront dans leurs Mémoires. Cautionnant Somerville pour qui Oran fut « la plus grosse faute politique » possible, l'amiral Richmond jugea en 1946 que, loin de sécuriser le Royaume-Uni, l'attaque avait à l'inverse augmenté la probabilité de défaite en provoquant « un ressentiment susceptible de modifier le rapport des forces » en faveur de l'Axe. En 1949, quand parut le premier tome des Mémoires de guerre de Churchill, l'historien marin George Stitt rédigea le chapitre sur Oran de l'histoire officielle de la guerre en Méditerranée. Mais le texte, qui contredisait certaines envolées de Churchill revenu en 1951 à Downing Street, fut enterré. Suivit en 1976 l'étude d'Arthur Marder, spécialiste américain d'histoire navale très critique envers Churchill, sur l'opération anglo-gaulliste Menace (contre Dakar, les 23-25 septembre 1940). Dans son *Churchill and the Admirals* (1977), Stephen Roskill, qui écrivit l'histoire officielle de la Navy en guerre, souligna que Churchill avait agi « contre les vues fermement exprimées par les amiraux sur le terrain ». Sa correspondance d'après-guerre avec Cunningham, Somerville et North établit que tous restèrent fidèles à leur sentiment premier : une solution pacifique était accessible à condition d'y consacrer plus de temps ; et les officiers de la Navy, qui dénoncèrent une « erreur abominable », étaient à 90 % opposés à l'assaut. Mais R. T. Thomas inversa la vapeur dans sa synthèse (de 1979) des relations franco-anglaises en 1940-1942, affirmant que cette solution alternative était chimérique et que c'est avec justesse que Churchill avait choisi de ne pas courir le moindre risque avec la flotte. Un nouveau coup de barre fut donné dans la biographie (de 1993) de Richard Lamb pour qui Catapult fut « peut-être la plus grave erreur » de Churchill pendant la guerre. Enfin Brown fit justice (en 2004) au travail de Stitt en mettant en évidence la manœuvre trompeuse de Churchill lors de la réunion décisive du 1er juillet.

L'histoire est une machine à détruire les mythes : ces renversements de perspective successifs invitent à faire la part des choses entre l'extraordinaire qualité du *leadership* de Churchill qui sut tirer le meilleur de son peuple pendant la guerre, et sa terrible décision de l'assaut aux conséquences si funestes pour l'ancien allié. Or sans cesse fleurissent les biographies des grands de ce monde et, quant à Churchill, la gêne reste palpable sur le bilan de l'attaque. Tel Brown qui, quoique détaillant la genèse de l'opération, consacre moins d'une page à ses conséquences. Il met par ailleurs dos à dos (à tort, jugeons-nous) Churchill et Darlan qui pouvaient empêcher la tragédie, aucun des deux n'ayant « délibérément » fait ce choix. Se réjouissant de la fusion entre le peuple et son leader dans un essai sur la stratégie de guerre, Ian Kershaw évoque (en 2009) la « robuste démonstration de la détermination britannique ». Plus indulgents envers Churchill que leurs prédécesseurs, les auteurs anglo-saxons d'aujourd'hui vont jusqu'à parfois ignorer l'attaque, tel John Maurer présentant (en 2015) « Churchill chef de guerre » à Hillsdale College. En 2016, le Canadien Christopher Bell marque que Churchill avait de bonnes raisons d'ordonner l'assaut. L'Américain Carlos d'Este valide aussi (en 2008) cette ligne, écrivant que le cabinet de guerre dut « se résigner au recours à la force », Gensoul ayant repoussé l'ultimatum. Un écho semblable émane de France avec la généreuse biographie (parue en 2015) de François Kersaudy. Notant les sarcasmes de Churchill à l'égard de l'ardeur des soldats français, Andrew Roberts du King's College évoque à son tour (en 2020) le « triste devoir » accompli par un « grand francophile au cœur déchiré ».

L'héritage d'Oran

Qu'en pensent aujourd'hui les Britanniques ? Un consensus général identifie Churchill, dont la version de ses Mémoires a longtemps prévalu, en grand ordonnateur de l'assaut. Mais à partir de là, les coups de barre opposés laissent perplexe. Le succès du livre de Richard Lamb – *Churchill as War Leader : Right or Wrong ?* – a mené à reconsidérer l'événement de manière critique. Et l'homme de la rue qui n'aurait pas lu Lamb a été invité à juger par lui-même par le *Daily Mail* le 5 février 2010 : « Meurtre de masse ou coup de génie qui sauva la Grande-Bretagne ? La "trahison" que la France ne parvient toujours pas à pardonner à l'heure d'un rapprochement en vue. » Sans doute l'auteur de l'article a-t-il lu Somerville qui écrivait en 1940 que la marine française aurait épaulé la Royal Navy « s'il n'y avait pas eu Oran. Oubliera[-t-elle] les officiers et hommes que nous y avons tués ? Je suis sûr que nous ne l'oublierions pas si les rôles étaient inversés. »

Alors pardonner à défaut d'oublier ? Rendre hommage aux victimes dans le cimetière militaire de Brookwood sous la présidence du Premier Lord de la mer en présence de l'attaché naval français, en commémoration du cinquantième anniversaire du drame est appréciable. Mais cela suffira-t-il à amener les Français à pardonner et, accessoirement, à éviter que les matchs de rugby entre les équipes des deux marines ne se terminent en pugilat général ? Les frustrations sont encore fortes du côté français avec, dans l'impossibilité de développer ici, la très sévère symbolique du procès d'intention fait aux Français par l'accusation d'une flotte fatalement destinée à rejoindre l'Axe. Le sabordage de la force de haute mer à Toulon (27 novembre 1942), autre drame mémoriel naval, a été qualifié de réplique « absurde, hargneuse, désespérée » à l'assaut d'Oran.

Il n'est pas aisé de pardonner, à preuve les lettres d'insultes que recevra Churchill à chaque anniversaire de l'assaut jusqu'à la fin de sa vie. Mais pour pardonner, pose le philosophe, encore et surtout faut-il qu'il y ait reconnaissance préalable de la faute. En réponse à la protestation des Français au lendemain du drame, le Foreign Office avait repris le discours de Churchill : certain que la flotte passerait sous le contrôle de l'Axe, le gouvernement britannique avait refusé de courir ce risque. Or, cette thèse officielle du « risque zéro », validée il y a plus de quarante ans par Thomas, est toujours d'actualité à suivre Roberts. L'allocution de Brookwood a répété sur les traces de Churchill que Catapult fut « une des plus répugnantes missions » confiées à la Navy. C'est entendu. Mais « Meurtre de masse ou coup de génie qui sauva la Grande-Bretagne ? », s'interrogeait le *Daily Mail*. Force est de constater que le discours officiel de la Royal Navy ne répond toujours pas à la question.

Qu'en sera-t-il le 3 juillet 2040 ? Espérons qu'un gouvernement de Sa Majesté rendra publiques d'ici le centenaire du drame les nombreuses archives encore inaccessibles centrées sur la question navale entre les deux pays.

Les stratèges ont-ils pris leurs désirs pour des réalités, succombant à l'illusion du « *wishful thinking* » ? L'histoire s'écrit avec les archives. Puissent-elles s'ouvrir intégralement sur le propos, répétons-le, conditionnant l'élaboration d'un inventaire définitif. Quel Premier ministre le décidera ? Visiblement pas Boris Johnson qui, auteur d'une biographie (en 2015) de son illustre prédécesseur, valide sans modération la thèse officielle du « risque zéro » et juge « toxique et tabou » le souvenir de l'assaut.

L'ITALIE ET LE MIRAGE D'UN EMPIRE AFRICAIN

David Zambon

On réduit souvent la guerre de l'Italie fasciste en Afrique à la « guerre du désert », une expression des plus réductrices. En effet, les fronts africains ne se limitent pas à l'Afrique du Nord et concernent également l'Afrique de l'Est, dont on se souvient à peine qu'elle a été durement impliquée dans le conflit mondial.

Le rêve d'un vaste empire

Au lendemain de son unification, la jeune nation italienne cherche une « place au soleil ». C'est en Érythrée que pénètrent les premiers colons italiens, en 1869, avant que ce territoire ne soit placé sous la tutelle de Rome vingt et un ans plus tard. Puis c'est au tour respectivement de la Somalie (1889), de la Libye (Tripolitaine et Cyrénaïque arrachées à l'Empire ottoman en 1912, puis le Fezzan après les opérations de pacification des années 1920-1930) et enfin de l'Éthiopie, la dernière guerre de conquête coloniale du XXe siècle, en 1936. L'Empire est proclamé le 9 mai de la même année.

Pour le régime, l'espace vital nécessaire à l'émancipation de l'« homo fascistus » ne peut être qu'africain. Non seulement il coïncide avec les fondements de la création d'une « IIIe Rome », puisque les Césars dominaient les rivages méditerranéens et la côte occidentale de la mer Rouge, mais on espère y trouver les matières premières nécessaires au développement économique d'un pays encore faiblement industrialisé ainsi qu'un territoire pour une population nombreuse et laborieuse, capable de le mettre en valeur.

Et ce n'est pas tout. S'emparant des frustrations liées au traité de Versailles de 1919, qui n'accorde pas à l'Italie les bénéfices espérés lors de son entrée en guerre aux côtés de l'Entente en 1915, Benito Mussolini ne cesse de provoquer les « ploutocraties » britannique et surtout française, en revendiquant des territoires comme la Tunisie et Djibouti. Naturellement, et il en est parfaitement conscient, le pays n'est pas de taille à affronter de tels adversaires. Inquiet, dans un premier temps, du renouveau de la puissance allemande, le chef du gouvernement du roi Victor-Emmanuel III se rapproche progressivement de son homologue allemand, Adolf Hitler. L'Axe Rome-Berlin, proclamé le 1er novembre 1936, n'est qu'un préalable à un partenariat bien plus contraignant, le pacte d'Acier, ratifié le 22 mai 1939. À cette époque, Mussolini souhaite que l'Italie devienne une puissance coloniale ouverte sur l'océan, faisant ainsi « sauter le verrou de la prison dans laquelle elle se trouve enfermée », comme il le déclare le 4 février 1939 en espérant se servir de la puissance allemande pour y parvenir.

Pour autant, cette alliance de deux régimes bellicistes idéologiquement proches est totalement asymétrique, en particulier dans le domaine stratégique. Pour Hitler en effet, l'empire italien doit se limiter à un vaste territoire plus ou moins autonome dans l'orbite du IIIe Reich qui, lui, doit s'étendre vers l'Est. Dans l'entourage du chancelier, il n'y a guère que le grand amiral Raeder pour considérer les théâtres méditerranéen et africain comme étant d'intérêt majeur. Lorsque la guerre éclate le 1er septembre 1939, Mussolini, qui avait tenté, dès le début du mois d'août, de dissuader son acolyte qu'il sentait sur le point d'agir, annonce l'état de non-belligérance. S'il s'agit là d'une entorse importante au pacte d'Acier, qui stipule la solidarité immédiate en cas de guerre, elle n'est pas moins grave que la décision unilatérale allemande de déclencher les hostilités. En effet, les forces armées italiennes sont en pleine restructuration tandis que les stocks et les finances ont subi les effets dévastateurs de la campagne d'Éthiopie et de l'aide massive apportée aux nationalistes espagnols pendant la guerre civile. De ce fait, le Duce n'imagine pas l'Italie apte à la guerre avant 1942-1943.

« L'occasion historique » et la revanche sur Versailles

Bien que velléitaire dans l'âme, Mussolini n'a pas l'intention de changer de camp. Le 31 mars 1940, il annonce que, dès l'entrée en guerre, il convient de « passer à l'offensive sur toute la ligne de la Méditerranée et hors de Méditerranée ». C'est la chute inattendue de la France, obstacle principal sur le chemin des objectifs impériaux italiens, qui précipite les événements. Il s'agit d'une « occasion historique » ouvrant la possibilité du contrôle de la Méditerranée centrale et du ravitaillement facile de la Libye, et ce en dépit de l'écueil maltais. Finalement, de la victoire allemande peut naître la « victoire italienne ».

Le 10 juin 1940, le Duce franchit le Rubicon depuis le balcon du Palazzo Venezia : *alea jacta est* ! Pourtant, l'entrée en guerre signifie *de facto* le sacrifice de près d'un tiers des navires de commerce se trouvant hors de Méditerranée (212 sur une flotte de 786 bâtiments) ; plus grave encore, l'AOI (Africa Orientale Italiana, soit les possessions italiennes de la corne de l'Afrique) est condamnée, son ravitaillement par Suez et Gibraltar étant désormais impossible.

Le 18 juin, alors que contrairement aux annonces antérieures, les forces armées italiennes adoptent une organisation strictement défensive, l'entrevue de Munich entre les deux dictateurs contraint le Duce à changer de stratégie. En effet, la France vient de solliciter l'armistice : il faut passer à l'offensive. Le lendemain, leurs ministres des Affaires étrangères, Ciano et Ribbentrop, s'entretiennent et le premier fait part au second des aspirations de Mussolini : démilitarisation des bases britanniques, cession de Gibraltar à l'Espagne et celle de Malte à l'Italie. Enfin, des concessions sur les possessions françaises du Maghreb et de Djibouti permettraient d'accomplir le rêve d'un puissant empire colonial ouvert sur l'océan, tout en prenant une revanche sur les frustrations de Versailles et en enterrant définitivement la « victoire mutilée », le tout à la gloire du régime. Il va sans dire que Ribbentrop accueille ces revendications avec la plus grande circonspection.

L'illusion de la « guerre parallèle » en Afrique

Que le front français se soit arrêté au nord des Alpes arrange Mussolini qui ne tient pas à ce que son partenaire s'approche de la Méditerranée. Désormais, il s'agit d'attendre patiemment l'écroulement annoncé du Royaume-Uni. Rien n'est fait pour porter un coup fatal aux intérêts britanniques en Afrique et au Moyen-Orient car les conditions – saisonnières notamment – sont peu propices. Or, à mesure que les semaines passent, la stratégie *ad hoc* mussolinienne semble davantage tournée vers une concurrence avec l'Allemagne que vers un partenariat véritable. Tout d'abord, pour des raisons de prestige et considérant la fin de la guerre imminente, le Duce ordonne de passer à l'action en Afrique. De ce fait, il concrétise les propos tenus par le sous-secrétaire d'État à la Guerre, le général Soddu, le 10 avril 1940 : « Au moment opportun nous mènerons une guerre parallèle, c'est-à-dire ni avec ni pour l'Allemagne, mais pour nous. »

Le premier coup est porté depuis l'AOI. Le vice-roi d'Éthiopie et commandant en chef des forces armées italiennes *in situ*, Amédée de Savoie-Aoste, propose très tôt une action offensive ambitieuse en direction du Soudan et de l'Égypte, menée conjointement avec l'armée du maréchal Graziani depuis la Libye. Une fin de non-recevoir lui est alors opposée par le maréchal Badoglio, chef d'état-major de l'armée. C'est dans la précipitation que lui parvient, finalement, l'ordre d'agir. L'objectif est l'occupation du Somaliland britannique. Son armée est constituée de 181 900 ascari coloniaux, 37 000 soldats du Regio Esercito (armée de terre) et 24 350 CCNN (volontaires de la Milice). L'organisation tactique de cette force est résolument de type colonial, peu motorisée et encore moins blindée. Le 3 août, 4 800 soldats métropolitains et 30 000 ascari franchissent la frontière depuis l'Éthiopie et se dirigent vers Berbera, la capitale, occupée le 19 août. La perte du Somaliland est fort mal vécue à Londres et le discours de Churchill aux Communes, annonçant la nouvelle, est grave.

Les Italiens ne comptent pas s'arrêter là. Le 29 août, le maréchal Badoglio écrit au maréchal Graziani : « Le Duce a décidé que l'attaque contre les Anglais en Cyrénaïque aura lieu même si les Allemands ne se décident pas à effectuer leur débarquement [en Angleterre]. En effet, si un accord a lieu entre les Allemands et les Anglais, nous demeurerons hors de toute discussion si nous n'avons pas au moins un combat contre les Anglais. » Le 13 septembre, cinq divisions d'infanterie soutenues par un groupe blindé pénètrent en Égypte et font halte trois jours plus tard à Sidi Barrani, après avoir parcouru 80 kilomètres en territoire ennemi. Là encore, l'adversaire se dérobe et le succès, qui fait le bonheur de la propagande fasciste, est relatif puisque Graziani estime qu'il est incapable de mener plus avant son offensive.

Pour le leader de l'Italie fasciste, qui attend toujours l'annonce du débarquement allemand en Angleterre, l'essentiel est fait. Il décrète même la démobilisation partielle, certain que ses calculs sont bons. Or, c'est à ce moment que la « guerre parallèle » devient « divergente ». Le 11 octobre 1940 en effet, sans en avertir son alliée latine, Hitler place ses troupes en Roumanie autour des puits de pétrole de Ploeşti, qui ravitaillent pour bonne partie l'Italie en hydrocarbures. Cette ingérence allemande irrite profondément Mussolini qui considère cette partie du continent comme « zone d'influence italienne ». Il ne pense plus qu'à « rendre la monnaie de sa pièce » au Führer et jette son dévolu sur la Grèce, qui est attaquée le 28 octobre 1940 avec la plus grande désinvolture. Une semaine plus tard, dans des conditions météorologiques épouvantables, la contre-attaque de l'armée grecque place les Italiens dans une situation critique.

Les désastres militaires de l'hiver 1940-1941 et la naissance d'un complexe d'infériorité

Dès le mois de septembre 1940, la situation italienne inquiète les Allemands, en particulier Raeder qui s'attend à une réaction des Britanniques car, selon lui, « la Méditerranée est le centre de gravité de leur puissance ». Ayant connaissance des préparatifs pour l'opération Barbarossa contre l'URSS, il tente de convertir Hitler à son point de vue, à savoir ajourner l'attaque pour pouvoir épauler les Italiens. Le 26 octobre, le maréchal von Brauchitsch, commandant en chef de l'armée de terre (la Heer) et son adjoint, le général Halder, conversent avec le Führer dans le même but, sans succès. Dans le même temps, Mussolini décline l'aide que son alliée lui propose par deux fois (5 septembre et 4 octobre). Au contraire, il harcèle Graziani pour une nouvelle offensive en direction du delta du Nil, en lui assénant, le 26 octobre : « Je vous répète qu'à la table de la paix l'Italie n'obtiendra que ce qu'elle aura conquis. »

Si le Duce refuse tout contingent allemand, il demande en revanche des chars et du matériel, en vain. Les craintes de Berlin se vérifient le 9 décembre, lorsque la Western Desert Force britannique passe à l'action (opération Compass). Bien qu'inférieure en nombre, ses trente mille hommes sont motorisés et soutenus par une division blindée dotée de chars lourds contre lesquels les Italiens ont bien peu à opposer. Rapidement, Graziani et son état-major sont débordés et ne parviennent pas à réagir efficacement, perdant leur sang-froid. La 10e armée italienne est détruite en deux mois et toute la Cyrénaïque est perdue. La Tripolitaine ne doit son salut qu'à la décision de Churchill d'aider les Grecs, ce qui met fin à l'offensive.

Entre-temps, le 19 décembre, Mussolini a quémandé le concours allemand, en l'occurrence le 10e corps aérien de la Luftwaffe en Sicile, pour agir contre Malte, puis les premiers éléments du Deutsches Afrikakorps (DAK), aux ordres du général Rommel, chargé de défendre la Tripolitaine. Cela signifie *de facto* la fin de l'autorité et de l'indépendance italiennes, le déclassement progressif du pays et sa relégation au rang de satellite du Reich. Le second uppercut anglais a lieu en Afrique orientale. À partir de la dernière décade de janvier 1941, les forces du Commonwealth, auxquelles s'agrègent les Français et les Belges libres, passent à l'action sur les fronts d'Érythrée, d'Éthiopie et de Somalie.

La cause est entendue car les défenseurs ne peuvent compter sur aucun secours. La Somalie tombe le 25 février, Asmara le 1er avril, Addis-Abeba le 6, le duc d'Aoste dépose les armes à l'Amba Alagi le 19 mai tandis que le général Nasi prolonge le combat autour de Gondar et du lac Tana jusqu'au 27 novembre. Pour les troupes du général Cunningham, il ne s'agit guère d'une promenade de santé. Les batailles de Keren, de Gondar et de l'Amba Alagi sont sauvages et meurtrières, dans des conditions climatiques éprouvantes. Les Italiens doivent aussi faire face à la défection de la majeure partie de leurs supplétifs autochtones et à l'action d'une importante guérilla. La fin de l'Empire est vécue comme un traumatisme avant tout par les colons (110 000 en Libye et 170 000 en AOI), tandis que la propagande cherche à rassurer les métropolitains – globalement peu intéressés mais inquiets de la tournure générale des événements – par le slogan « *Ritorneremo !* », « Nous reviendrons ! ».

Cette gifle sanctionne définitivement le bluff mussolinien d'une « nation organisée pour la guerre » qui dure depuis les années 1930. Plus que jamais, le sort de l'Italie et la pérennité du régime sont intimement liés à la victoire de l'Allemagne, qui entend désormais prendre la direction des opérations en Méditerranée et en Afrique. Les accords passés le 4 février 1941 sont éloquents à cet égard. En effet, ils stipulent que les forces allemandes, théoriquement placées sous responsabilité italienne, peuvent faire valoir un « droit de retrait » si elles estiment qu'elles encourent un grave préjudice, et ainsi en référer directement au Führer. Il s'agit tout simplement d'une manœuvre destinée à se soustraire à l'autorité italienne. Quant aux forces armées, elles subissent le contrecoup de cette humiliante série de défaites. En naît une forme de complexe d'infériorité, lié à la qualité et la quantité des armes, des équipements ainsi que du ravitaillement et, surtout, une méfiance vis-à-vis du commandement. Une perte de confiance qui ne pourrait s'estomper qu'avec des victoires.

Un soutien indispensable, un bouc émissaire commode

En avril-mai 1941, les forces armées italiennes en Afrique pansent leurs plaies et se reconstituent. Des troupes fraîches sont expédiées en Libye, comme la division blindée Ariete. À Rome, on commence à étudier des plans visant à « récupérer l'Empire » et on fait le point sur les carences de l'armée – déjà connues en vérité –, en particulier le matériel et l'instruction. Il n'en reste pas moins que le sujet qui préoccupe le Comando Supremo, le commandement supérieur des forces armées italiennes, demeure la présence allemande en Méditerranée et en Afrique. Dès ses premiers mois de présence en Libye, Rommel outrepasse les directives et se heurte régulièrement à ses « supérieurs », en particulier Bastico (gouverneur de Libye) et Cavallero, chef d'état-major du Comando Supremo. D'un autre côté, la piétaille italienne apprécie ce général en chef qui se montre en première ligne et partage le quotidien des hommes, ce qui les galvanise. D'autres au contraire, comme le géologue et universitaire Giovanni Merla, officier de 35 ans en 1941, s'offusquent devant « l'absurdité historique et morale de l'association du drapeau tricolore [italien] et de la croix gammée, de façon ostentatoire, sur le champ de bataille » qui, selon lui, « en taraude plus d'un ». D'ailleurs, les contacts entre combattants sont plutôt l'exception que la règle, tout comme la mixité des unités.

Avec la présence allemande, la chaîne de commandement devient lourde et complexe. Les états-majors italiens, dans une situation psychologique compliquée, sont susceptibles et jaloux de leur autorité, tandis que les Allemands, forts de leurs certitudes et de leur supériorité (alimentée par leurs supposés racialistes), confortés par les succès engrangés depuis deux ans, sont hautains. Au moindre obstacle de la hiérarchie, Rommel passe par Berlin pour obtenir un blanc-seing. Sans son alliée latine pourtant, point de salut. Ce sont en effet la marine marchande italienne et son escorte qui mènent à bon port le ravitaillement nécessaire non seulement aux unités nationales mais aussi au DAK.

Bien qu'il n'ait de cesse de pester contre elle, la marine achemine à bon port 85,9 % du matériel et 91,6 % des hommes embarqués en Italie, et ce sur toute la durée de la guerre en Afrique. Certes, les pics de pertes coïncident avec des moments cruciaux pour lui, comme lors des batailles d'El-Alamein (juillet-novembre 1942), lorsque les besoins en carburant, notamment, sont impérieux. Mais l'essence débarquée est pour bonne partie engloutie par les véhicules chargés de ravitailler les unités du front, tant les lignes de communications sont étirées (1 800 kilomètres entre Tripoli et El-Alamein). C'est aussi Rommel, avec le soutien d'Hitler, qui s'adresse personnellement à Mussolini, lequel insiste pour abandonner l'action aéroportée et amphibie prévue contre Malte et poursuivre l'offensive vers l'Égypte après la prise de Tobrouk le 21 juin 1942. Par ailleurs, les unités italiennes constituent le gros de la Panzerarmee Afrika et contribuent autant que leurs homologues allemands aux succès qui, par la grâce des Britanniques, créent la légende du « Renard du désert ».

Bien que subissant la dispersion des forces liée à la ferme volonté du Duce de participer à la guerre à l'Est (effort que son partenaire lui demande d'augmenter considérablement en 1942, en lui promettant qu'une fois l'URSS vaincue il portera tous ses efforts contre le Royaume-Uni en Méditerranée), les armées italiennes en Afrique n'ont plus la même allure qu'en 1940. Les divisions spécialement organisées pour évoluer en Afrique (type AS 42) sont mieux motorisées et mieux équipées, on dote les unités mécanisées de pièces d'artillerie automotrices capables d'endosser un rôle antichar. Ces dernières constituent d'ailleurs, avec leurs homologues au palmier frappé de la croix gammée, le fer de lance de l'offensive du printemps 1942 : c'est grâce à cette synergie qu'elles parviennent jusqu'à la ligne d'El-Alamein au début de l'été. N'oublions pas non plus le rôle des services secrets italiens, qui s'emparent du Black code américain, permettant ainsi à Rommel de bénéficier d'informations cruciales de la mi-décembre 1941 à la fin du mois de juin 1942. Au contraire, ce sont les Britanniques qui, capables de déchiffrer les messages allemands codés par la machine Enigma, jugée inviolable, grâce aux spécialistes de Bletchley Park, portent des coups fatals pendant la bataille d'El-Alamein et en Tunisie, tout en faisant habilement porter le chapeau aux Italiens (les fameuses « indiscrétions romaines »), semant ainsi « la discorde chez l'ennemi ».

Si l'abondante littérature anglo-saxonne des années de guerre froide nie ou occulte les mérites italiens, elle ne se prive pas de rendre responsable « l'alliée débile » de l'Allemagne de tous les échecs. Certes, dans le contexte de la rédaction de ces ouvrages, repris comme paroles d'Évangile par nombre d'historiens, il fallait réhabiliter un tant soit peu l'Allemagne et certains des héros de la Wehrmacht. Or, Rommel est souvent à l'origine des infortunes qu'il déplore et se dédouane en accusant ses alliés latins d'être des incapables. Lors de son premier assaut contre Tobrouk (avril-mai 1941) par exemple, l'échec est patent au vu du manque de préparation et à l'excès d'enthousiasme du général souabe. Dans ses Mémoires, il peste contre le général Baldassare, commandant de la division Ariete, accusant même les Italiens de couardise ; il doit finalement reconnaître son erreur et présenter timidement des excuses.

L'OKW (commandement supérieur de la Wehrmacht) n'est pas dupe des qualités ni des défauts du commandant allemand, tant et si bien qu'après cet échec on songe sérieusement à le relever de son commandement. On lui reproche non seulement des erreurs tactiques mais aussi une attitude exécrable vis-à-vis de ses subordonnés et son manque de tact avec les Italiens. Fin juin 1942, il reste sourd aux injonctions du Comando Supremo lui conseillant de modérer ses ardeurs en raison de l'état physique et matériel de ses troupes, de l'étirement dangereux des voies de ravitaillement et de la menace maltaise à éradiquer. Lui-même n'est pas au mieux : il est sommé de rentrer pour prendre du repos, puis revient sur le front au moment où Montgomery porte l'estocade, début novembre. Démoralisé, il atermoie sur la conduite à tenir, alternant ordre de retraite et contrordre, ce qui entraîne la destruction de la quasi-totalité du 20e corps d'armée. Ce sont donc les Italiens qui sont sacrifiés pour couvrir la retraite des unités allemandes, en particulier sur le front sud, où les divisions d'infanterie n'ont aucun espoir d'échapper à la capture. Rommel rejette la faute, en partie avec raison, sur ceux qui n'ont pas été capables de motoriser suffisamment leurs troupes sur un théâtre d'opérations où la vitesse est la clé du succès ou, à défaut, la cause de la défaite.

Deux mots enfin sur l'inutile campagne de Tunisie. La capture de près de deux cent cinquante mille hommes le 13 mai 1943, à Tunis, est due à l'entêtement des deux dictateurs à tenter de retarder l'échéance de l'attaque du « ventre mou de l'Axe », selon les termes de Churchill. Mussolini, qui s'accroche aux lambeaux de l'Empire, y sacrifie les dernières unités encore en état de combattre et qui manqueront cruellement lors de l'invasion de la Sicile. Le général Messe, qui s'est distingué à la tête du corps expéditionnaire italien en URSS, particulièrement estimé des Allemands, remplace Rommel à la tête de l'armée germano-italienne au mois de février 1943 et mène une habile – quoique désespérée – campagne défensive, qui se solde à la fois par sa promotion au titre de maréchal et par sa reddition au général Montgomery. En dehors des colons, des morts et des prisonniers de guerre, il n'y a plus d'Italiens en Afrique. À Berlin, le « Stalingrad africain », comme celui de la Volga, est mis sur le compte du « boulet latin ».

Les armes italiennes en Afrique, entre propagande, réalité et mémoire

L'image de l'Italien incapable de se battre est forgée par la propagande britannique, savamment illustrée par les films et photos de presse montrant les longues colonnes de prisonniers de guerre capturés durant l'opération Compass. À cette époque, l'opinion publique britannique a grand besoin de réconfort. Ces dizaines de milliers de pauvres hères dépenaillés et hagards ne sont pourtant que l'avatar d'une culture militaire italienne arriérée, incapable d'affronter une guerre moderne. Comme l'écrit Ciano, le ministre des Affaires étrangères italien, dans son Journal, le 11 décembre 1940 : « Qu'est-ce qui ne va pas dans cette armée pour que cinq divisions soient pulvérisées en deux jours ? »

À cette époque et comme en 1915, l'état-major compte sur le nombre et l'esprit de sacrifice. L'instruction est réduite au minimum et les manœuvres ne dépassent que rarement l'échelle du peloton. La coordination entre l'artillerie et l'infanterie est lacunaire, la tactique d'emploi des chars (qui jusqu'en 1941 sont essentiellement des chenillettes de 3 tonnes armées de deux mitrailleuses) ne mène qu'au désastre puisqu'ils sont employés par petits groupes et non en masse. Ce constat n'échappe pas aux Britanniques, comme le rapporte un bulletin publié le 27 janvier 1941 : « Ils sont restés attachés à un seul principe, qui consiste à amasser le maximum de troupes pour réaliser l'entreprise qui se présente face à eux. Lors de l'attaque, ils envoient cette masse sur le front et se basent sur le poids du nombre uniquement pour s'ouvrir la route. [...]. Il n'est pas difficile de trouver les raisons de ces erreurs tactiques. Les éléments les plus jeunes de l'armée italienne, en particulier, ont été éduqués afin qu'ils se considèrent invincibles uniquement parce qu'ils sont italiens et fascistes [...]. Connaissant ces faiblesses, nous pouvons en tirer avantage, mais il serait dans le même temps erroné de sous-évaluer sans discernement les vertus combatives de l'Italien. »

Nous l'avons évoqué, la motorisation demeure le point faible, les infrastructures industrielles sont insuffisantes pour garantir une production idéale, sans parler du manque de spécialistes et de chauffeurs. Pour pallier ce problème, on propose, durant l'été 1941, de faire marcher les soldats 40 kilomètres par jour au lieu des 18 kilomètres préconisés, tandis qu'en 1940 quelques centaines d'ânes sont livrés à la division d'infanterie Brescia pour convoyer le ravitaillement ! L'acier des chars est de mauvaise qualité et les équipages le renforcent en fixant des sacs de sable sur le glacis. L'expérience coloniale, paradoxalement, n'induit pas les hautes sphères militaires à requérir des véhicules spéciaux, équipés de boussoles et de filtres antisable tandis que les cartes géographiques manquent.

Si certaines de ces graves lacunes matérielles sont comblées en 1942, la vie des hommes, elle, ne change pas. Le soldat italien est probablement l'un des moins bien lotis de cette guerre. Son ravitaillement est insuffisant et aléatoire, les officiers bénéficient de privilèges ignorés de la troupe. Pire encore, il ne peut bénéficier d'un rapatriement en Italie que pour blessure ou après trois ans de permanence en Afrique, dont deux au moins en première ligne. Quant aux cadres, ils sont insuffisants (5 % d'officiers et 6 % de sous-officiers seulement) et mal instruits, en particulier ceux de réserve.

Catastrophiques en Libye en 1940, les performances sont nettement meilleures en AOI, alors que les troupes sont isolées, non ravitaillées et vivent sur des stocks de munitions en partie périmés. C'est surtout la qualité du commandement qui fait, sur ce front, la différence. Les généraux Nasi, Carnimeo et Lorenzini, pour ne citer qu'eux, sont de très bons tacticiens et connaissent parfaitement le terrain. Britanniques et Français libres ne tarissent pas d'éloges et reconnaissent la valeur d'un adversaire auquel, plusieurs fois, ils accordent les honneurs. À Keren, de puissants moyens sont nécessaires pour avoir raison de l'ennemi, comme l'écrit l'historien et romancier Compton Mackenzie : « Keren fut une des batailles les plus dures, et il doit être dit que jamais les Allemands ne combattirent avec la même détermination que les bataillons italiens des troupes alpines, bersagliers et grenadiers de Savoie le firent à Keren. » Dans les airs, avec des appareils dépassés, ils tiennent la dragée haute à la Royal Air Force (seize victoires homologuées pour le capitaine Mario Visentini).

Avec l'arrivée des Allemands en Libye, les Italiens intègrent des tactiques nouvelles, que ce soit dans le domaine de la coordination interarmes ou des mouvements blindés. Ils deviennent donc plus efficaces et les effets sur le moral sont conséquents. À Bir el-Gobi, le 19 novembre 1941, la division blindée Ariete étrille la 22e brigade blindée britannique qui perd une soixantaine de chars de combat au début de l'opération Crusader ; le 27 mai 1942, cette même division détruit la 3e brigade motorisée indienne avant de buter sur les champs de mines et les canons antichars des Français à Bir-Kakeim. Le capitaine de Sairigné, dans son journal de marche, écrit que les « Italiens se sont fort bien conduits ».

Il serait trop long ici de rapporter tous les propos émanant de l'adversaire qui infirment l'image de l'Italien « incapable de se battre ». Churchill lui-même évoque aux Communes « les lions de la Folgore » (division parachutiste qui tient le front sud d'El-Alamein avec trois mille hommes) qui attaquent les blindés à la grenade et au cocktail Molotov. En Tunisie, les unités italiennes se distinguent à Kasserine, Takrouna, l'oued Akarit et sur la ligne Mareth, tirant régulièrement les Allemands de situations délicates ; ces derniers, par ailleurs, ne se privent pas de quitter leurs positions sans préavis, mettant ainsi la ligne de front en péril. Bien qu'avare de compliments, Rommel sait aussi se montrer objectif dans son appréciation du combattant transalpin : « Le soldat italien est discipliné, équilibré, excellent travailleur et un exemple pour le soldat allemand dans l'aménagement des positions retranchées. S'il est attaqué, il réagit bien. Il lui manque toutefois un esprit offensif et surtout un entraînement adéquat. » Apprenant la destruction de la division

Ariete au soir du 4 novembre 1942, il écrit : « La destruction de l'Ariete signifiait la perte de nos plus anciens camarades de combat italiens ; nous leur avions toujours demandé plus d'efforts qu'ils ne pouvaient en fournir avec leur armement défectueux. »

Naturellement, et comme au sein de toutes les armées, des troupes ont cédé parfois à la panique, en certains secteurs, comme une partie du 8e régiment de bersagliers à Deep Well le 3 juillet 1942, ou la division Sabratha à Tell el-Eisa, le 10 juillet. Le plus souvent les explications sont rationnelles, ici la fatigue des bersagliers, au combat sans interruption depuis la fin mai, ou le manque d'expérience des jeunes recrues de la Sabratha.

Selon les différentes sources, la guerre en Afrique coûte à l'Italie environ 22 600 hommes (ce chiffre ne concerne que les morts au combat), dont 3 500 en AOI. À ces chiffres il convient d'ajouter les coloniaux (900 Libyens et probablement plus de 10 000 ascari d'Afrique de l'Est), les pertes lors des transferts maritimes (autour de 8 000) et les décès dans des camps de prisonniers (entre 4 000 et 5 000).

Une « guerre sans haine » ?

Si, sur les fronts africains, les aspects idéologiques semblent être moins prégnants qu'ailleurs, il s'agit pour le moins d'une apparence. Au gré des offensives et contre-offensives, les colons subissent parfois la vindicte des autochtones qui n'ont pas oublié les affres de la « pacification » brutale des années 1930 ni la politique raciale du régime fasciste. Ajoutons à cela les bombardements, saccages et exactions diverses (dont des viols) des armées du Commonwealth, non systématiques mais parfaitement documentés. Au total, environ 380 citoyens italiens en sont victimes, dont la moitié en Libye. D'autres subissent les législations antijuives, en Libye puis lors de l'occupation de la Tunisie. Le camp de concentration de Giado, à 200 kilomètres au sud de Tripoli, compte 3 000 détenus dans des conditions déplorables qui expliquent un taux de mortalité de 25 %. Les violences, directes ou indirectes, contre les populations indigènes, sont importantes mais difficilement quantifiables ; et que dire des millions de mines abandonnées *in loco*, fatales jusque dans les années 1990 ?

La mémoire italienne met en exergue des crimes à l'encontre de prisonniers de l'Axe par les troupes australiennes et néo-zélandaises mais occulte les agissements contre ceux du Commonwealth et de la France libre, dans certains camps de transit, avant que ceux-ci ne soient expédiés vers la péninsule. Vols et vexations sont courants, parfois des tortures, sans parler des conditions de détention et de ravitaillement étalonnées sur les difficultés logistiques italiennes. Les colons y vont, eux aussi, de leurs méfaits. De leur côté, les 41 000 prisonniers italiens aux mains des Français et internés au Maghreb subissent un traitement identique, peu en accord avec les conventions internationales (3 000 décès) ; les derniers rentrent en Italie en 1947, le gouvernement français retardant sciemment les libérations. Quant aux colons, ils quittent progressivement l'Afrique, de gré ou de force (28 000 sont rapatriés d'AOI dès 1942-1943).

Après la guerre, l'heure n'est pas à l'examen de conscience. Afin de retrouver une place dans le concert des nations, on promeut le mythe des « Italiens, braves gens », pour se démarquer de « l'Allemand méchant », capable même « d'abandonner son allié en plein désert en lui dérobant son essence », légende réfutée par les vétérans. Finalement, à cette époque, passer pour d'inoffensifs gratteurs de mandoline paraît bien utile : il convient de faire profil bas.

La littérature et le cinéma jouent ensuite pleinement leur rôle pour conforter cette image d'Épinal, qui occulte bien des souffrances, subies et infligées, tout en travestissant injustement la réalité sur la vaillance des armées italiennes en Afrique.

LA POLOGNE EN LAMBEAUX

Antoine de Tarlé

L'année 1939 marque une nouvelle phase de l'histoire tragique de la Pologne. Ce pays avait disparu en 1795, partagé entre les empires austro-hongrois, prussien et russe. Il avait reconquis son indépendance en 1918, mais restait fragile et conservait des relations difficiles avec les minorités juive, ukrainienne, biélorusse et allemande qui constituaient le quart de la population.

Le 1er septembre 1939, l'Allemagne nazie envahit le pays après avoir mené pendant des mois une campagne de propagande y dénonçant la prétendue persécution des minorités allemandes. Depuis l'annexion de la Tchécoslovaquie en mars 1939, la Pologne est encerclée au nord, à l'ouest et au sud par l'Allemagne, ce qui rend extrêmement difficile la défense du pays. En quelques semaines, l'armée allemande écrase les forces armées polonaises courageuses mais mal équipées et détruit son aviation, ce qui permet à la Luftwaffe de bombarder impunément les troupes et les villes. Une contre-offensive de l'armée polonaise à l'ouest de Varsovie échoue le 17 septembre. La capitale, Varsovie, capitule le 27 septembre.

La France et le Royaume-Uni ont déclaré la guerre à l'Allemagne le 3 septembre pour sanctionner l'agression contre leur allié polonais mais s'abstiennent de venir à son aide.

Le 17 septembre, l'Armée rouge pénètre à son tour dans l'est du pays et opère sa jonction avec l'armée allemande, en application des clauses secrètes du pacte germano-soviétique conclu le 23 août précédent. Une parade militaire affichant la nouvelle alliance germano-soviétique a lieu à Brest-Litovsk le 23 septembre. La Pologne indépendante a cessé d'exister. Son gouvernement part en exil, en France, où il s'installe à Angers puis fuit à Londres en juin 1940 après l'armistice. Un certain nombre de militaires parviennent à s'enfuir par la Roumanie et rejoignent la France et l'Angleterre pour poursuivre le combat. La flotte gagne les côtes anglaises et les pilotes polonais joueront un rôle important lors de la bataille d'Angleterre de l'été 1940.

Le partage entre deux totalitarismes

Les nouveaux maîtres se partagent le territoire polonais. L'Allemagne annexe Dantzig. Elle récupère les provinces qui appartenaient à la Prusse avant le traité de Versailles et où vivaient d'importantes minorités de langue allemande, mais elle annexe aussi une partie des anciennes possessions de l'Empire russe. Le reste de sa zone d'occupation devient le gouvernement général dirigé par Hans Frank, un proche de Hitler, qui s'installe à Cracovie et administre ce territoire sans aucune consultation des Polonais qui se trouvent donc totalement colonisés.

L'URSS annexe immédiatement les provinces de l'Est ainsi que la ville de Lvov. Cette importante cité dotée d'une prestigieuse université était avant 1914 la capitale de la Galicie austro-hongroise. Sa population composite de Polonais, d'Ukrainiens et de Juifs sera profondément bouleversée par les années de guerre.

Staline prend ainsi sa revanche sur un échec qui l'avait profondément marqué : la défaite de l'Armée rouge en 1920 devant Varsovie. Il en assurait alors la direction politique aux côtés du général Toukhatchevski, mais le maréchal polonais Piłsudski, assisté par une mission militaire française dont était membre le capitaine Charles de Gaulle, avait réussi à stopper l'élan de l'Armée rouge et à sauver Varsovie. Les Soviétiques avaient dû reculer précipitamment et céder à la Pologne par la paix de Riga, en 1921, la Biélorussie et l'Ukraine occidentale bien que les Polonais y fussent minoritaires. Le maître du Kremlin en conserva jusqu'à sa mort une hostilité profonde à l'encontre de la Pologne qui l'avait humilié ce qui explique dans une large mesure son comportement pendant la Seconde Guerre mondiale.

Les deux occupants s'engagent dès octobre 1939 dans une politique active de répression visant à écraser toute forme de culture nationale et à soumettre les populations. Cependant cette politique totalitaire revêt des formes différentes à l'Ouest et à l'Est. Les nazis poursuivent avant tout des objectifs raciaux et visent à l'élimination de l'importante minorité juive qui représentait environ trois millions de personnes au début de la guerre soit 10 % de la population du pays. Cette élimination prend la forme d'exécutions massives par des troupes spéciales, les Einsatzgruppen mais aussi par des détachements de la Wehrmacht et par la constitution de ghettos dans les principales villes, Varsovie, Cracovie et Łódź où les Juifs, qui subissent mauvais traitements et malnutrition, sont soumis au travail forcé.

L'occupant nazi poursuit aussi l'objectif énoncé par Hitler de réduire en esclavage la population polonaise, les Slaves étant considérés comme des sous-hommes, destinés à laisser la place à une colonisation par les Allemands. Des dizaines de milliers d'universitaires, de prêtres et d'intellectuels sont exécutés et toutes les universités ainsi que les établissements d'enseignement secondaire sont fermés. Au surplus des centaines de milliers de Polonais sont expulsés des territoires annexés par l'Allemagne pour laisser la place à des familles allemandes et installés dans des conditions inhumaines dans le gouvernement général. On estime qu'entre 1939 et 1944, trois millions de Polonais perdront la vie du fait des persécutions nazies, chiffre auquel il faut ajouter les millions de Juifs victimes des persécutions.

Dans la zone soviétique, les cibles ne sont pas raciales mais sociales. Le pouvoir organise des déportations massives, au Kazakhstan notamment, des propriétaires terriens et des représentants des classes dirigeantes en s'attaquant principalement aux personnes de langue polonaise, soit au total près de quatre cent cinquante mille individus. La langue russe devient obligatoire, le parti communiste de Russie est seul autorisé et les lieux de culte sont fermés. On assiste à une soviétisation totale de provinces qui bénéficiaient jusqu'alors de la relative liberté de la république polonaise et qui sont désormais rattachées aux républiques soviétiques d'Ukraine et de Biélorussie.

Par ailleurs, sur ordre de Staline et pour parachever cette politique d'élimination des élites, une vingtaine de milliers d'officiers de l'armée polonaise, qui avaient été capturés par l'Armée rouge, sont exécutés dans la région de Katyń, en Biélorussie, au cours de l'été 1940. Le massacre de Katyń, qui fera l'objet d'un film du grand réalisateur polonais Wajda, constituera un traumatisme majeur pour la Pologne de l'après-guerre dans la mesure où, comme on le verra plus tard, la Russie niera sa culpabilité jusque dans les années 1990.

La mise en place d'une République clandestine

Le 22 juin 1941, les forces allemandes envahissent l'Union soviétique, ce qui entraîne d'importants changements pour les Polonais et surtout pour ceux d'origine juive. Désormais, la totalité des territoires de la Pologne d'avant-guerre est sous l'autorité allemande, ce qui facilite l'action des mouvements de résistance s'efforçant de mobiliser tous les patriotes polonais.

Les Polonais, dont le pays avait été partagé entre la fin du XVIIIe siècle et 1918, avaient acquis en effet une longue expérience de la lutte clandestine pour sauvegarder leur identité nationale menacée par les occupants. À partir de l'automne 1939, ils commencent donc à s'organiser, d'abord dans la zone allemande, puis, à partir de l'été 1941, dans l'ex-zone soviétique. La tâche est particulièrement dangereuse car les SS et la Gestapo traquent impitoyablement les résistants et parviennent souvent à démanteler leurs réseaux et à exécuter ou à déporter les combattants de l'ombre. Néanmoins, au fil des mois, des structures clandestines se mettent en place, combinant la collecte de renseignements pour les Alliés avec l'information et l'éducation de la population coupée de tous contacts extérieurs par les autorités nazies. C'est ainsi qu'un enseignement supérieur clandestin est créé et installé dans les écoles professionnelles, seules autorisées par les nazis. Une presse clandestine circule dans tout le pays.

Pour poursuivre la lutte, il est créé une armée de l'intérieur, l'Armia Krajowa (AK) encadrée par d'anciens officiers et qui regroupe, à partir de 1942, la quasi-totalité des mouvements de résistance constitués depuis 1939. Seuls font exception une organisation d'extrême droite et les communistes. En 1943, des militants communistes constituent en effet une armée secrète, l'Armia Ludowa, mais celle-ci reste très minoritaire. En 1944, elle regroupe environ vingt mille hommes contre trois cent cinquante mille pour l'AK. La résistance polonaise est foncièrement hostile au communisme et le paiera très cher à la fin de la guerre.

Jusqu'en 1944, l'AK évite les affrontements directs avec l'armée d'occupation pour ne pas provoquer des exécutions massives d'otages civils. Elle multiplie néanmoins les coups de main et les assassinats ciblés de collaborateurs ou de tortionnaires SS.

Le gouvernement polonais en exil, réfugié à Londres, s'efforce d'adopter une organisation qui justifie sa légitimité et sa capacité, le moment venu, à restaurer la démocratie dans le pays enfin libéré. Il se dote d'un président et d'un Premier ministre, un prestigieux militaire, comparé parfois à de Gaulle, le général Sikorski, dont l'attachement à la démocratie est bien connu et qui réunit autour de lui les représentants des anciens partis de la Pologne indépendante, à l'exclusion des communistes dont le parti était interdit pendant l'entre-deux-guerres. Le gouvernement maintient aussi avec l'aide des services britanniques des liens étroits avec la résistance intérieure qui parvient à envoyer des agents à Londres. Ceux-ci le tiennent informé de l'état du pays. Ils joueront un rôle majeur pour sensibiliser les Alliés et l'opinion sur la politique d'extermination des Juifs.

C'est ainsi que le 10 décembre 1942, au vu de ces informations, le ministre des Affaires étrangères du gouvernement en exil informe par note l'ensemble des gouvernements alliés de cette politique en soulignant qu'elle concerne aussi des centaines de milliers de Juifs du reste de l'Europe. Ce document est le premier à attirer l'attention des Alliés sur la « solution finale ». L'année suivante, un autre émissaire, Jan

Karski, un ancien officier et diplomate, membre de l'Armia Krajowa, réussit à pénétrer dans le ghetto de Varsovie et délivre un témoignage exceptionnel aux Alliés, et notamment au président Roosevelt qu'il rencontre personnellement, sur le déroulement du génocide. Toutefois, ces documents et ces témoignages n'ont aucune influence sur la politique des Alliés dont les dirigeants estiment que la priorité est de gagner la guerre. Ils refusent donc de consacrer des moyens aériens à la destruction des voies ferrées menant aux camps d'extermination.

Par ailleurs, l'Union soviétique, désormais en guerre contre l'Allemagne, finit par accepter la demande des Anglo-Saxons de libérer les soldats polonais gardés en captivité, ce qui leur permet, en 1942, de rejoindre les forces britanniques en passant par l'Iran pour constituer une armée commandée par le général Anders. C'est à cette occasion que l'on constate la disparition de milliers d'officiers dont on découvrira plus tard qu'ils ont été secrètement exécutés à Katyń. L'armée Anders s'illustre dans différents épisodes de la Seconde Guerre mondiale. Elle joue un rôle décisif en Italie lors de la bataille de Monte Cassino et participe à la libération de la France.

La politique d'extermination des Juifs et les camps de la mort

L'invasion de l'Ukraine et de la Biélorussie soviétiques entraîne une aggravation de la situation déjà dramatique des Juifs. En entrant dans les territoires anciennement polonais, la Wehrmacht laisse faire des pogroms menés par les populations locales qui avaient le sentiment que les Juifs avaient sympathisé avec les communistes. L'exemple le plus célèbre est celui du massacre des Juifs de Jedwabne, un pogrom qui fit plusieurs centaines de victimes. Toutefois l'administration nazie prend très vite en charge une politique systématique d'extermination d'une population juive qui inclut désormais les importantes communautés des provinces de l'Est.

À la suite de la conférence de Wannsee de janvier 1942, les autorités nazies estiment que ce que l'on a appelé la Shoah par balles, l'exécution par des commandos de communautés entières, n'est pas assez efficace. Elles s'engagent donc dans l'édification de six camps d'extermination : Treblinka, Bełzec, Chełmno, Maïdanek, Sobibór et Auschwitz dont l'objet, à la différence des camps de concentration, n'est pas de détenir des déportés mais d'organiser leur élimination en les gazant dès leur arrivée. Tous ces camps sont installés sur le territoire polonais, ce qui permet de réduire le transport des victimes. À Auschwitz, petite localité proche de Cracovie où les nazis avaient construit dès 1939 un camp de concentration, on y adjoint un camp d'extermination, ce qui en fit un gigantesque complexe de mort où transitent des millions de Juifs, de Polonais mais aussi de déportés politiques venus de toute l'Europe occupée. Au total sur les trois millions de Juifs qui vivaient en Pologne en 1939, il n'en survit que trois cent mille en 1945 dont environ deux cent cinquante mille qui avaient fui en URSS au début de la guerre et avaient été déportés au Kazakhstan.

Le rôle de la population polonaise face à cette politique massive d'extermination est toujours l'objet de débats. On ne peut contester que cette politique fut exclusivement le fait de l'administration nazie qui faisait régner par ailleurs une véritable terreur sur l'ensemble de la population. Néanmoins, l'antisémitisme était très répandu en Pologne avant la guerre et le gouvernement de l'époque avait pris des mesures de *numerus clausus* à l'encontre des Juifs, dans les universités. Pour beaucoup de Polonais, les trois millions de Juifs qui s'exprimaient majoritairement en yiddish, une langue proche de l'allemand, n'étaient pas vraiment assimilés. Quand les persécutions nazies commencèrent, peu de Polonais eurent le courage ou la volonté de venir en aide à leurs concitoyens, leur préoccupation étant de survivre eux-mêmes. Néanmoins certains prirent des risques pour sauver des familles ou des enfants, et la résistance créa une organisation d'aide aux Juifs, Żegota. D'ailleurs, le gouvernement en exil et l'AK condamnèrent très clairement et à maintes reprises la politique antijuive des nazis.

L'Église polonaise, toute-puissante dans un pays foncièrement catholique, intervint peu elle aussi. Elle était elle-même imprégnée d'antisémitisme et devait de son côté affronter les persécutions des nazis. Ceux-ci étaient déterminés dans leur volonté d'éliminer une institution qui s'identifiait au sentiment national polonais et rejetait le paganisme nazi. Dans les territoires annexés par Hitler, de nombreux prêtres polonais sont déportés et assassinés. Dans le gouvernement général, la répression est moins violente mais ne cesse pas en dépit de la condamnation publique prononcée par le cardinal Sapieha, le responsable de l'Église polonaise. À la grande déception des catholiques polonais, le Vatican limite son intervention à quelques déclarations diplomatiques et refuse de s'engager clairement contre les déportations et les exécutions des membres du clergé.

Le tournant de 1943

L'année 1943 marque un tournant décisif dans l'histoire de la Pologne en guerre. Depuis la défaite de Stalingrad, la victoire alliée sur le nazisme est devenue une certitude. Il est aussi manifeste pour Churchill et Roosevelt que cette victoire ne peut être acquise que grâce au rouleau compresseur de l'Armée rouge qui repousse vers l'ouest des forces allemandes de plus en plus affaiblies. Le sort de la Pologne, en raison de sa position géographique qui en fait la base arrière de la future bataille de Berlin, devient donc un enjeu majeur pour les Alliés et l'objet de négociations difficiles entre Staline et les Anglo-Saxons. C'est également une question vitale pour les autorités polonaises de l'exil et de la clandestinité qui sont parfaitement conscientes de la menace soviétique et veulent sauvegarder l'avenir d'une Pologne indépendante et démocratique.

Deux événements surviennent en avril 1943, qui vont peser sur la suite de l'histoire. Il s'agit d'abord de la découverte par les Allemands d'un charnier à Katyń contenant quatre mille cadavres d'officiers polonais. D'autres charniers à proximité portent le nombre de victimes à près de vingt mille. Les autorités nazies exploitent immédiatement cette opportunité de dénoncer les crimes staliniens et font vérifier par une mission de la Croix-Rouge internationale que les meurtres sont intervenus en 1940, donc sous le joug soviétique.

Face à cette découverte, la propagande soviétique se mobilise avec la plus grande vigueur et affirme contre toute évidence qu'il s'agit d'un crime nazi. De son côté le gouvernement polonais réagit avec force et condamne ce massacre stalinien, ce qui entraîne la rupture des relations entre Moscou et le gouvernement en exil, et fait peser une menace supplémentaire sur le rétablissement d'une Pologne libre.

Peu après le général Sikorski se tue dans un accident d'avion à Gibraltar, privant ses compatriotes d'un porte-parole respecté et prestigieux. Il n'y a plus de De Gaulle polonais. Il est remplacé par un civil, Stanisław Mikołajczyk, qui n'a pas son autorité et peine à s'imposer face aux

Anglo-Saxons qui veulent éviter que l'affaire de Katyń brouille leurs relations avec Staline et renoncent donc à contredire publiquement la propagande soviétique.

Le maître du Kremlin exploite aussitôt cette affaire en profitant de la passivité de Churchill et de Roosevelt. Il met en place à Moscou, non sans mal, un embryon de gouvernement polonais sous influence communiste. En effet les communistes polonais sont rares en Russie car, en 1938, Staline avait liquidé tous les dirigeants du Parti, à l'exception de Gomułka qui était en prison en Pologne, ce qui lui permit de jouer un rôle majeur par la suite. Les Soviétiques avaient par ailleurs créé en juillet 1943 une armée populaire qui comprenait environ quarante mille combattants et qui était commandée par un ancien officier de l'armée d'avant-guerre, le général Berling. Cette armée participera notamment à la bataille de Berlin et fournira les cadres de la future défense de la Pologne communiste.

C'est aussi en 1943 que les nazis décident de liquider les ghettos où les Juifs vivaient dans des conditions inhumaines, sous l'autorité de conseils désignés par les autorités allemandes, les Judenrats. À Varsovie, un groupe de jeunes militants décide qu'ils n'ont plus rien à perdre puisqu'ils sont de toute façon destinés à finir dans les camps d'extermination. Ils organisent donc une révolte avec les quelques armes dont ils disposent et seront écrasés par les Allemands au terme de trois semaines d'une lutte désespérée sans que l'armée clandestine AK ait pu les aider efficacement. Le ghetto est ensuite rasé.

La bataille des frontières

Au début de 1944, la résistance polonaise commence à se préoccuper de la prise de contrôle du pays alors que les armées allemandes ne cessent de reculer et que l'Armée rouge arrive aux frontières de l'ancienne Pologne. C'est précisément la délimitation de la frontière orientale du pays qui est source d'un affrontement décisif entre Staline et les Polonais. Pour le maître du Kremlin, la situation ne prête pas à discussion : il convient d'appliquer l'accord germano-soviétique de 1939 en fixant la frontière à ce que l'on appelle la ligne Curzon. Cela signifie l'incorporation dans l'Union soviétique des provinces d'Ukraine occidentale, y compris la ville de Lvov, rebaptisée Lviv, et de Biélorussie occidentale qui faisaient partie de la Pologne indépendante d'après 1920 et où vivait encore une importante population d'origine polonaise. En contrepartie, Staline propose que la Pologne annexe à l'Ouest les provinces allemandes de Poméranie, de Silésie et du Brandebourg ainsi que le sud de la Prusse orientale et Dantzig qui sera rebaptisée Gdańsk.

Le gouvernement en exil demande au contraire le retour aux frontières de 1920 fixées par la paix de Riga et la résistance entretient des maquis dans les zones contestées pour prendre le pouvoir au moment du retrait des forces allemandes. De leur côté, les Ukrainiens qui ne veulent être soumis ni aux Russes ni aux Polonais ont eux aussi organisé des maquis qui revendiquent l'indépendance de leur pays. Pendant toute l'année 1944, les marches de l'Est sont le théâtre d'un chaos sanglant auquel les Soviétiques mettent bon ordre à coups d'exécutions et de déportations au Goulag.

À la grande déception de la résistance polonaise, les Anglo-Saxons se gardent bien de défendre ces positions par crainte d'offenser Staline dont ils ont besoin pour la phase finale de l'anéantissement du IIIe Reich. Churchill et Roosevelt manifestent leur irritation devant l'obstination des Polonais et leur conseillent d'accepter la translation du pays de l'Est vers l'Ouest, ce qui implique néanmoins de vastes mouvements de population : le transfert des Polonais vivant dans les provinces de l'Est en direction des nouveaux territoires de l'Ouest et l'exode de millions d'Allemands vers l'Ouest de leur pays.

La mécanique stalinienne de prise en main du pays continue à se dérouler de manière inexorable. En juillet 1944, les Soviétiques installent à Lublin, qui vient d'être libérée des Allemands, un gouvernement provisoire dirigé par Bolesław Bierut, un homme de l'appareil communiste qui avait échappé à la purge de 1938. Dans la zone « libérée » par l'Armée rouge, les communistes prennent immédiatement le contrôle de l'administration et éliminent impitoyablement les cadres de la résistance qui avaient espéré collaborer avec les Soviétiques et participer à la libération du pays.

L'insurrection de Varsovie

Cette situation incite l'armée secrète qui avait déjà donné, fin 1943, le signal de l'insurrection générale, à prendre une initiative désespérée : engager le combat pour libérer Varsovie et, de ce fait, prendre le pouvoir dans la capitale avant l'arrivée de l'Armée rouge. Il s'agit d'un pari à haut risque car les combattants de la résistance qui sont environ vingt mille ne disposent que d'armes légères et sont mal équipés pour faire face à un occupant mettant en action une masse de véhicules blindés et une artillerie puissante. Le gouvernement en exil est d'ailleurs réticent face à une opération qui semble vouée à l'échec. Néanmoins, le général Bór-Komorowski, commandant de l'AK, lance l'insurrection, fin août, alors que l'on apprend la libération de Paris qui sert de référence aux patriotes polonais. La bataille dure soixante-trois jours. Contrairement à ce qu'espérait la résistance, l'Armée rouge qui vient d'atteindre la Vistule, refuse de traverser le fleuve pour aider les combattants et interdit aux soldats de l'armée de Berling de venir au secours de leurs compatriotes. Les Anglo-Saxons organisent quelques parachutages d'armes qui tomberont souvent du côté des Allemands mais, compte tenu de leur éloignement, ne peuvent pas faire plus.

Le 2 octobre 1944, le général Bór Komorowski capitule. Il avait connu avant la guerre dans des compétitions hippiques son adversaire allemand le général SS Von Dem Bach ce qui lui permet d'obtenir le statut de combattant pour les quinze mille soldats polonais. Les nazis ne font pas preuve de la même mansuétude pour le reste de la population. Les quarante-cinq mille habitants de la capitale sont déportés et beaucoup se retrouveront dans des camps de concentration. La ville est entièrement rasée et cesse d'exister. L'Armée rouge ne l'occupe qu'en janvier 1945. Et il faudra plusieurs décennies après la guerre pour la reconstruire. On estime qu'au total l'insurrection et les représailles qui suivirent firent trois cent mille victimes.

La Pologne soviétisée

Le sort de la Pologne est définitivement réglé en février 1945 à la conférence de Yalta. Les Anglo-Saxons doivent se résigner à accepter les conditions de Staline dont les armées occupent maintenant la totalité du territoire polonais. Le transfert des populations d'Est vers l'Ouest est donc entériné. Le maître du Kremlin donne son accord pour la mise en place d'un gouvernement de coalition, une concession qui se révélera vite illusoire. Néanmoins, Mikołajczyk démissionne de ses fonctions et se rend à Lublin pour intégrer un gouvernement provisoire présidé par un socialiste, mais dominé par Bierut et Gomułka qui contrôlent les ministères de l'Intérieur et de la Défense. Dans les faits, la Pologne a déjà basculé dans l'orbite soviétique.

Au cours des mois qui suivent, les communistes polonais épaulés par les services soviétiques poursuivent l'élimination des cadres de l'Armia Krajowa et de la résistance. Ils prennent le contrôle des médias et de l'administration, tout en réduisant les autres partis à un rôle marginal. Seule la puissante Église catholique constitue un contrepoids à un pouvoir totalitaire et complètement inféodé aux Soviétiques. Il faudra attendre 1989 pour que la Pologne recouvre sa pleine indépendance.

La Pologne est probablement le pays européen qui a été le plus marqué par la Seconde Guerre mondiale. Il fut le seul à être totalement rayé de la carte, sans aucune forme de gouvernement central. C'est aussi un pays où les débats et les crises des années 1940 conservent une actualité forte. Aujourd'hui encore on discute de la responsabilité des Polonais dans la Shoah et l'ombre de Katyń pèse toujours sur les relations avec la Russie.

Sur le premier point, on peut considérer qu'en dépit du climat d'antisémitisme qui régnait dans le pays avant 1939, l'application de la « solution finale » a été exclusivement la responsabilité des nazis et ce sont surtout des Ukrainiens et des Baltes qui ont assisté les nazis dans le fonctionnement des camps d'extermination. Plus de six mille Polonais figurent sur la liste des Justes du mémorial de Yad Vashem à Jérusalem, un chiffre très supérieur à celui des autres nationalités européennes.

Si la Pologne est parvenue à une forme de réconciliation avec l'Allemagne qui a reconnu les crimes commis par ses concitoyens, il n'en va pas de même avec la Russie. Celle-ci a mis un demi-siècle pour admettre sa responsabilité dans le massacre de Katyń et s'est efforcée avec constance d'éliminer toute forme d'influence polonaise dans ses marches de l'Est qui avaient pourtant vécu pendant des siècles en symbiose avec la Pologne.

Le temps n'a donc pas encore effacé les traumatismes de la guerre.

LE MAROC, ALLIÉ DE LA FRANCE

Mohammed Kenbib

Des faits marquants de la Seconde Guerre mondiale, la mémoire collective marocaine retient essentiellement « l'étrange défaite » de la France en 1940, le débarquement américain (1942), la conférence d'Anfa (1943), la revendication de l'indépendance en janvier 1944, les rigueurs du rationnement et le marché noir ainsi que les exploits des goumiers et tirailleurs marocains dans les batailles ayant mené à la chute du IIIe Reich.

La mise du protectorat sur le pied de guerre dès 1936-1937...

La décision du gouvernement du Front populaire de nommer en 1936 comme résident à Rabat le général Charles Noguès, disciple de Lyautey, survient dans un contexte général marqué notamment par la remilitarisation de la Rhénanie. Au cours de cette même période, la guerre civile éclate en Espagne. Au Maroc s'amorce à l'époque une radicalisation du mouvement nationaliste. Un tel processus est lié à la fois aux immenses espoirs suscités par le triomphe du Front populaire et aux déceptions générées par la passivité du gouvernement de Léon Blum ainsi que son aval à la répression sanglante des manifestations ayant éclaté à Meknès en 1937.

Les alarmes de la Résidence, marquées par l'accélération de la mise du protectorat sur le pied de guerre, deviennent encore plus vives au moment et au lendemain de la crise de Munich. Dans son évaluation de la situation politique en décembre 1938, Noguès signale au Quai d'Orsay que : « Les différentes phases du conflit germano-tchèque et la tension européenne qui en résulte provoquent dans notre zone [...] des alternatives d'anxiété, de détente et d'espoir. »

Devant la gravité de la situation, des nationalistes n'hésitent pas, en 1938-1939, à exprimer leur solidarité avec la France. L'un d'entre eux conseille ainsi à ses pairs de collaborer avec la Résidence. Tous appréhendent en fait les dangers inhérents à l'idéologie nazie. Ils sont en partie influencés en la matière par les journaux du Moyen-Orient. Un rapport de Noguès indique ainsi qu'une brochure « rédigée par le secrétaire du Haut comité d'assistance aux victimes de Palestine [...], éditée au Caire et intitulée *Vérités sur la théorie de la supériorité de certaines races* [...] met en garde les musulmans contre la propagande des pays totalitaires, l'Italie, l'Allemagne et l'Espagne nationaliste ».

Solidarité réitérée du Maroc avec « la nation protectrice » en 1939...

En septembre 1939, le Maroc se range encore plus résolument aux côtés de la France. Le sultan Sidi Mohammed ben Youssef (1927-1961) déclare à cet effet le 3 de ce mois à l'intention du résident : « Nous sommes certain de traduire les sentiments qui animent tous nos sujets. Nous tenons à vous renouveler [...] l'assurance que tout le Maroc est de cœur avec la France qui redouble d'efforts pour garantir la paix sans négliger les moyens d'assurer sa défense dans le cas où le conflit viendrait troubler sa tranquillité [...]. Les Français peuvent avoir l'assurance qu'en toutes circonstances ils trouveront à leurs côtés le peuple marocain. »

Le jour suivant, dans une nouvelle déclaration relayée par les oulémas, les chefs de confréries et les notables de tribus, le souverain exhorte ses sujets, au nom de la fidélité aux engagements envers la France, qui « prend les armes pour défendre son sol, son honneur, sa dignité, son avenir et les nôtres », à se solidariser avec la métropole :

> Le douloureux souvenir que la dernière guerre a laissé à tous n'est pas effacé de vos mémoires, déclare le souverain, [même si] la victoire a couronné les étendards de la France et de ses alliés, parmi lesquels le Maroc figure fièrement [...]. Le glorieux gouvernement de la République n'a reculé devant aucun sacrifice pour que le spectre de la guerre ne revînt jamais attrister les foyers [...]. Nos ennemis communs [ont] malheureusement profité de toutes les occasions pour rallumer le feu de la discorde.

Une telle déclaration réaffirmant « hautement que si le pire devait arriver, [le souverain] lui-même et tous ses sujets se dresseront aux côtés de la France [qu'ils] considèrent comme une seconde patrie » répond aux vœux du général Noguès. Dans leur évaluation de l'impact de « cette auguste déclaration », ses services estiment qu'« elle a produit une forte impression sur la population » et que « d'anciens militaires indigènes se présentent nombreux aux autorités, demandant les formalités à accomplir pour reprendre du service ».

Les effectifs des troupes passent effectivement en quelques mois à près de quatre-vingt-dix mille soldats. En 1940, sur les trois cent quarante mille combattants nord-africains en métropole, soit près de 53 % des forces levées dans les colonies et protectorats, les tirailleurs et goumiers marocains représentent la majorité.

Outre les réactions « des tribus ayant tenu à exprimer leur loyalisme aux autorités » et fourni de nombreux contingents, des nationalistes modérés ou même fraîchement libérés de prison s'alignent sur l'attitude du sultan. Certains d'entre eux, supposés « préférer, à tout prendre, la tutelle française à la férule allemande », en font part à Noguès. Ils se présentent en délégations dès les 29 août et 1er septembre 1939 pour l'assurer de la conscience qu'ils ont de « la vigilance que requièrent les circonstances actuelles » et lui remettre une pétition signée par des intellectuels lui exprimant « non la simple fidélité et le loyalisme, [mais] le sens profond que le peuple marocain a de l'intérêt supérieur du Maroc et la France ».

Les soldats marocains dans « la drôle de guerre »...

Au nombre des troupes du Maroc sous commandement français mobilisées en 1939-1940 figurent dix régiments de tirailleurs, considérés comme formant « l'élite de l'infanterie française », quatre régiments de spahis, et deux d'artillerie. S'y ajoutent cent vingt-six goums (soit des compagnies de près de deux cent vingt combattants chacune) particulièrement adaptés aux combats en zone de montagnes, deux bataillons du génie et vingt-cinq du train. Au total près de quarante-sept mille soldats marocains participent ainsi à la campagne de France.

Ces troupes subissent les premiers chocs dévastateurs de l'offensive allemande. Dans les combats acharnés qu'elle livre, la 1re division marocaine remporte les 14-15 mai 1940 à Gembloux une victoire tactique au prix de lourds sacrifices.

Ses exploits lui valent plusieurs citations, dont celle-ci : « Régiment nord-africain d'élite [...] a subi, dès son arrivée à [...] Cortil-Noirmont [...] le choc des divisions blindées allemandes [...]. Le 1er bataillon à Ernage, les 2e et 3e bataillons à Cortil-Noirmont, ont réussi les 14, 15 et 16 mai à arrêter les attaques de forces adverses [...], porté un vigoureux d'arrêt à l'ennemi et refoulé son infanterie sur plusieurs kilomètres par une contre-attaque à la baïonnette. »

Français et Anglais se rendent compte que leurs forces risquent d'être prises en tenailles. Dès lors, et face à ce qui est considéré comme « la plus grande bataille d'encerclement de tous les temps », ils ne peuvent s'échapper que grâce à la résistance sans espoir des bataillons de six divisions françaises, de la 1re D.M., et des 2e et 6e régiments de tirailleurs marocains. Leurs sacrifices retardent la foudroyante avance ennemie.

Au Moyen-Orient, un escadron du 1er régiment de spahis passe dès le 30 juin, à l'instigation de l'officier français qui le commandait et de son porte-fanion marocain, dans le camp de la France libre et rejoint les Anglais en Palestine. De là, il retourne en Syrie se battre contre les troupes obéissant à Vichy puis s'embarque pour l'Égypte. Il y est intégré à la 8e armée britannique.

Par la mise en avant des exploits des goumiers et tirailleurs en métropole et la disponibilité du sultan ainsi que de ses sujets à continuer à se battre pour la France, Noguès s'efforce avant l'armistice, en sa double qualité de résident général et de commandant en chef du théâtre d'opérations d'Afrique du Nord, de convaincre Pétain de poursuivre le combat.

C'est, écrit-il, « avec une respectueuse mais brûlante insistance que je demande au Gouvernement, au nom des intérêts les plus vitaux de notre pays de venir poursuivre la lutte en Afrique du Nord s'il n'est plus possible de le faire sur le continent ». Invoquant des considérations de « politique indigène », il ajoute que « les musulmans sont tous prêts en ce moment à donner leur vie pour que le drapeau de la France continue à flotter en Afrique du Nord ». Les autorités françaises, ajoute-t-il, « ne sauraient les décevoir » car « on ne gouverne pas le mépris général ». C'est là, précise-t-il « le seul moyen de garder à la France [son] empire musulman ».

Face à l'armistice, le sens ultime des propos du résident ne peut en principe que le prédisposer à se ranger dans le camp du général de Gaulle. Celui-ci lui fait parvenir au demeurant, immédiatement après l'appel du 18 juin, des télégrammes l'incitant à continuer la lutte à ses côtés. Déclarant se tenir à sa disposition, il lui propose même de combattre sous ses ordres.

L'entente entre les deux généraux semble, dans ces conditions, devoir s'établir d'autant plus rapidement qu'outre l'urgence créée par l'invasion allemande, Noguès se soucie également, comme de Gaulle, de l'avenir. Il considère en effet lui aussi que poursuivre le combat depuis l'Afrique du Nord c'est se donner les moyens non seulement de conserver cette partie de l'empire colonial mais aussi « d'y trouver plus tard des forces vives et neuves dont le rôle sera [déterminant] dans l'avenir de [la métropole] » car « permettre à l'Afrique du Nord de se défendre, c'est entreprendre dès maintenant le redressement de la France ».

Toutefois, c'est pour la « légalité » et Pétain que Noguès finit par opter. De son point de vue, c'est là le moyen de préserver « la neutralité » des possessions coloniales françaises et d'éviter qu'elles soient transformées à leur tour en champ de bataille.

Après avoir dicté leurs conditions à l'ancien héros de Verdun, les Allemands s'engagent en effet pour le maintien du *statu quo ante*. En procédant de la sorte, ils cherchent à éviter précisément que les colonies et les protectorats ne basculent dans le camp de la France libre et des Alliés.

L'un des premiers « gestes » significatifs du Führer en la matière réside dans son refus, lors son entrevue avec Franco à Hendaye, de répondre favorablement aux sollicitations du Caudillo. Celui-ci argue des « droits historiques de l'Espagne sur le Maroc » et met comme condition à son entrée en guerre, aux côtés de l'Allemagne, l'aval de son interlocuteur à l'invasion de la zone française du protectorat et son rattachement à la zone espagnole.

Vis-à-vis des Italiens, actifs en matière de propagande et ne demeurant pas en reste eux non plus, le résident dresse très tôt des plans d'une attaque préventive contre la Tripolitaine. Après juin 1940, c'est en leur qualité de vainqueurs qu'ils imposent une délégation de leur propre commission d'armistice au Maroc. La Résidence réagit fermement contre leurs « menées ».

Les nombreux incidents relevés à ce niveau entre Français et Italiens dénotent par rapport à la relative prudence observée par le régime nazi. Les priorités stratégiques de ce dernier ne l'empêchent cependant pas de nourrir toutes sortes de visées à plus ou moins long terme sur le Maroc. Un officier allemand de la Commission de contrôle établie à Casablanca n'en fait du reste nul mystère devant l'un de ses interlocuteurs français : « Ne vous faites pas d'illusions, nous prendrons pour nous le Maroc au moment du traité de paix. »

En matière de propagande, le régime hitlérien se démarque à maints égards des Espagnols ambitionnant d'unir l'empire chérifien sous leur « *bandera* ». Il n'en demeure pas moins que c'est son ambassade à Madrid et ses services consulaires à Tétouan, Tanger, Ceuta et Melilla qui inspirent en sous-main bon nombre d'articles de journaux espagnols. Le résident indique à ce sujet que « la propagande allemande, maniée avec un grand tact et une parfaite connaissance de la mentalité indigène [est] particulièrement dangereuse ».

Des journalistes envoyés au sud du détroit de Gibraltar rapportent en effet sans ambages que la population marocaine doit mettre tous ses espoirs dans le triomphe de l'« ordre nouveau ». Des articles de la *Deutsche Allgemeine Zeitung* datés des 31 mai et 13 juin 1941 abondent dans ce sens, affirmant que « l'Allemagne jouit d'un prestige accru auprès des indigènes » et que « les musulmans sont attirés par les principes proclamés par la révolution nationale-socialiste [...]. L'unité de la foi, de la race et de l'État, l'élimination de tous les éléments étrangers répondent à des instincts profonds de l'âme indigène ».

Le résident suit de très près tous les mouvements des Allemands dans le protectorat, notamment « les menées » de membres de la Commission d'armistice. En fait, il n'abandonne pas totalement l'idée d'une reprise du combat et prend soin à cet effet de camoufler des stocks d'armes et de poursuivre l'entraînement de goumiers supposés n'être que de simples supplétifs.

Le gouvernement de Vichy ne se contente pas des rapports qui lui sont adressés. Il rappelle ponctuellement les ordres du maréchal, lequel finit par envoyer à Rabat de hauts responsables chargés d'évaluer la situation tant parmi les Marocains que la colonie française ; celle-ci, pourtant majoritairement pétainiste, risquant, à ses yeux, d'être contaminée par ce qu'il appelle « la dissidence gaulliste ».

Dans le compte rendu de la mission qu'il effectue en septembre 1940, le contrôleur général de Mesnay confirme que les Marocains ont été « abasourdis par la défaite de la France [mais qu'en] grande majorité ils font preuve de discrétion et d'un loyalisme touchants, [partageant visiblement] le deuil de la France et [ayant] une correction de tenue qui n'est pas observée même par certains Français ». À ses dires,

« l'état d'esprit est en général bon » et ne peut qu'inciter la métropole à « compter sur la fidélité de la population ». D'ailleurs, précise-t-il, « la masse [des tribus] de l'Atlas ne considère pas [les Français comme] vaincus mais [simplement comme étant] retirés de la lutte en attendant la reprise du combat ». Les notables n'ignorent rien de la débâcle mais « craignent que l'Allemagne ou l'Espagne ne remplacent la France comme puissance protectrice ».

De Mesnay propose des moyens susceptibles, à son avis, de « fidéliser » encore davantage les Marocains, confrontés à la misère. Il préconise l'introduction de réformes et souligne qu'il est impérieux de pourvoir dans les meilleurs délais à leur ravitaillement en thé et en sucre, ajoutant que « la ration actuelle d'un kilogramme de sucre pour chaque indigène est un minimum ».

Quant à Xavier Vallat, commissaire général aux questions juives, c'est au moins à deux reprises qu'il vient à Rabat insister sur la stricte application aux Israélites marocains de lois raciales inspirées du statut des Juifs en vigueur en France. Noguès ne montre nul zèle en la matière. Il appréhende en particulier que les élites israélites, auparavant francophiles et aspirant à la naturalisation française, mais choquées par les lois de Vichy, et devenues anglophiles, ne poussent les musulmans à se soulever contre le joug colonial. Le résident est également au fait de l'hostilité du sultan à l'aryanisation des biens et au *numerus clausus*. D'ailleurs plus de onze mille Juifs allemands, autrichiens, polonais, roumains, hongrois et autres trouvent refuge au Maroc entre 1933 et 1940.

Le souverain reçoit au palais des notables juifs venant implorer sa protection en sa qualité de chef politique et spirituel de l'État marocain. En mai 1941, il déclare publiquement à l'une de leurs délégations lui ayant présenté des vœux à l'occasion d'une fête religieuse que « les Israélites restent sous ma protection, [et je] refuse qu'aucune distinction soit faite entre mes sujets, tous loyaux ». Le Congrès juif mondial s'en fait rapidement l'écho. Les Renseignements généraux de Vichy relèvent pour leur part, dans un rapport en date du 29 mai 1941, que « l'on prétend [en France] dans les milieux juifs [de la zone non occupée] que le sultan du Maroc s'est refusé à appliquer les lois françaises antijuives sous prétexte qu'il ne voyait aucune différence de loyauté dans ses sujets. On loue [ce] souverain et on déclare ouvertement que le gouvernement français pourrait lui demander des leçons de tolérance ».

Livraisons américaines...

En raison du seuil critique atteint par la pénurie et du risque de « désintégration de l'Afrique du Nord française », aux dires de leur secrétaire d'État, Cordell Hull, les États-Unis décident d'engager des négociations bilatérales avec la France en vue de la fourniture de produits agricoles et industriels à l'Afrique du Nord. Un accord est conclu à cet effet en février-mars 1941 entre l'envoyé spécial du président Franklin D. Roosevelt, Robert Murphy, et le représentant de Vichy à Alger, le général Weygand.

Pour les Américains, il s'agit en l'occurrence d'une stratégie globale de défense des intérêts vitaux des États-Unis. À leurs yeux, il convient de prendre « toute mesure, qu'elle soit économique ou politique, de nature à relever le moral des autorités et de la population du Maroc français pour éviter que le pays ne s'effondre et ne tombe entre des mains hostiles ».

À partir du printemps 1941, les cargaisons américaines de sucre, de thé, de café, de lait en poudre, d'huile de soja, de textiles, de pièces détachées et de carburants apportent quelque répit. Les « vice-consuls », envoyés sur place en principe pour vérifier que ces cargaisons sont bien écoulées au Maroc même, peuvent s'en rendre aisément compte. Chargés en réalité de collecter des renseignements en vue de la préparation d'un éventuel débarquement allié, ils sont en effet particulièrement attentifs à l'état d'esprit des populations.

Leur chef, Kenneth Pendar, principal collaborateur de Murphy, indique ainsi que « les Marocains écoutent anxieusement les discours des agents de l'Axe, les discutent sans fin et, finalement, y croient peu ou pas du tout ».

Opération Torch

À l'aube du 8 novembre 1942, les populations des villes du littoral atlantique disposant d'un poste de TSF entendent une voix les appelant en arabe dialectal et en berbère depuis Gibraltar, au nom du président des États-Unis, à réserver le meilleur accueil aux « moujahidine » américains qui sont en train de débarquer à Safi, Fédala et Kenitra. Dans les rues de ces villes et à Casablanca, les habitants trouvent des tracts, largués de nuit par des avions, réitérant le même appel en arabe et en français : « Louange à Dieu seul [...], vous, fils du Maghreb [...], voici venir un grand jour pour vous et pour nous tous [...]. Nous sommes venus pour mener le jihad [...]. Nos combattants progressent à travers les villes et les campagnes [...]. Rassemblez-vous pour souhaiter la bienvenue à vos frères [...]. Que vos femmes les accueillent avec des you-you [...]. Ce sont des frères et des moujahidine [...] venus pour lutter pour le grand jihad de la liberté [...]. Nous ne sommes pas comme d'autres chrétiens qui vous foulent de leurs pieds [...]. Nous sommes venus pour vous libérer [...]. Priez pour notre victoire ! Que Dieu nous bénisse tous ! »

La Western Task Force, commandée par le général Patton, débarque à l'aube du 8 novembre. La résistance ordonnée par Pétain coûte à l'armée française près de mille morts et disparus.

Les Marocains sont d'autant plus impressionnés par ce qui se passe sous leurs yeux que de grosses livraisons de denrées alimentaires sont programmées dans le sillage de l'opération Torch. L'impact psychologique qui en résulte est énorme. L'artiste populaire Houcine Slaoui s'en fait l'écho dans une chanson à succès, *Maricane*. Il y loue en formules imagées, truffées de mots en anglais, la puissance économique des « Américains », leur « dollar », leur « chewing-gum » et même leur « rhum ».

Le prestige des États-Unis devient encore plus net après la tenue de la conférence d'Anfa (janvier 1943) et les encouragements que Roosevelt prodigue au sultan, promettant l'« assistance économique des États-Unis au Maroc indépendant ».

Les campagnes de Tunisie, Italie, France et Allemagne...

Le 14 novembre 1942, la mobilisation est relancée dans toute l'Afrique du Nord. Dès janvier 1943, des tabors marocains se retrouvent aussi bien dans les zones montagneuses de Tunisie que dans les plaines. L'artillerie allemande, et en particulier les chars lourds Tiger, font des carnages. Les combattants marocains continuent cependant de s'élancer avec fougue contre les Allemands et les Italiens retranchés.

Leurs prouesses depuis janvier sont ponctuées de lourdes pertes. Ils causent eux-mêmes de nombreux dégâts dans les rangs ennemis, récupèrent un matériel considérable, font au total dix mille prisonniers, et participent à Tunis, le 20 mai

1943, au défilé de la victoire. L'état-major français les place en tête de cette parade à laquelle assiste Eisenhower. Il n'est guère étonnant, dans ces conditions, que Patton ait insisté, après le débarquement de Sicile, pour que le 4e tabor marocain soit intégré dans les forces qu'il commande.

Plus au nord de la péninsule italienne, c'est dans ce qu'Eisenhower appelle « la longue et sanglante bataille du mont Cassin », que s'illustrent de manière encore plus éclatante les tabors, notamment la 2e DIM et le 4e RTM, constituant l'avant-garde du corps expéditionnaire français et intégrés en partie dans la 5e armée américaine. Et ce, dans des conditions extrêmement difficiles qu'Eisenhower décrit dans ses Mémoires : « Jour de Noël [1943]. Il pleuvait sans arrêt [...]. Hommes et véhicules s'enfonçaient dans la boue. Mais des combats opiniâtres se déroulaient sans trêve. Les positions de l'ennemi, souvent creusées dans le roc, défendaient tous les passages : chaque mètre de terrain ne se gagnait qu'au prix de pénibles manœuvres effectuées sur les pentes de la montagne et l'on ne pouvait progresser qu'en minant et en faisant sauter les nids de mitrailleuses. »

D'après le général allemand Kesselring, « spécialement remarquable est la grande aptitude tout terrain des troupes marocaines, qui franchissent même les terrains réputés impraticables, avec leurs armes lourdes chargées sur des mulets, et qui essaient toujours de déborder nos positions ». C'est de cette manière qu'ils percent la ligne Gustav. Le 15 juin 1944 ils défilent à Rome. À la fin du même mois, le général de Gaulle remet la légion d'honneur à un goumier marocain.

Lors de la libération de la France, ce sont également des tabors qui sont les premiers à entrer à Marseille. L'une des grandes figures de la cité phocéenne, Edmonde Charles-Roux évoque en termes poétiques ces combattants dépourvus de « toute raideur prussienne » et « leur pas léger de grimpeurs qui ne froisse pas l'herbe », estimant qu'il « n'y a pas de soldats plus magnifiques » que ces Marocains.

Avant Paris, la 2e D.-B. à Rabat...

Ce sont précisément ces exploits qu'invoquent les nationalistes ayant élaboré, avec l'aval du sultan, le Manifeste de l'indépendance présenté le 11 janvier 1944 au souverain, au nouveau résident, Gabriel Puaux, à de Gaulle, et aux représentants des puissances signataires de la convention d'Algésiras. Dans ses « considérants », le document se fonde sur « la participation du Maroc de façon effective aux guerres mondiales aux côtés des Alliés, les exploits accomplis par ses troupes [...], [et] ce qu'on attend d'elles [...], notamment pour aider à la libération de la France ». Ses auteurs invoquent aussi « le sang que versent les Alliés pour la cause de la liberté » et « la reconnaissance dans la Charte de l'Atlantique du droit des peuples à disposer d'eux-mêmes ». Ils se fondent sur tous ces arguments pour revendiquer « l'indépendance du Maroc dans son intégralité nationale sous l'égide de Sa Majesté Sidi Mohamed Ben Youssef que Dieu le glorifie » et l'instauration d'un régime démocratique.

Dans une lettre envoyée à Puaux, des membres du conseil supérieur du parti de l'Istiqlal (fondé fin 1943) affirment que leur mouvement tient à « l'émancipation de [leur] pays dans le cadre de la légalité, et [n'a] rien de contraire aux intérêts légitimes de la France au Maroc ». De Gaulle, qui considère le Maroc comme « une citadelle de la grandeur française » réagit par un « non » catégorique et invoque « l'intangibilité du traité du protectorat » signé à Fès le 30 mars 1912. Pour briser net le processus ainsi enclenché, Puaux et le chef des services spéciaux du Comité français de libération nationale, Jacques Soustelle, s'empressent de faire arrêter dix-huit dirigeants nationalistes. Les manifestations qui s'ensuivent sont violemment réprimées sur ordre de De Gaulle, après concertation à Marrakech avec Churchill (12 janvier). À Rabat et Salé, c'est la 2e division blindée, commandée par le général Leclerc, nouvellement équipée de matériel américain, qui s'en charge et fait plusieurs morts et blessés.

En 1944-1945, la guerre poursuit son cours en Europe. Les tabors continuent de se battre aux côtés des Alliés. Le département américain de la Guerre reconnaît lui aussi leurs sacrifices. Sur ordre du commandant en chef, George Marshall, il décerne le 10 avril 1945 au 2e bataillon du 8e régiment des tirailleurs marocains une citation à l'ordre de l'armée et autorise le soldat Abdallah ben Lhoucine à porter la médaille du Distinguished Military Service pour hauts faits d'armes dans les environs de Belfort.

L'après-guerre...

Après la chute de Berlin et la capitulation du IIIe Reich, le général Augustin Guillaume, s'adresse en ces termes aux troupes marocaines qu'il commande : « En Tunisie, en Italie, en Allemagne, votre apparition soudaine, aux heures décisives de la bataille, a jeté l'effroi dans les rangs de l'adversaire [...]. Vous avez asséné des coups terribles à l'ennemi, lui faisant quatorze mille cinq cents prisonniers [...]. L'Allemagne vous craint. La France vous acclame. Les Alliés vous admirent [...] ; déjà vos hauts faits sont entrés dans la légende. La France n'oubliera jamais la part prise par vous dans sa libération. »

De Gaulle choisit quant à lui d'honorer le sultan en l'invitant à Paris du 11 juin au 15 juillet 1945. Tout en insistant sur « les liens indissolubles existant entre la France et le Maroc », il associe les troupes marocaines au défilé de la victoire sur les Champs-Élysées et le fait compagnon de la Libération.

Sidi Mohammed ben Youssef n'en revendiqua pas moins officiellement en avril 1947 la redéfinition des bases juridiques des relations franco-marocaines, c'est-à-dire l'accession du pays à l'indépendance. Une telle déclaration, survenant dans le contexte des bouleversements générés par la Seconde Guerre mondiale, allait déboucher sur l'indépendance du Maroc, le 2 mars 1956.

LA NEUTRALITÉ DE L'ÉIRE, EXPRESSION DU SENTIMENT NATIONAL IRLANDAIS

Pierre Joannon

Élu en septembre 1932 à la présidence du Conseil de la Société des Nations (SDN), organe suprême de l'organisation internationale chargée par le traité de Versailles de veiller au maintien de la paix dans le monde, le *Taoiseach* (Premier ministre irlandais) Éamon de Valera, récemment porté au pouvoir à Dublin, lance un cri d'alarme : la paralysie de l'organisation internationale, l'impuissance des petites nations, l'appétit sans frein des grands États prédateurs et le désenchantement de l'opinion, font courir les plus grands dangers à la paix du monde.

L'effondrement du mythe de la sécurité collective donne raison au charismatique chef du gouvernement irlandais. Le 18 juin 1936, à la tribune du *Dáil Éireann*, l'assemblée nationale irlandaise, il en tire les conséquences : « La SDN a perdu la confiance des peuples du monde. Les petits États européens doivent pourvoir à leur propre défense. Nous devons rester neutres. »

Pour rendre la chose possible, de Valera fait adopter par référendum, le 1er juillet 1937, une nouvelle constitution républicaine dans le fond sinon dans la forme. Elle confère à l'État le nom d'*Éire* en gaëlique et d'*Ireland* en anglais. Par commodité, nous désignerons, sous le nom d'Éire, l'État issu de la guerre d'indépendance de 1919-1921 qui exerce sa souveraineté sur vingt-six des trente-deux comtés de l'île verte.

Les paramètres de la neutralité

Outre la faillite avérée de la SDN, l'Éire a d'autres raisons de se tenir à l'écart d'un conflit que l'on devine imminent. Elle n'a pas encore refermé les plaies d'une guerre fratricide qui, en 1922-1923, a meurtri le pays, divisé les familles, empoisonné les esprits, semé la discorde et alimenté une violence sporadique. Entrer dans une guerre aux côtés du Royaume-Uni rallumerait les brandons mal éteints de la guerre civile.

Érigé par le traité anglo-irlandais du 6 décembre 1921 en dominion sur le modèle du Canada, l'État irlandais continuait d'être lié à l'ancienne métropole et aux autres nations du Commonwealth par des liens institutionnels forts. Aussitôt parvenu au pouvoir, de Valera s'est employé à les abroger l'un après l'autre afin de prouver de façon indubitable que les vingt-six comtés de l'Irlande méridionale constituaient un État véritablement indépendant. La neutralité doit, à cet égard, représenter la pierre de touche de la souveraineté nationale conquise par la diplomatie après avoir été proclamée par les armes.

Au surplus, la division de l'île instituée par une loi du Parlement de Westminster du 23 décembre 1920, et entérinée par le traité de 1921 qui a mis fin à la guerre d'indépendance, est une douloureuse écharde au flanc de l'Irlande nationale qui empêche tout rapprochement militaire avec l'ancienne métropole.

Enfin, l'Éire n'est pas en mesure d'assurer la sécurité de son territoire : ses troupes sont clairsemées et mal entraînées, leur armement est désuet et inadapté, l'aviation est quasi inexistante, et le pays ne dispose que d'un nombre infime de batteries antiaériennes. Militairement, la neutralité est, pour les autorités irlandaises, la seule option envisageable

Pour être reconnue par les puissances qui vont bientôt s'affronter, elle doit remplir plusieurs conditions. Le territoire de l'Éire ne doit pas pouvoir être utilisé comme base d'attaque contre l'un ou l'autre des belligérants d'une guerre éventuelle. Cela suppose l'abrogation des articles du traité de 1921 concédant au Royaume-Uni la disposition de trois installations portuaires stratégiques en Irlande du Sud : Cobh, Berehaven et Lough Swilly.

L'accord économique, signé par Neville Chamberlain et Éamon de Valera le 25 avril 1938, ne se contente pas de mettre fin à la guerre tarifaire entre les deux îles de l'archipel, il prévoit également l'évacuation par la Royal Navy et la restitution au gouvernement irlandais des trois bases navales avec tout le matériel, l'armement et les munitions qui y sont entreposés.

Si le contrôle militaire de son territoire est une condition *sine qua non* de la neutralité, l'absence de provocation susceptible de servir de prétexte à une intervention étrangère en est une autre. Avant même que n'éclate la Seconde Guerre mondiale, le gouvernement irlandais va se trouver confronté à ce nouveau péril.

La mise au pas de l'IRA

Au vu des tensions croissantes, à l'intérieur comme à l'extérieur, l'organisation paramilitaire clandestine, étrillée par l'armée irlandaise tout au long de la guerre civile, a réactivé ses réseaux, reconstitué sa structure de commandement et réapprovisionné son arsenal. Son nouveau chef d'état-major, Sean Russell, lui a insufflé un esprit combatif qui ne demande qu'à s'employer contre l'« occupant » anglais des six comtés de l'Irlande septentrionale.

Contre ceux qui préconisent la prise d'assaut d'une ville d'Irlande du Nord par les unités de l'Armée républicaine irlandaise (IRA), Sean Russell fait adopter un plan de campagne terroriste en Grande-Bretagne.

Le 12 janvier 1939, un ultimatum rédigé au nom du « Gouvernement de la République irlandaise » est adressé au Premier ministre britannique, Neville Chamberlain, et à son ministre des Affaires étrangères, Lord Halifax. Il donne quatre jours aux troupes britannique pour évacuer l'Irlande du Nord, faute de quoi, déclarent les signataires, « nous nous verrions contraints d'intervenir dans la vie militaire et économique de votre pays comme votre gouvernement intervient dans la nôtre ».

Le lundi 16 janvier 1939, à l'expiration de l'ultimatum, huit charges d'explosifs éclatent presque simultanément à Londres, Birmingham, Manchester et Liverpool. Visant à terroriser la population et désorganiser la vie économique, l'inepte « campagne d'Angleterre » de l'IRA sème la mort et la destruction. En l'espace de quinze mois, plus de deux cents attentats sont perpétrés sur le sol britannique.

Une nuit de mai 1939, le feu se déclare en même temps dans les hôtels de sept stations balnéaires. L'IRA tente de faire sauter le pont d'Hammersmith sur la Tamise, l'usine électrique de Southwark et un aqueduc au nord de Londres dont la destruction était censée provoquer l'inondation d'une partie de la capitale anglaise. Le 26 juillet deux bombes explosent aux consignes des gares londoniennes de King's Cross et Victoria. La nuit suivante, les terroristes irlandais font sauter un pont-canal dans la région de Liverpool, arrêtant ainsi toute navigation. À Coventry, le 25 août 1939, une bombe à retardement dissimulée dans une sacoche de bicyclette explose dans une rue animée de la ville, tuant cinq personnes et en blessant une cinquantaine.

Le gouvernement de Dublin réagit avec plus de célérité que le cabinet britannique. Une loi stipulant la condamnation à la peine de mort dans les cas de trahison prévus par la Constitution est votée le 30 mai 1939. Une autre loi sur les atteintes à la sûreté de l'État est votée le 14 juin. Elle autorise le gouvernement à proscrire toute organisation jugée subversive ; elle rétablit le tribunal militaire ; et elle institue l'internement administratif sans procès. Dans la foulée, l'IRA est déclarée hors la loi.

Traquée par les polices et les services secrets des deux pays, l'organisation terroriste républicaine marque le pas. La « campagne d'Angleterre » s'essouffle et tourne court. L'IRA fait encore parler d'elle en s'emparant, sans coup férir, du fort de Phoenix Park à Dublin et de toutes les munitions qui y sont entreposées. Malgré cet exploit audacieux, l'organisation subversive républicaine est, à présent, sur la défensive. Ses rangs sont décimés par la répression, les arrestations, l'internement administratif.

Les années de guerre s'avèrent désastreuses pour l'IRA. L'efficacité de la police irlandaise instille dans l'organisation activiste un climat de suspicion, de désarroi et de violence qui lui est fatal. Le 30 juin 1941, des membres de l'IRA d'Irlande du Nord s'emparent de Stephen Hayes, le successeur de Sean Russell à la tête de l'organisation. Ils le torturent et le forcent à avouer qu'il est à la solde du gouvernement irlandais. Profitant d'un moment de distraction de ses bourreaux, Hayes parvient à s'enfuir et à trouver refuge au poste de police le plus proche. L'image du chef de l'IRA, tuméfié et enchaîné, cherchant la protection des autorités contre ses propres troupes, achève de déconsidérer le mouvement républicain.

Après quelques atermoiements, la répression des activités subversives de l'IRA ne cesse de s'intensifier. Ceux d'entre les républicains de combat qui pensaient que le républicain de pouvoir de Valera ferait preuve de mansuétude à leur égard se retrouvent derrière les barbelés des camps d'internement, au pied du gibet ou devant les fusils des pelotons d'exécution. Plus de mille activistes républicains sont internés au camp du Curragh, à Arbour Hill, à la prison de Mountjoy et au pénitencier de Portlaoise. Six condamnés à mort par le tribunal militaire ou la Special Criminal Court sont pendus ou passés par les armes. Trois grévistes de la faim, dont Sean Mac Caughey, le commandant de l'IRA du Nord, meurent dans leurs cellules sans avoir réussi à fléchir les autorités carcérales et le *Taoiseach*. De Valera se justifie : « Le gouvernement a été mis en face d'une alternative. Nous avons eu à choisir le moindre mal, et le moindre mal est de voir mourir ces gens plutôt que de mettre en péril la sécurité de toute la communauté. »

L'espionnage allemand en Irlande

La situation ne cesse de se dégrader en Europe. Le 1er septembre 1939, à 5 h 45 du matin, les troupes allemandes franchissent la frontière polonaise. Le lendemain, le *Dáil Éireann* proclame la neutralité de l'Éire et confère au gouvernement dirigé par Éamon de Valera les pouvoirs exceptionnels requis par *The Emergency*, l'état d'urgence. C'est sous cet euphémisme que la période qui s'ouvre est connue en Irlande. Le mot guerre est banni des articles, discours et communiqués au profit de ce vocable aseptisé : *The Emergency*.

Le 3 septembre, l'Angleterre et la France déclarent la guerre au IIIe Reich. Le blitzkrieg qui permet aux unités blindées de l'armée allemande de prendre le contrôle des côtes européennes, de la France à la Norvège, propulse l'Irlande en pleine zone de guerre. La neutralité de l'Éire est menacée. L'Allemagne peut à tout moment envahir l'île verte en vue de préparer un débarquement destiné à attaquer la Grande-Bretagne à revers. Les Britanniques, de leur côté, peuvent s'estimer fondés à prendre les devants afin de protéger leur flanc atlantique. Surpris par la soudaineté de cette menace, le gouvernement de Dublin s'emploie en toute hâte à muscler la défense de son territoire.

Les stratèges allemands ont longtemps feint d'ignorer l'Irlande. Ils ont été les premiers surpris par la « campagne d'Angleterre » de l'IRA et n'ont pas cherché à exploiter l'antibritannisme des extrémistes républicains. Lorsqu'ils s'avisent d'en vouloir tirer parti, ils tombent dans l'excès inverse en commettant l'erreur de surestimer les capacités offensives de l'organisation terroriste irlandaise.

La plupart des ressortissants allemands favorables aux nazis ayant été expulsés d'Irlande aux premières heures du conflit, les services de renseignement militaires de l'Abwehr n'ont pas d'autre recours que d'essayer d'envoyer sur place une dizaine d'agents : ils sont repérés et internés quelques heures seulement après leur parachutage.

Un officier de renseignement, le capitaine Hermann Goertz, réussit à échapper pendant dix-neuf mois aux limiers des services secrets irlandais. Sa mission consiste à entrer en contact avec tous les nationalistes susceptibles d'être utiles à l'Allemagne. Il doit inciter l'IRA à déclencher une offensive en Irlande du Nord. Il est également chargé de monter des opérations de sabotage et d'espionnage.

Sa mission est un échec cuisant. Arrêté en novembre 1941, Goertz se suicidera à la fin de la guerre. Ses déclarations au service secret irlandais révèlent l'état déliquescent de l'IRA : « Ce n'étaient qu'intrigues débilitantes, que fusillades avec la police au lieu de combattre l'ennemi [...]. Cette étrange antinomie entre un patriotisme national et une guerre d'intrigues sordides s'explique seulement parce que l'IRA était devenue un mouvement clandestin dans son propre pays, sévèrement réprimé par des hommes connaissant à fond toutes ses méthodes. »

Au début de la guerre, les Allemands semblent avoir envisagé un débarquement en Irlande. L'état-major de la Kriegsmarine reçoit l'ordre d'étudier la faisabilité de l'opération. Le 3 décembre 1940, une conférence chez le Führer réunit le grand amiral Raeder, le feld-maréchal Keitel, commandant supérieur des armées, et le général Jodl. Raeder expose les insurmontables difficultés d'une invasion de l'Éire compte tenu de la supériorité navale britannique et de la difficulté de se maintenir dans l'île au risque de devoir subir le sort des Anglais et des Français à Dunkerque. Hitler fait valoir que l'Irlande présente une grande importance comme base aérienne pour attaquer les ports britanniques de la côte nord-ouest, et que sa possession pourrait contribuer à écourter la guerre. Encore faut-il que de Valera y consente et n'appelle point Londres à son secours. Or le chef du gouvernement irlandais reste intraitable : il ne veut tolérer aucune troupe étrangère sur le sol de son pays.

Malgré l'hostilité persistante de la marine, d'autres plans plus ou moins inspirés continuent de circuler d'un état-major à l'autre. Au printemps 1941, Hitler tourne ses regards vers l'Est, abandonnant ses projets d'invasion de la Grande-Bretagne et de l'île voisine. Néanmoins, l'Éire subit plusieurs raids d'avertissement des bombardiers allemands destinés vraisemblablement à dissuader les Irlandais de succomber au chant des sirènes alliées.

Le déclenchement de l'opération Barbarossa contre l'URSS, l'arrestation de Goertz et la mise sous scellés de la radio de l'ambassade allemande à Dublin mettent définitivement l'Éire à l'abri d'une intervention directe de l'Allemagne. *Nolens volens*, Berlin se rallie à la ligne de conduite prônée par Eduard Hempel, l'ambassadeur d'Allemagne à Dublin : respect de la neutralité irlandaise et abandon de toute tentative visant à déstabiliser le très populaire chef du gouvernement de l'Éire.

Sur ce sujet naguère controversé, les historiens sont aujourd'hui unanimes : les puissances de l'Axe n'ont, à aucun moment, réussi à faire de l'Irlande méridionale un enjeu stratégique ou un centre d'espionnage de nature à compromettre la neutralité du pays et menacer le flanc atlantique de la Grande-Bretagne. À Nuremberg, en 1945, le lieutenant-colonel Von Lahousen, chef de l'Abwehr II en charge de l'Irlande, reconnut l'échec des tentatives d'espionnage et de subversion en Éire.

Pression des gouvernements alliés

Faisant suite à la démission de Neville Chamberlain, le 10 mai 1940, Winston Churchill devient Premier ministre du gouvernement britannique. En 1938, il avait vertement condamné la cession à l'Irlande des trois bases navales conservées par la Royal Navy au terme de l'accord de 1921 dont il avait alors été un des principaux négociateurs. Au pouvoir, il se laisse convaincre que l'Éire est un nid d'espions nazis, que les U-Boots relâchent dans les baies du Kerry et du Donegal, et qu'une tentative d'invasion de l'île verte est imminente : « L'éventualité d'un débarquement par mer et par air de troupes allemandes en Irlande était pour notre état-major une source de graves préoccupations », écrira-t-il plus tard dans ses Mémoires.

Pour faire basculer l'île sœur dans son camp, il offre à de Valera de mettre fin à la partition contre l'entrée en guerre de l'Éire aux côtés de la Grande-Bretagne. Ses propositions sont communiquées au *Taoiseach* le 26 juin 1940. Le gouvernement britannique reconnaîtrait solennellement le principe de l'unité irlandaise. Une conférence réunissant des représentants du gouvernement de l'Éire et du gouvernement d'Irlande du Nord serait convoquée immédiatement pour discuter les modalités de la réunification. Un conseil de défense pan-irlandais serait constitué. L'Éire entrerait en guerre aux côtés de Londres et de ses alliés. Elle devrait permettre à l'armée et à la marine britanniques d'utiliser les installations et ports indispensables à la défense commune.

De Valera repousse le plan britannique qui reprend les promesses fallacieuses faites à John Redmond, le chef du parti parlementaire irlandais, au début de la Première Guerre mondiale. En l'occurrence, Churchill demande au *Taoiseach* l'abandon immédiat de la neutralité contre une simple reconnaissance de principe de l'unité irlandaise, à la merci du veto des unionistes pro-britanniques d'Irlande du Nord. C'est un marché de dupes. Churchill eût-il été sincère, et le danger auquel était confronté le Royaume-Uni en juin 1940 ne permet pas de l'exclure, qu'il eût été vain d'espérer un ralliement des protestants unionistes du Nord pour lesquels tout projet de réunification avec le Sud catholique reste, aujourd'hui comme hier, un *casus belli*.

Aux heures sombres de la bataille d'Angleterre qui laisse présager une offensive généralisée sur l'une ou les deux îles de l'archipel, le lion britannique rugit de colère. Il s'indigne que les bases navales irlandaises ne puissent être mises à disposition de la Royal Navy. Le 5 novembre 1940, à la Chambre des communes, il fulmine : « C'est un fardeau terriblement douloureux qui n'aurait jamais dû être placé sur nos épaules. » De Valera objecte aussitôt : « Il ne peut être question de livrer ces ports tant que cet État demeure neutre. Ils nous appartiennent. Ils sont sous notre souveraineté. »

Churchill se tourne alors vers Washington. L'aide multiforme qu'il sollicite, et obtiendra du président Roosevelt, comporte un volet irlandais. Le président américain ne pourrait-il demander, pour la durée de la guerre, des bases en Éire afin de permettre à la marine et à l'aviation américaines de protéger le commerce transatlantique ? À défaut lui serait-il possible d'exercer ses bons offices pour que l'Éire consente à mettre à disposition de la marine et de l'aviation de chasse britanniques des bases sur les côtes sud et ouest de l'île ? Si de Valera accédait à cette demande, Londres prendrait toutes les mesures pour protéger l'Irlande des mesures de rétorsion allemandes. Et Churchill fait encore miroiter l'hypothèse d'une réunification de l'île.

Ces suggestions restent lettres mortes. Pour autant, les Américains sont loin d'être favorables à la neutralité irlandaise. Ils font la sourde oreille aux demandes d'armes et de bateaux formulées par Frank Aiken au nom du gouvernement de Dublin. Et lorsque de Valera, s'étonnant de la présence d'officiers et de techniciens américains en Irlande du Nord, s'informe des intentions de Washington, il lui est répondu que cette question ne le concerne pas puisqu'il s'agit d'un territoire reconnu par les États-Unis comme faisant partie du Royaume-Uni.

Le 8 décembre 1941, les États-Unis déclarent la guerre au Japon, et le 11 l'Allemagne et l'Italie déclarent la guerre aux États-Unis. Churchill expédie un télégramme lyrique à de Valera invitant tous les Irlandais à se joindre aux Américains. De Valera répond sobrement : « Notre politique demeure inchangée. Nous pouvons seulement observer une neutralité bienveillante. »

Pendant toute la durée de la guerre, les rapports entre Dublin et Washington sont empreints d'aigreur et d'incompréhension. En poste depuis le 8 avril 1940, l'ambassadeur représentant les États-Unis, David Gray, parent de Eleanor Roosevelt, la *First Lady*, ne cesse, dans ses dépêches, de peindre aux couleurs les plus noires la politique du pays dans lequel il exerce ses fonctions.

Lorsque les premières unités de l'armée américaine débarquent en Irlande du Nord et que la base militaire de Londonderry prend forme, de Valera peut bien protester contre ce qu'il considère comme une reconnaissance de la partition et une violation de la neutralité de son pays, c'est en pure perte. Plus acrimonieux encore que Churchill, Roosevelt n'hésite pas à multiplier les gestes inamicaux envers le gouvernement irlandais, et c'est paradoxalement le cabinet anglais qui est, à l'occasion, conduit à tempérer l'allié américain lorsque celui-ci paraît s'aventurer un peu trop loin sur la voie de la coercition.

Le 21 février 1944, Roosevelt fait remettre au gouvernement de Dublin une note comminatoire dénonçant les « facilités d'espionnage hautement organisé procurées par la situation géographique de l'Irlande » et exigeant le rappel des diplomates allemands et japonais dont la présence à Dublin constitue « un danger pour la vie des soldats américains et pour le succès des opérations militaires alliées ». Le gouvernement britannique fait savoir qu'il appuie les termes de la note américaine. Le 10 mars 1944, le gouvernement irlandais oppose aux exigences américaines une fin de non-recevoir en exprimant sa surprise compte tenu du « caractère généralement amical de la neutralité irlandaise à l'égard des États-Unis » ; il déclare que la neutralité de l'Éire est « la conséquence logique de l'histoire irlandaise et de la partition forcée du territoire national », et rappelle que l'Irlande s'est formellement engagée à ne pas laisser son territoire servir de base pour une attaque contre la Grande-Bretagne. Les Alliés réagissent en adoptant tout un train de restrictions destinées à rappeler au sens des réalités cet Irlandais en qui Roosevelt s'obstine à ne voir qu'un rêveur obstiné. De Valera reste de marbre. Les Américains veulent aller plus loin et forment le projet d'envoyer une mise en demeure plus énergique au *Taoiseach*. C'est Churchill qui s'y oppose pour ne pas envenimer la situation.

Une neutralité bienveillante

Sauf à renoncer à son statut d'État neutre, l'Éire peut difficilement faire plus pour soutenir la cause alliée, ce qui est attesté par toute une série de mesures favorables aux Anglo-Américains à tous les niveaux.

C'est ainsi que le gouvernement de Dublin prend soin de fermer les yeux sur le flux de ses ressortissants qui passent la mer ou la frontière entre les deux Irlande pour participer à l'effort de guerre anglais. Le nombre des volontaires de l'Éire combattant sous l'uniforme britannique s'élève à soixante-dix mille hommes ; plus de cent quatre-vingt mille travaillent dans les industries de guerre nord-irlandaises et anglaises de 1940 à 1945.

Un traitement de faveur est réservé aux combattants alliés. Lorsque des avions anglais ou américains sont contraints d'atterrir dans le sud de l'Irlande, les équipages reçoivent toute l'aide nécessaire pour réparer leurs avaries, s'approvisionner et reprendre l'air au plus vite. Si les appareils sont irréparables, les pilotes sont reconduits à la frontière ou renvoyés en Grande-Bretagne par bateau. Moins privilégiés, les pilotes de la Luftwaffe sont internés au camp de Curragh et étroitement surveillés.

Le 15 janvier 1943, l'avion du général Jacob Devers, commandant en chef des forces blindées américaines, s'écrase à Athenry près de Galway. L'officier irlandais en poste dans le secteur organise un banquet impromptu en l'honneur de son hôte involontaire et le fait conduire en voiture officielle jusqu'à Belleek, à la frontière avec l'Irlande du Nord où il est remis aux autorités militaires américaines.

Le caractère « bienveillant » de la neutralité irlandaise s'étend au-delà du traitement des aviateurs en difficulté. Le gouvernement irlandais a autorisé le Royal Observer Corps à disposer des balises pour guider les avions alliés survolant les côtes de l'Éire. La chasse britannique a obtenu le feu vert de Dublin pour emprunter le « corridor aérien du Donegal » dans ses missions de protection des convois de l'Atlantique. Un faux chalutier, ayant à son bord un équipage anglais, est secrètement basé à Killybegs d'où il se porte au secours des marins alliés perdus en mer et ravitaille les avions à court de carburant.

Les services secrets irlandais et leurs homologues anglo-américains collaborent activement. Sous le commandement du colonel Liam Archer, puis du colonel Dan Bryan, le G2, service de renseignement de l'armée irlandaise, entretient d'étroites relations avec le MI5 britannique et les agents américains de l'Office of Strategic Studies (OSS), ancêtre de la CIA. Pour dissuader Roosevelt d'envoyer à Dublin sa seconde note comminatoire, l'Américano-Irlandais William J. Donovan, chef suprême de l'OSS lui fait observer : « La coopération en matière d'espionnage offerte et donnée par les Irlandais a été des plus complètes. »

La Special Branch de la *Garda Siochana*, la police de l'Éire, échange régulièrement des informations avec la Royal

Ulster Constabulary d'Irlande du Nord au sujet des espions allemands et de leurs contacts avec l'IRA.

Ce n'est pas seulement affaire de proximité ou de complaisance : l'attitude du gouvernement irlandais n'est que le reflet des sentiments pro-alliés de l'écrasante majorité de la population de l'Éire qui n'en demeure pas moins majoritairement, pour ne pas dire unanimement, attachée à la politique de neutralité incarnée par Eamon de Valera.

The Emergency : un bilan en demi-teinte

Si elle a épargné les affres du Blitz au sud de l'île, la neutralité de l'Éire n'en constitue pas moins un choix hasardeux.

L'économie de l'Irlande méridionale est mise à dure épreuve pendant toute la durée du conflit. Ses quelques navires marchands ayant été envoyés par le fond, et les États-Unis se refusant à lui vendre des bâtiments en vertu du vieil adage « qui n'est pas avec nous est contre nous », l'Irlande est tributaire du bon vouloir des Alliés, variable selon les aléas politiques et militaires du moment.

Privée de fertilisants, l'agriculture doit accroître sa production sans augmenter les prix qui sont étroitement contrôlés. L'industrie peine à s'approvisionner en matières premières. Des usines ferment, d'autres tournent au ralenti. Une grave crise de l'emploi est évitée de justesse grâce à la traditionnelle soupape de sécurité de l'émigration et au gonflement des effectifs des forces de défense irlandaises. La poursuite de l'autarcie des années 1930 permet cependant à l'Éire de pallier tant bien que mal les soubresauts de l'économie de guerre.

Les produits de première nécessité se raréfient. Très tôt, le sucre, le thé et le fuel sont rationnés. En 1942, l'essence est indisponible pour les véhicules privés. Le charbon est remplacé par la tourbe. Le gaz et l'électricité sont contingentés. Les transports publics ne fonctionnent que de manière intermittente.

Tandis que les salaires et les prix agricoles sont bloqués, le coût de la vie s'envole dans des proportions alarmantes : l'indice des prix qui était de 173 en 1938 bondit à 284 en 1943. La contraction des finances publiques et la diminution des dépenses sociales aggravent la situation. Néanmoins, la pénurie n'est pas telle qu'une famine, ce spectre récurrent de l'histoire irlandaise, puisse être redoutée.

Les devantures des magasins et les menus des grands hôtels de Dublin donnent l'impression illusoire de l'abondance. Les soldats américains en goguette dans la capitale irlandaise décrivent un pays de cocagne. Derrière cette façade trompeuse, la population vit à l'heure des restrictions.

Celles-ci ne frappent pas seulement les produits de première nécessité. Elles pèsent aussi sur l'information qui est soumise à un contrôle vétilleux des autorités. Les nouvelles concernant l'évolution de la guerre sont systématiquement occultées. Le caviardage des quotidiens, des périodiques, de la radio et du cinématographe sombre dans un ridicule achevé tant est grande la peur de voir l'opinion compromettre par ses réactions une neutralité dont l'ignorance de ce qui se passe au-delà des frontières du pays est réputée être le meilleur garant.

De Valera tire son épingle du jeu

De Valera s'est forgé une conception de la neutralité à ce point sourcilleuse et formaliste qu'il se fait un point d'honneur d'aller, en personne, présenter à l'ambassadeur d'Allemagne ses condoléances à la mort d'Hitler. L'observance du rituel diplomatique en cette circonstance scandalise d'autant plus les Alliés que le *Taoiseach* a été informé des persécutions du peuple juif par son ami Isaac Herzog, ancien grand rabbin de l'État libre d'Irlande et père d'un futur président d'Israël.

Par cette attitude rigide et tranchante, l'Éire s'interdit le ralliement de dernière heure qui permet à certains États neutres de voler au secours de la victoire. Néanmoins, à quelque bord politique qu'ils appartiennent, les Irlandais s'identifient à cette posture intransigeante. Le courageux député James Dillon qui a osé préconiser l'entrée de l'Irlande dans la guerre aux côtés des Américains doit remettre sa démission. « La neutralité irlandaise aujourd'hui est en dernière analyse une expression du sentiment national », explique l'Anglo-Irlandais Nicholas Mansergh à ses collègues du ministère de l'Information britannique. « Ni la sympathie envers les peuples conquis et opprimés d'Europe, ni l'amitié traditionnelle pour le peuple américain, ni même la conviction que la victoire alliée est la condition de leur propre survie en tant qu'État indépendant, ne pourra modifier la décision (des habitants de l'Éire). Sans doute d'autres raisons ont joué – le danger de guerre civile, l'absence de matériel militaire moderne, la crainte des bombardements sans défense aérienne adéquate – mais au-dessus de toutes ces raisons il y a la détermination que l'indépendance de l'Irlande soit affirmée. »

Aux élections générales du 30 mai 1944, Éamon de Valera est plébiscité : son parti, le Fianna Fáil, s'adjuge soixante-seize sièges, quatorze de plus que tous les autres partis réunis. Mais l'heure de sa plus grande gloire est encore à venir.

Violemment pris à partie à la fin de la guerre par Winston Churchill, le *Taoiseach* trouve le moyen de faire oublier son pas de clerc à l'ambassade d'Allemagne. Le 13 mai 1945, dans son discours radiodiffusé de la victoire, le Premier ministre britannique ne peut se retenir de tirer à boulets rouges sur son homologue irlandais. « S'il n'y avait pas eu la loyauté et l'amitié de l'Irlande du Nord, l'Angleterre se serait peut-être vue dans l'obligation d'en venir aux mains avec M. de Valera [...]. Avec une retenue telle que l'on en voit peu dans l'histoire, le gouvernement de Sa Majesté n'a jamais levé un doigt contre l'Irlande, bien qu'à l'époque c'eût pu être très facile et tout naturel, et nous avons laissé de Valera folâtrer à sa guise avec les diplomates allemands et plus tard avec les Japonais. »

Avec une modération pleine de dignité, de Valera répond aux vitupérations enflammées du vieux lion britannique : « M. Churchill a déclaré que dans certaines circonstances il aurait violé notre neutralité en justifiant son action par l'état de nécessité dans laquelle se trouvait l'Angleterre. Les propos de M. Churchill sont déconcertants dans la mesure où ils suggèrent que, pour l'Angleterre, nécessité fait loi et que les droits des autres peuples ne comptent plus, dès que les impératifs de l'Angleterre sont suffisamment importants [...]. Il est vrai qu'il est toujours difficile pour les puissants de se conduire équitablement à l'égard des faibles. Mais l'équité trouve toujours sa récompense. En résistant à cette tentation, au lieu d'ajouter un nouveau chapitre atroce au livre, déjà si sanglant, des relations anglo-irlandaises, M. Churchill a fait faire un grand pas en avant à la cause de la moralité internationale. »

L'allocution du *Taoiseach* soulève une vague d'enthousiasme dans tout le pays. Avec une grande équanimité, reconnue par tous, elle met un point final au dramatique épisode de l'histoire de l'Irlande connu sur les berges de la Liffey et du Shannon sous le doux euphémisme de *The Emergency*.

LA NEUTRALITÉ SUÉDOISE À L'ÉPREUVE DE LA GUERRE

Patrick Imhaus

Le 1er septembre 1939, jour de l'invasion de la Pologne par Hitler, le gouvernement social-démocrate suédois proclame la *neutralité complète* du pays. Le surlendemain, il renouvelle cette position quand la France et le Royaume-Uni déclarent la guerre à l'Allemagne nazie. Armée de ce sésame, la Suède parvient, cinq ans durant, à préserver ce qui est pour elle l'essentiel : rester à l'écart d'une guerre qui très vite embrase la planète entière tout en évitant d'être coupée du monde avec les conséquences dramatiques qui en découleraient en matières économique et sociale. Le souvenir de la catastrophe qu'avait été pour la Suède la Première Guerre mondiale restait dans tous les esprits. La neutralité alors proclamée avait entraîné un isolement du pays soumis au blocus des deux camps et bientôt confronté à des pénuries débouchant sur des émeutes de la faim.

Tout va être fait par Per Albin Hansson, Premier ministre depuis 1932, pour éviter le renouvellement d'une telle situation. Quoique disposant avec ses alliés du parti agrarien d'une majorité confortable au Parlement, il élargit son gouvernement en y incluant les partis de droite. Seul véritable changement, mais hautement significatif : le remplacement du ministre des Affaires étrangères, Rickard Sandler, un social-démocrate connu pour son hostilité résolue au nazisme, par Christian Günther, un diplomate flegmatique dont les positions personnelles sont autrement plus nuancées.

S'abritant sous le parapluie de la neutralité, une politique froidement pragmatique est définie et mise en œuvre dans tous les domaines. Ces grandes orientations bénéficient du soutien des principales forces sociales et économiques, culturelles et religieuses. Elles sont entérinées par le roi Gustave V (1858-1950), qui, pour s'être peu à peu résigné au cours de son très long règne à un rôle de monarque constitutionnel, n'en suit pas moins de près les affaires internationales et intervient dans la conduite du pays chaque fois qu'il l'estime indispensable.

Poursuivie avec constance jusqu'à ce que s'amorce à partir de la fin 1943 un relâchement progressif des relations avec Berlin, cette politique permet au pays de traverser le conflit sans avoir à déplorer de pertes humaines et matérielles significatives. Tout au long de cette période, la Suède assure des conditions de vie décentes à sa population, développe et diversifie son potentiel économique et entreprend même de rebâtir une armée digne de ce nom après vingt ans de réduction des dépenses militaires au profit de ce que les sociaux-démocrates au pouvoir appelaient la construction de la maison commune.

La situation du pays aux marges de l'Europe et la longue histoire d'un peuple qui sut toujours rester maître de sa destinée expliquent en partie cet exploit. S'y ajoute une pratique de la neutralité remontant au maréchal Bernadotte, devenu roi de Suède dans la foulée de l'épopée napoléonienne, bien placé pour connaître les méfaits de la guerre. Reste que l'énergie déployée par ses politiciens de 1939 à 1945 ainsi que les talents de ses diplomates et de ses entrepreneurs qui coururent inlassablement le monde pour mobiliser leurs réseaux de relations dans les deux camps se révélèrent également essentiels.

Cette prouesse contrastant avec le destin cruel du reste de l'Europe a valu à la Suède bien des jalousies, mais aussi un flot de critiques, qui n'ont pas tout à fait cessé aujourd'hui. Principal reproche adressé à Stockholm : sa lecture des obligations découlant du statut de neutralité défini par la convention de La Haye de 1907, une lecture qui n'eut qu'un rapport assez lointain avec les dispositions pourtant fort claires de ce texte.

Cette approche a été jugée avec sévérité par ses voisins confrontés, eux, à une guerre impitoyable et qui ne bénéficièrent de sa part que d'une bienveillance minimale. Pour leur part, les pays engagés dans la lutte contre l'Axe ont estimé que la « neutralité à la suédoise » avait globalement profité aux nazis.

Une neutralité très particulière

L'une des principales obligations édictées par la convention de La Haye porte sur l'interdiction de toute traversée du territoire et des eaux territoriales des États neutres par des convois de troupes et de matériel militaire appartenant aux belligérants.

Or, de l'été 1940 à l'automne 1943, la Suède a accepté et même organisé un transit régulier et massif sur son sol de troupes et de matériels militaires allemands. Violation d'autant plus « choquante », si l'on peut dire, que quelques mois plus tôt des demandes similaires, mais ponctuelles, franco-britanniques, puis émanant de son voisin norvégien, avaient été sèchement rejetées au motif de cette fameuse neutralité.

En avril 1940 déjà, dans des conditions jamais vraiment éclaircies, un train qualifié de « sanitaire », mais dont l'on sait aujourd'hui qu'il transportait des militaires allemands et leurs équipements, avait quitté Luleå, le port suédois le plus septentrional sur la Baltique, pour gagner Narvik en Norvège au moment où un corps expéditionnaire franco-britannique y débarquait. Trois mois plus tard, à peine la Norvège et la France occupées par les nazis, un accord en bonne et due forme est signé entre Stockholm et Berlin. Il autorise les Allemands à faire circuler un train par jour transportant des « troupes non armées » ainsi que du matériel militaire entre Luleå et Narvik. S'y ajoute un train hebdomadaire partant d'Oslo, longeant toute la côte occidentale de la Suède via Göteborg, pour atteindre Trelleborg à la pointe méridionale du pays, éloigné de moins de 200 kilomètres des côtes allemandes et du port de Rostock.

Tout juste signé, cet accord fait l'objet d'ajustements qui aboutissent à doubler le trafic autorisé, puis d'autres aménagements suivent. En juin 1941 avec l'attaque de l'Union soviétique par le IIIe Reich, les exigences allemandes changent de nature, entraînant cette fois-ci de sérieuses tensions entre les diplomaties des deux pays. La Wehrmacht entend, en effet, transférer d'urgence vers le front russe une division entière stationnée en Norvège et qui serait plus utile sur le nouveau théâtre d'opérations.

Une telle demande est tellement contraire à l'accord bilatéral de 1940, pour ne pas parler du statut de neutralité auquel le gouvernement Hansson tente alors, non sans aplomb, de se raccrocher, que dans un premier temps il y est opposé un refus catégorique. S'ensuit une grave crise, baptisée par les journaux de l'époque la *Midsommarkrisen*. Au niveau le plus élevé à Berlin des menaces sont proférées, notamment par le maréchal Goering qui connaît bien la Suède pour avoir épousé une Suédoise : que Stockholm ne pousse pas à bout la patience du Reich ou celui-ci se verra contraint de changer radicalement d'attitude à son endroit !

En ces circonstances graves, le roi Gustave V juge indispensable d'intervenir personnellement. Marié à une petite-fille de l'empereur Guillaume Ier, il n'a jamais caché ses sympathies pour l'Allemagne. Réservé face à l'idéologie national-socialiste, tout particulièrement dans son volet antisémite, il n'en a pas moins eu à plusieurs reprises des contacts épistolaires avec Hitler qu'il avait même rencontré brièvement peu avant la guerre. Ce dernier éprouve une évidente considération pour le souverain de ce pays à ses yeux si pleinement « aryen » qu'est la Suède. Gustave V n'y est pas insensible. Après le déclenchement de l'opération Barbarossa, il tient à adresser à « *Mein lieber Reichskanzler* » ses remerciements « pour avoir décidé de mettre fin au fléau du bolchevisme », non sans ajouter ses vœux personnels pour le succès de l'opération.

Considérant l'importance pour Berlin du transfert d'une division de la Wehrmacht vers le front russe à ce moment crucial, le roi laisse planer devant Per Albin Hansson la perspective de son abdication si satisfaction n'est pas donnée aux Allemands. Pas trop mécontent sans doute de cette auguste intervention qui l'aide à convaincre ses camarades sociaux-démocrates de céder à la force, le Premier ministre autorise finalement la division Engelbrecht stationnée en Norvège à traverser le territoire suédois en direction de la Russie.

En trois ans, ce seront au total deux millions de militaires allemands, certains en permission, d'autres pour gagner le front russe ou en revenir blessés, qui auront transité par la Suède tandis que près de cent mille wagons chargés de matériel militaire auront emprunté les voies ferrées suédoises. Durant cette période, ces transports auront représenté près de 10 % du trafic ferroviaire suédois...

Soumise à des pressions de plus en plus fortes de la part des Alliés, spécialement des Américains nettement moins patients que les Britanniques, constatant par ailleurs à quel point le cours de la guerre est en train de changer, la Suède informe enfin l'Allemagne qu'elle est contrainte de mettre fin à ces facilités ferroviaires à partir d'octobre 1943. Les enjeux militaires dans cette partie du monde sont désormais presque secondaires pour un IIIe Reich engagé sur tant d'autres fronts, et les dirigeants nazis se bornent à protester sans formuler de menaces directes de rétorsion.

Mais, dira-t-on, que pouvait faire en ces circonstances la Suède coincée entre la Norvège occupée, la Finlande alliée de Berlin face aux Soviétiques et la mer Baltique contrôlée par la Kriegsmarine sinon accepter les diktats d'un État tout-puissant dont les forces armées encerclaient la totalité du territoire suédois ? Les nazis auraient eu les moyens d'occuper en peu de temps la Suède même si son armée, exsangue en 1939, n'avait cessé de se renforcer depuis, et l'on comprend l'extrême prudence du gouvernement Hansson.

Reste que l'Allemagne n'avait aucun intérêt à effectuer ce qui aurait constitué un tournant stratégique majeur. La neutralité suédoise présentait, en effet, des avantages considérables. Elle empêchait toute destruction par les Alliés des installations minières de Laponie si fondamentales pour la sidérurgie du Reich et elle garantissait la liberté de circulation des navires minéraliers empruntant les eaux territoriales suédoises pour gagner l'Allemagne. Elle assurait aussi la sauvegarde d'usines essentielles pour les industries d'armement allemandes, en premier lieu celles qui fabriquaient à Göteborg ces roulements à billes dont avait si grand besoin la construction aéronautique.

En somme, indépendamment des forces militaires qu'il lui aurait fallu déployer sur un territoire presque aussi vaste que la France, Berlin aurait eu tout à perdre à entrer en guerre contre la Suède. Dans ce contexte, ce pays a-t-il fait tout ce qu'il pouvait pour limiter au maximum les exigences nazies ?

La route du fer n'a jamais été coupée...

La Laponie suédoise possède l'un des plus grands gisements mondiaux de minerai de fer, et l'un des plus riches puisque le minerai y contient 60 % de métal, presque deux fois le taux des principales mines allemandes. Aussi, depuis des décennies, les mines de Kiruna avaient-elles été le principal fournisseur des aciéries de la Ruhr au point d'assurer à la veille de la guerre 40 % de leurs approvisionnements, autant à peu près que la production des mines nationales.

Sans les fournitures de ce minerai, a-t-on beaucoup dit, les aciéries allemandes auraient dû très fortement réduire leur production et de nombreuses entreprises d'armement auraient été contraintes de fermer boutique... Le talon d'Achille d'Hitler, écrivaient invariablement les journaux anglais et français à la veille de la guerre. C'est, bien sûr, la raison de l'expédition franco-britannique du printemps 1940, visant à occuper le port norvégien de Narvik par où est expédié le fer suédois pendant les mois où la Baltique est gelée. Voulue dès le début de la guerre par Winston Churchill, alors Premier Lord de l'Amirauté, l'opération, à cause de l'obstruction du Premier ministre Neville Chamberlain qu'il finira par remplacer en mai 1940, ne fut lancée qu'en avril, bien trop tard donc. De cette affaire largement oubliée, on a surtout retenu en France la déclaration martiale de Paul Reynaud, président du Conseil français : la route du fer est coupée. Le type même de la fausse nouvelle, car lorsque la phrase fut prononcée devant le Sénat le 16 avril 1940, le contingent franco-britannique n'avait pas encore investi la ville. Le port ne fut finalement occupé que le 28 mai, première victoire alliée de la guerre, immédiatement suivie du rapatriement en urgence du corps expéditionnaire compte tenu de la situation militaire en France.

La route du fer fut d'autant moins coupée qu'en cette saison la majeure partie des livraisons suédoises transitait par le port suédois de Luleå dégagé des glaces de la Baltique, et de là à travers les eaux territoriales suédoises vers le port allemand d'Emden.

Jusqu'à l'automne 1943, chaque année 10 millions de tonnes de minerai de haute qualité furent ainsi expédiées vers l'Allemagne via Luleå et Narvik. Ces fournitures représentèrent une contribution massive à l'effort de guerre allemand, nul doute là-dessus.

Plusieurs responsables politiques, tel Cordell Hull, le secrétaire d'État de Roosevelt, et nombre d'historiens et d'économistes sérieux ont soutenu que cet approvisionnement a puissamment contribué à rallonger la durée de la guerre, voire, selon l'historien William Shirer, à prolonger l'existence du IIIe Reich. Grands experts en invention d'ersatz de toutes sortes et en pillage des ressources des pays occupés, les ingénieurs allemands auraient probablement trouvé des biais pour remédier en partie, mais à quel prix, à une diminution des livraisons suédoises. Les minerais éventuellement exploitables ailleurs en Europe étaient de moindre teneur, nécessitant donc l'adjonction de plus grandes quantités de coke dans les hauts-fourneaux, et ils étaient souvent phosphoreux, donc impropres à certains usages sophistiqués. Impossible, par ailleurs, d'importer des minerais d'autres continents tant la marine anglaise veillait.

Aussi la Wehrmacht avait-elle fait du sujet l'une de ses priorités, et elle se disait prête à tout pour enrayer une diminution conséquente, pour ne pas parler d'une interruption des livraisons suédoises. En réalité, une telle perspective restait théorique : les ventes de minerai de fer représentaient la moitié des exportations de la Suède vers l'Allemagne, et elles permettaient de financer les achats massifs auxquels procédaient la Suède en Allemagne depuis l'arrêt quasi-total de son commerce avec le Royaume-Uni et le reste du monde. Cette manne financière était donc essentielle à la survie de l'économie et de la population suédoises. Reste que rien de sérieux ne semble avoir été fait du côté suédois pour tenter de réduire, même modestement, des achats allemands dont la finalité était pourtant bien claire. Il fallut attendre l'été 1944, juste après le débarquement en Normandie donc, pour qu'intervienne enfin une réduction substantielle des livraisons, et celles-ci ne cessèrent totalement qu'en décembre quand la Ruhr n'était plus qu'un champ de ruines.

Les billes en question

S'est posée tout au long de la guerre la question connexe et hautement stratégique des roulements à billes. C'est en 1907 qu'un ingénieur suédois génial était parvenu à mettre au point une version industrielle totalement fiable d'un dispositif permettant d'éliminer les frottements entre pièces mécaniques. Cette invention révolutionna toute l'industrie, et en premier lieu les branches liées aux transports et à l'armement.

Créée par cet inventeur à Göteborg, la société Svenska KullagerFabriken (SKF) avait su garder pour l'essentiel le contrôle de cette technologie en créant des filiales partout dans le monde. Mais les principales usines de SKF étaient implantées en Suède. Tout au long de la guerre, elles bénéficièrent de la neutralité du pays, alors que ses filiales installées en Allemagne et dans les autres pays occupés, dont la France, étaient vite devenues des cibles prioritaires pour les bombardiers alliés.

De ces équipements essentiels pour la fabrication des avions, des blindés et des pièces d'artillerie, SKF était exportatrice tous azimuts avant 1940. Elle continuera pendant toute la guerre à approvisionner les deux camps, mais dans des proportions bien différentes. Ces livraisons étaient organisées dans le cadre d'accords commerciaux signés avec chacun d'eux, et, miracle de la diplomatie, tacitement acceptés par l'autre partie. Mais en 1940, l'entreprise réduisit des deux tiers ses ventes au Royaume-Uni tout en multipliant par trois ses exportations vers l'Allemagne. C'est seulement en 1944, sous les pressions de plus en plus vigoureuses des Alliés, que les ventes au IIIe Reich se ralentirent pour cesser en octobre. Des arrangements secrets prévoyaient toutefois la cession aux Allemands de machines leur permettant, malgré les bombardements, de renforcer la production nationale.

SKF n'avait pas d'état d'âme. La diminution de ses ventes à l'Allemagne fut immédiatement compensée par l'augmentation des livraisons au Royaume-Uni. Ce jeu de bascule directement lié à l'état des forces sur les champs de bataille témoigne d'un cynisme que l'on n'a cessé de reprocher aux dirigeants de l'entreprise. On peut être certain pourtant qu'ils ne prenaient pas de décisions aussi graves sans en référer à leur gouvernement.

Pour tenter de démontrer leur non-alignement au cours de ces années, les Suédois se sont beaucoup vantés de n'avoir pas accordé à l'Allemagne en guerre, contrairement aux Suisses, un crédit permanent lui permettant de couvrir le déficit de ses échanges. Une affirmation quelque peu artificieuse car le IIIe Reich était devenu le principal fournisseur des Suédois, leur vendant notamment le charbon et le coke jusqu'alors achetés par le Royaume-Uni ainsi que beaucoup de biens de consommation sans parler de matériel militaire qui aidaient l'armée suédoise à sortir de son dénuement d'avant-guerre. Les échanges étaient donc à peu près équilibrés. Pour solder des déficits relativement modestes, l'Allemagne n'en a pas moins puisé dans ses stocks d'or, résultant du pillage des banques centrales des pays occupés et des spoliations d'entreprises ou de citoyens étrangers, bien sûr majoritairement juifs, une origine connue des autorités financières suédoises comme elle l'était de leurs confrères helvétiques qui, il est vrai, se montrèrent en la matière autrement entreprenants et imaginatifs.

Triste sourire d'une nuit d'été...

Comment les Suédois ont-ils vécu les cinq années de guerre ? Paul Mohn, un diplomate revenu au pays en 1943, note que l'attitude la plus répandue chez ses compatriotes est celle d'un spectateur modérément intéressé, qui a besoin de jumelles pour voir les horreurs perpétrées à ses portes. Mais n'est-ce pas là l'attitude de tous les peuples heureux face aux carnages lointains ?

Des témoignages radicalement différents émanant de deux personnalités emblématiques du monde culturel, le cinéaste Ingmar Bergman et l'écrivaine Astrid Lindgren, peuvent aider à éclairer le paysage.

Les propos d'Ingmar Bergman sur cette période sont glaçants. Dans son récit autobiographique *Laterna Magica* paru en 1987, il expose crûment qu'il a été « un admirateur inconditionnel d'Hitler et de l'idéalisme des Allemands » depuis un séjour à Weimar en 1934 où il eut l'occasion d'assister à un meeting triomphal du Führer. Ses sentiments, précise-t-il avec un courage qui frise l'inconscience, n'ont changé qu'à l'été 1945.

Certes, le cinéaste avait des côtés provocateurs, mais les aveux et la repentance tardive du réalisateur paraissent sincères. Douze ans plus tard, du reste, dans une interview publiée dans un livre collectif rédigé sous la direction de la journaliste Maria-Pia Boëthius, il récidive avec une franchise désarmante en rapportant la joie que lui causaient les victoires nazies et sa consternation face à la défaite finale. « Quand les portes des camps de concentration se sont ouvertes, poursuit-il, je n'ai d'abord pas voulu croire ce que je voyais. Je pensais que c'était de la propagande des Alliés. Quand la vérité devint évidente, ce fut un choc terrible. D'un coup, j'ai été tiré de mon innocence. »

Il était temps car, en 1945, cet innocent a 27 ans… Et c'est le même homme qui, peu après, réalisera *Sourires d'une nuit d'été* et *Les Fraises sauvages* ! Comme l'écrit Maria-Pia Boëthius, Bergman au moins a eu le courage d'assumer son passé, contrairement à beaucoup de ceux de sa génération. Certes, l'Europe, et la France tout particulièrement, n'a pas de leçons à donner sur les dévoiements terribles de tant d'esprits durant les années 1930 et 1940. Mais les classes dirigeantes suédoises, sous influence germanique depuis toujours, malgré la francophilie de ses rois au XVIIIe siècle et l'installation sur le trône du maréchal Bernadotte, ont été particulièrement perméables aux idéologies que l'on peut qualifier d'élitistes et de racialistes. Ce n'est pas un hasard si le premier institut d'eugénisme au monde a été créé à Uppsala en 1920 ou si les opérations de stérilisation d'handicapés s'y sont poursuivies jusque dans les années 1960.

Les idées de Bergman s'inscrivent donc dans un contexte très spécifique qui explique d'autres aspects peu reluisants de la politique suédoise en ces années, notamment les poussées d'antisémitisme que l'on constate alors malgré la dimension très réduite de la communauté juive locale. ENKO, par exemple, le grand magasin qui aujourd'hui encore arbore fièrement ses enseignes sur l'une des principales artères de la capitale, tint à appliquer les lois raciales du IIIe Reich. Ses quelques salariés juifs mis sur la touche, la direction du magasin pria la chambre de commerce germano-suédoise d'annoncer la bonne nouvelle au Führer.

Heureusement Fifi Brindacier résiste

Que l'on se rassure, cette approche est loin d'avoir été celle de la majorité de la population. Les formations politiques et les journaux proches de l'idéologie nazie restèrent squelettiques durant toute la guerre. Un document britannique de 1943 évalue, du reste, à 80 % la proportion des Suédois favorables à la cause des Alliés.

Dans son Journal tenu méticuleusement tout au long de la guerre, Astrid Lindgren, la créatrice de la superbe et férocement libertaire Fifi Brindacier, héroïne depuis trois quarts de siècle de la littérature enfantine mondiale, pose un regard calme, mais sans concession sur ses concitoyens. Elle les montre très généralement opposés au système politique en vigueur en Allemagne et très hostiles aux guerres de conquête d'Hitler.

Elle-même ne cesse de marquer son attachement aux valeurs politiques et morales de la démocratie. Sans complaisance, elle ironise sur la petitesse des gens autour d'elle qui se plaignent des modestes contraintes du rationnement alors qu'on meurt par millions à quelques centaines de kilomètres de chez eux.

Toutefois, point fondamental pour comprendre la Suède de ces années-là, sa détestation des nazis ne parvient jamais à atteindre celle qu'elle porte aux Soviétiques et à Staline qui a profité du déclenchement de la guerre à l'automne

1939 pour envahir lâchement la Finlande, un pays par ailleurs si proche à tous égards de la Suède, et en annexer une province. C'est d'ailleurs l'un des reproches qu'elle fait aux Allemands « qui devront porter à perpétuité le blâme d'avoir laissé les mains libres aux Russes barbares ». Phrase qui paraît aujourd'hui quelque peu surréaliste, mais aide à comprendre l'état d'esprit des Suédois au début du conflit et jusque dans les années 1942-1943 où commencent à filtrer dans les milieux culturels et religieux et à travers certains journaux des informations sur l'infinie barbarie des nazis dans les pays occupés.

Instituée dès la première année de la guerre, la censure officielle de la presse n'en a pas moins interdit les recensions trop détaillées des atrocités allemandes, tout comme, dans l'autre sens, les apologies du IIIe Reich qu'auraient voulu publier une poignée de journaux au lectorat modeste.

S'agissant de l'attitude de son propre gouvernement, Astrid Lindgren n'est pas toujours tendre. Mais elle ne peut s'empêcher de trouver des justifications à bon nombre des accommodements qu'il prend avec le diable. Il fallait survivre au milieu de tant d'écueils ! À quoi servirait-il, écrit-elle parfois, d'ajouter aux drames en cours dans le reste de l'Europe en abandonnant la politique de neutralité ? Au surplus, pense-t-elle, il faut bien qu'un pays en Europe reste en dehors du conflit pour préserver les valeurs les plus précieuses des sociétés démocratiques et les transmettre à qui de droit une fois l'horreur surmontée…

L'épopée occultée des bus blancs

Dans les profondeurs de la société suédoise, encore largement rurale et dispersée sur un immense territoire, les préoccupations de survie quotidienne ont naturellement occupé les esprits plus que les choix politiques du gouvernement face aux enjeux d'une guerre qui, sauf dans son volet finlandais, apparaissait comme bien lointaine.

Il a suffi pourtant que des occasions se présentent pour qu'une partie de la population se mobilise du bon côté. Lors de l'agression soviétique de la Finlande en 1940, des milliers de Suédois s'engagent dans l'armée finlandaise, et des dizaines de milliers de familles accueillent des enfants réfugiés.

Cinq ans plus tard se déroule l'incroyable opération dite des bus blancs menée par la Croix-Rouge suédoise lors des ultimes soubresauts de la guerre. Des centaines de jeunes gens se portent volontaires pour conduire des autobus surmontés d'une croix rouge dans une Allemagne en flammes et tenter de sauver le maximum de vies. Il s'agissait au départ, avec l'aval d'Himmler personnellement approché par Folke Bernadotte, président de la Croix-Rouge suédoise et neveu du roi Gustave V, d'aller arracher aux camps de concentration les déportés norvégiens et danois, des « aryens » donc qui méritaient, aux yeux des idéologues nazis, d'être préservés de la mort programmée pour les autres.

Cette folle expédition permit de soustraire à l'univers concentrationnaire huit mille Scandinaves, en majorité des Norvégiens engagés dans la résistance, mais aussi, grâce au courage de ces centaines de jeunes Suédois, une dizaine de milliers d'autres détenus, dont trois mille Françaises enfermées à Buchenwald aux côtés de Germaine Tillion et Geneviève de Gaulle, ainsi que mille huit cents Juifs recueillis au hasard de la route.

Difficile de comprendre pourquoi ce haut fait reste pratiquement ignoré en Suède, ou bien comment l'invraisemblable action menée à Budapest par le diplomate Raoul Wallenberg et une poignée de collègues qui sauvèrent plusieurs dizaines de milliers de Juifs en leur distribuant de faux passeports suédois est bien moins célébrée à Stockholm que dans le reste du monde. Pourtant de telles histoires permettent de jeter un regard plus apaisé sur l'attitude des Suédois au cours de ces années.

Une inaltérable bonne conscience

Trop souvent marquée par la passivité, voire la duplicité, la politique suédoise de 1939 à 1945 a suscité des jugements très sévères. Churchill, Roosevelt et bien d'autres responsables politiques ou militaires, l'ont fait en des termes d'une extrême dureté pendant et au lendemain de la guerre.

Pour leur part, la Norvège et le Danemark ont exigé en 1945 que leur voisin s'explique sur sa collaboration avec le pays qui les avait occupés, pillés et détruits, et aussi sur la fermeture de ses frontières à trop de leurs ressortissants, à commencer par le roi de Norvège qui, au moment où débarquaient les troupes allemandes, demanda en vain l'hospitalité à son voisin et fut finalement contraint de se réfugier au Royaume-Uni. Face à ces interrogations, le gouvernement de l'époque a organisé un simulacre de débat, et même publié un Livre blanc, se bornant en réalité à faire le gros dos.

Soumis au feu roulant de questions venant du monde entier, les politiciens qui avaient vécu de près ces années-là furent tous sur la même ligne : pour préserver la souveraineté et la démocratie suédoises, il avait fallu accepter des compromis et prendre des décisions qu'il est trop facile de critiquer *a posteriori*.

« Nous n'avons pas fait plus de concessions que nécessaire, tranche Gunnar Myrdal, prix Nobel d'économie, homme politique éminent et l'un des pères d'un modèle suédois envié dans le monde entier. La conscience suédoise est pure. »

Le début de cette déclaration ouvre la porte à un débat constructif car il faut effectivement se garder de tout anachronisme. Qu'est-ce qui était nécessaire, pour reprendre l'adjectif employé par Myrdal : pas facile de le dire ! On doit également s'interroger sur les conséquences qu'aurait eues un éventuel affrontement avec Berlin, pour la Suède, bien sûr, mais aussi pour l'équilibre des forces en Europe. Ce qui ne passe pas, bien sûr, c'est la dernière phrase de cette déclaration : « La conscience suédoise est pure. » Une telle autosatisfaction, exprimée en des termes voisins par la plupart des politiciens ainsi que beaucoup des historiens ou des économistes du pays, ne peut évidemment qu'exaspérer ceux qui, par dizaines de millions, ont été entraînés dans les horreurs du pire conflit de l'Histoire.

On aurait pu penser, les années passant, que des analyses et des jugements plus équilibrés se feraient jour. Ce ne fut pas vraiment le cas. Celles et ceux qui, telle la journaliste Maria-Pia Boëthius, voulurent ouvrir grand les placards se virent brutalement accusés de vouloir salir leur pays par des analyses tendancieuses uniquement à charge. Sur la question de l'antisémitisme en Suède, par exemple, il fallut attendre l'installation à l'université d'Uppsala au début des années 1990 de l'historien américain Paul Levine pour disposer des premières études sérieuses.

S'accepter enfin...

C'est en 1999, à la veille d'une rencontre internationale organisée à Stockholm sur la Shoah, que le Premier ministre social-démocrate Göran Persson eut le courage d'appeler à un débat national sur « la responsabilité morale et politique de la Suède pendant la guerre », invitant le pays à procéder à « une radioscopie totale tant de la Suède officielle vis-à-vis de l'Allemagne d'Hitler que de la conduite des individus suédois ».

Pour marquer ce tournant, un livre sur la Shoah, illustré de photos terribles, fut publié et distribué à tous les élèves, une initiative digne d'éloges même si l'ouvrage reste très discret sur l'attitude suédoise face à l'horreur. Le gouvernement débloqua aussi des crédits pour encourager les recherches sur cette période et demanda aux services secrets d'ouvrir leurs archives. Dans les années qui suivirent, la lumière put ainsi être faite sur des sujets brûlants comme le refus de l'Église, qui tenait alors l'état-civil, de marier des Suédois et des réfugiés d'origine juive, la remise aux autorités nazies des déserteurs de la Wehrmacht réfugiés en Suède ou bien encore l'aide apportée par le groupe Wallenberg à certaines grandes entreprises allemandes pour leur permettre d'échapper à la confiscation de leurs avoirs à l'étranger.

Il ne s'en suivit pas pour autant une interrogation globale sur la société suédoise durant ces années terribles. Cette difficulté à s'autoanalyser, même si longtemps après les événements, ne manque pas d'interpeller de la part d'un pays où la transparence fait figure de valeur cardinale.

Ainsi que le disait en privé un diplomate suédois plus disert que d'autres : « Chez nous cette Seconde Guerre mondiale n'arrive toujours pas à passer. » Et il expliquait en substance : en Norvège ou au Danemark, pour ne pas mentionner la France, on parle sans trop de honte de la collaboration nouée avec les nazis car on peut brandir en contrepoint la résistance qu'elle a suscitée avec son cortège de hauts faits et de héros, petits et grands. Dans la Suède neutre, en revanche, pas de héros : juste des politiciens ne payant pas de mine et quelques dizaines de fonctionnaires et d'hommes d'affaires cravatés de noir qui ont fait traverser le gué le moins mal possible à leur pays. Dans ces conditions, mieux vaut faire l'autruche !, concluait-il dans un demi-sourire.

Le propos ne manque pas de pertinence. Ce qui est surprenant, en revanche, c'est que ces années de plomb n'aient pas suscité de la part des milieux intellectuels les œuvres vigoureuses et les polémiques virulentes qu'elles méritaient. Depuis 1945, de brillantes générations de romanciers, d'essayistes ou de cinéastes se sont pourtant succédé, capables de porter un regard aigu, voire cruel, non seulement sur la noirceur de l'âme humaine, mais sur les réalités sociales ou politiques de leur pays. Or, à ce jour bien peu d'œuvres fortes ou significatives ont porté sur cette période. Le contraste avec la Suisse, placée dans une situation assez similaire durant ces années, mais réputée, elle, pour son culte du secret, est troublant. Là, dès les années 1950, de grands écrivains tels Friedrich Dürrenmatt ou Max Frisch se sont érigés en impitoyables censeurs des manquements de leurs compatriotes. Certes, leurs pièces de théâtre et leurs romans n'entamèrent guère la bonne conscience helvète, mais ils posèrent des repères solides pour la suite et permirent l'émergence dans leur sillage de toute une série d'œuvres littéraires ou de travaux historiques décapants.

Sans doute ne faut-il pas perdre espoir. Ces toutes dernières années, en effet, sont apparus sur les tables des libraires suédois des ouvrages historiques et des essais abordant cette période de la guerre sans œillères ni langue de bois. Témoigne de cette évolution l'immense succès que remporte en ce moment même une trilogie ambitieuse écrite par l'écrivain Henrik Berggren. À travers les destins mêlés d'un grand nombre de personnages, certains très connus, d'autres qui ont simplement laissé des témoignages, des journaux intimes ou des lettres, cette somme historique de plus de mille cinq cents pages offre un récit d'ensemble de la période en renouvelant en profondeur la vision partielle et aseptisée qu'en avait jusqu'ici le grand public. Trois quarts de siècle après les événements, la neutralité suédoise est peut-être en passe de devenir un objet d'histoire comme les autres...

LES ARCANES DE LA NEUTRALITÉ SUISSE

Irène Herrmann

Un simple coup d'œil sur la carte de l'Europe en 1942 suffit pour s'en convaincre : à de rares exceptions près, l'ensemble du continent est dominé par les nazis ou leurs alliés. Aux extrémités, la Suède et la péninsule Ibérique ont pu préserver leur neutralité. Et au centre, coincé entre l'Allemagne et l'Italie, un minuscule territoire semble épargné : la Suisse.

Cette anomalie n'a échappé à personne, ni pendant ni après le conflit. Et de fait, elle soulève de nombreuses interrogations visant à saisir comment et pourquoi ce pays a pu ainsi échapper à l'emprise de l'Axe Rome-Berlin. Quels ont été les moyens utilisés et les raisons invoquées, tant en interne qu'à l'étranger pour empêcher qu'il ne subisse le sort de la plupart des autres États européens, neutres ou non ?

Le questionnement est si évident qu'il a stimulé une abondante littérature que l'on peut, schématiquement, classer en deux catégories. En premier lieu, contemporains et historiens ont avancé une justification de type politico-militaire qui, par bien des aspects, s'apparente à un mythe de défense providentielle. Insensiblement, ce récit a été remis en cause, mais il faudra attendre la fin de la guerre froide pour que le grand public se familiarise avec une autre historiographie, plus réaliste et nettement plus convaincante, expliquant l'exception helvétique par la multiplication de services économiques diligemment rendus au IIIe Reich.

Cette double argumentation permet sans doute de mieux saisir la manière dont les élites helvétiques ont géré des hostilités qui auraient facilement pu les engloutir. En creux, les réponses qu'elle apporte incitent à explorer comment la population elle-même a vécu son sort si particulier. Plus largement, elle invite à se demander dans quelle mesure les interprétations faites des raisons de cette chance exceptionnelle ont pu influer, voire peser, sur les destinées de la Suisse.

Le mythe politico-militaire

Depuis la fin du Moyen Âge, l'alliance des cantons helvétiques s'est signalée par sa grande faiblesse. Conglomérat de minuscules États jaloux de leur souveraineté, cet ensemble disparate et éminemment fédéraliste ne dispose que de rares institutions communes, laissant toute latitude aux gouvernements locaux. Cette organisation a des conséquences évidentes sur la politique « extérieure ». Logiquement, elle complique les prises de position concertées. De ce fait, elle se combine fort bien avec la neutralité, que les Suisses finissent par revendiquer officiellement dès la fin du XVIIe siècle.

En 1815, la reconnaissance du désengagement perpétuel du pays par les grandes puissances européennes est à la fois une garantie de ce statut et une confirmation de l'impuissance structurelle qui l'a motivé. Et même si la Suisse connaît un enrichissement notable durant le dernier tiers du XIXe siècle, sa position sur l'échiquier international demeure précaire, poussant les autorités helvétiques à adopter des tactiques dilatoires, soit à temporiser pour dévier les colères et les appétits nationalistes de leurs imposants voisins.

Comme le reste de la planète, la Confédération est surprise par l'éclatement de la Première Guerre mondiale. Tout au plus avait-elle tenté, durant la décennie précédente, de centraliser et rationaliser l'organisation militaire. Elle s'empresse donc de faire connaître sa neutralité qui, contrairement à celle de la Belgique – violée dès le début du conflit –, sera respectée par les belligérants. L'armée suisse, dirigée par un général germanophile apparenté à Bismarck, s'abrutit en exercices débilitants (le drill), supposés aider à la protection des frontières. Difficile de savoir si ces troupes, mal équipées et mal entraînées, ont contribué à maintenir l'intégrité du territoire helvétique. Le fait est qu'elles serviront autant, voire moins, contre des ennemis extérieurs qu'intérieurs. En novembre 1918, elles sont utilisées pour mater une grève générale, dont l'initiative est immédiatement et faussement attribuée aux bolcheviques.

Dès lors, le danger dont veut se préserver la Confédération est essentiellement le communisme. Cette crainte conduit les autorités à observer avec une grande compréhension l'installation de régimes autoritaires tout d'abord en Italie puis en Allemagne. Contrairement à ce qui s'était produit au tournant du siècle, le gouvernement reste pourtant sur ses gardes. La statue censée symboliser la Suisse lors de l'exposition nationale de 1939 est significativement intitulée *Wehrbereitschaft* (« préparation de la Défense ») et montre un soldat en train d'enfiler sa vareuse, prêt à empoigner son fusil pour la défense de la patrie.

Mais si le pays est mieux préparé au combat qu'il ne l'était en 1914, son armement demeure déficient. Et ce problème se fait immédiatement sentir. Aux premiers mois du conflit, la Confédération fait face à deux alarmes de taille. En septembre 1939, alors que la Wehrmacht est occupée à envahir la Pologne, on redoute le passage de troupes françaises, supposées vouloir attaquer le sud de l'Allemagne en traversant le territoire helvétique. Avant la drôle de guerre, le commandant en chef, Henri Guisan, avait conclu un accord pour que ces mêmes Français défendent la Confédération en cas d'agression hitlérienne. Contrairement aux attentes, l'armée du Reich contourne la ligne Maginot par le nord. La découverte des plans d'alliance militaire formés par la Suisse provoque la colère des Allemands et fait craindre l'invasion prochaine du pays.

Les convoitises de Mussolini, le Blitzkrieg puis l'expansion à l'Est viennent contrecarrer ce projet. Et c'est en 1943, dans le cadre de l'opération Forteresse Europe que se produit la dernière grande alerte concernant la Confédération. Entre-temps, le général Guisan a élaboré une stratégie de défense qu'il a exposée le 25 juillet 1940 à tout son état-major. Ce jour-là, les officiers sont réunis sur le Grütli, une prairie alpestre située au bord du lac des Quatre-Cantons où trois Suisses mythiques sont censées s'être juré assistance contre la domination habsbourgeoise, posant ainsi les fondations légendaires du pays. L'initiative était aussi téméraire que la manœuvre préconisée était à la limite de l'absurde. De fait, quelques bombes bien placées auraient alors suffi à décapiter le commandement militaire du pays.

En outre, le discours du général reprenait et amplifiait un mécanisme déjà avancé lors de guerres précédentes. Il s'agissait de reculer les limites du périmètre protégé. En l'occurrence, Guisan prévoyait de défendre le « réduit national », soit de replier les troupes postées jusqu'alors aux frontières, et de les concentrer dans les Alpes, transformées pour l'occasion en immense caserne souterraine. En cas d'agression, ce projet laissait le gros de la population, des industries et de la production agricole aux mains de l'ennemi. Il n'empêche, il nécessitait un nombre restreint d'hommes, permettant aux citoyens démobilisés de rejoindre leur foyer. Mieux encore, il contribue alors à remonter nettement le moral des Suisses, qui voient dans ce programme leur ultime planche de salut.

Leurs espoirs sont massivement appuyés par une propagande vigoureuse. Celle-ci exalte les spécificités de l'organisation militaire helvétique où chaque citoyen est tenu d'effectuer son service sur plusieurs années et de conserver son arme à la maison. À la base, ce système de protection était étroitement corrélé à la pauvreté et à la petitesse du pays, puisqu'il constituait un moyen de pouvoir disposer de troupes sans avoir à entretenir une imposante armée permanente. D'ailleurs, la formation des recrues n'était sans doute pas la meilleure possible. C'est pourtant sur l'idée que « la Suisse n'a pas d'armée, mais la Suisse est une armée » que repose un mythe destiné à durer. Confronté à un réduit réputé imprenable et des habitants capables de défendre leurs biens en usant de la force, Hitler aurait renoncé à envahir ce pays peuplé de féroces guerriers déterminés à se battre pour sauver leur patrie et leurs institutions libres.

Après-guerre, face à la préservation remarquable de l'intégrité territoriale comme du système politique, cette explication sera très régulièrement brandie. D'une part, elle donne des clés de compréhension rationnelles à un phénomène qui pouvait paraître miraculeux. D'autre part, elle est particulièrement plaisante et avantageuse pour les acteurs sociaux qui en sont les héros. Car elle transforme les simples citoyens suisses en gardiens indéfectibles de la démocratie et de la neutralité. C'est dans cette conjonction entre combativité individuelle et désengagement militaire que résiderait l'exception helvétique. Cet assemblage providentiel permet à un outil de politique internationale de devenir un véritable pilier identitaire, supposé garantir la survie du pays et de ses ressortissants. Ainsi, le mythe de la bravoure guerrière débouche sur une véritable sacralisation de la neutralité.

Les réalités économiques

Au commencement, la neutralité ne permettait pas uniquement de composer avec la faiblesse politique du Corps helvétique. Elle était aussi un moyen de se passer d'armée régulière, autorisant ainsi des économies que la pauvreté endémique du pays exigeait impérieusement. De fait, les cantons compteront longtemps parmi les territoires les plus misérables d'Europe. Manquant de matières premières et d'accès à la mer, ils souffraient en outre d'une surpopulation structurelle que régulait l'un des seuls commerces profitables : celui des mercenaires.

Dans le dernier tiers du XIXe siècle, alors que ce négoce humain s'est déjà tari, la Suisse transformée en État-nation connaît un développement spectaculaire, puisqu'elle devient subitement riche. Les raisons de cette évolution étonnante tiennent surtout à une valorisation des leçons que les handicaps du pays ont pu infliger. Ainsi, les entrepreneurs misent sur la valeur ajoutée comme le savoir-faire d'une population scolarisée et dotée d'une rigoureuse éthique du travail. Le pays peut alors compter sur plusieurs industries de pointe, notamment dans le domaine des machines ou de la chimie.

Face à ce phénomène récent et subit, les autorités gardent des habitudes de boutiquiers économes issues d'une histoire séculaire de dénuement. La chose est particulièrement visible durant la Première Guerre mondiale où l'État laisse une immense liberté aux initiatives privées. Cette attitude a des conséquences catastrophiques pour les salariés dont le niveau de vie plonge irrémédiablement. En revanche, elle ne touche pas vraiment les agriculteurs suisses qui peuvent toujours consommer leur propre production ou l'écouler à prix d'or.

Et elle est surtout lucrative pour ceux qui ont réussi à transformer les fruits de leur industrie en matériel de guerre. La convention de La Haye, qui réglait depuis 1907 le comportement des pays neutres, autorise leurs ressortissants à commercer avec les belligérants. Pendant la Première Guerre mondiale, les entrepreneurs suisses se lancent dans cette activité avec tant d'impudence qu'ils conduisent les puissances centrales puis l'Entente à imposer un contrôle sur les exportations helvétiques. Ce trafic rentable ne s'en poursuit pas moins, à tel point que l'armée suisse doit supplier souvent en vain ses industriels pour qu'ils acceptent de lui vendre des équipements militaires et des munitions qu'ils réservent au marché étranger...

Ce scénario se reproduit durant la Seconde Guerre mondiale, avec deux exceptions de taille néanmoins. D'une part, les autorités ont visiblement appris de leurs erreurs et veillent soigneusement au ravitaillement de la population. D'autre part, les banques interviennent alors de manière décisive. Elles avaient acquis une importance internationale durant l'entre-deux-guerres et bénéficiaient du soutien inconditionnel de Berne. Dès 1940 au moins, elles jouent un rôle crucial dans la défense du pays. Contre un approvisionnement régulier en charbon, elles assurent à l'Allemagne une rentrée substantielle en devises, indispensable pour permettre à Berlin de se ravitailler hors de sa zone d'influence directe. Cette possibilité est offerte grâce à un prêt d'un milliard de francs suisses, octroyé sans intérêts. Elle est appuyée par l'achat d'or que la banque nationale suisse effectue régulièrement sans sourciller, et surtout, sans se demander d'où provient cette manne amassée par le Reich au gré des exactions commises par la Wehrmacht. Cette politique financière aide l'Axe à poursuivre son effort de guerre, tandis que les Alliés peinent à obtenir des services similaires.

Cette inégalité de traitement est encore renforcée par l'orientation des exportations helvétiques. En effet, 80 % du commerce extérieur de la Confédération s'effectue en direction de l'Allemagne. Il y a là un déséquilibre notable, même si ces biens ne représentent qu'une part infime des importations du IIIe Reich. Cette partialité est largement due à la situation géographique de la Suisse, entourée de pays hostiles aux Alliés, comme à la rémanence des anciens réseaux économiques. D'ailleurs, le gouvernement suisse autorise l'utilisation du chemin de fer pour le transfert de marchandises non militaires entre le Nord et le Sud du continent. En outre, les entreprises helvétiques possédant des succursales dans les territoires gérés ou dominés par les nazis ne se gênent pas pour exploiter, elles aussi, ces nouveaux esclaves qu'y sont les prisonniers de guerre ou les internés civils.

Les Britanniques, et surtout les Américains, se plaignent amèrement de cette situation. Mais les critiques adressées à Berne vont plus loin que les habituels reproches de partialité – chacun des belligérants se sentant moins bien traité que l'autre et criant à la violation de neutralité parce que la Suisse ne l'avantage pas ostensiblement. Comme il ne s'agit pas d'un conflit classique mais d'un affrontement total, où l'économie et l'idéologie jouent un rôle déterminant, l'attitude des milieux d'affaires suisses est dénoncée – non sans raisons – comme de la germanophilie. Dès 1941, les États-Unis gèlent les capitaux helvétiques en terre américaine, à hauteur de 6 milliards de francs suisses (soit environ 36 milliards actuels). Les accusations continuent tout au long des hostilités et concernent, notamment, l'usage abusif fait du secret bancaire, permettant à de hauts dignitaires nazis de cacher leur argent et incitant à ne pas rechercher les détenteurs de comptes laissés en déshérence.

Le bouclier moral de la neutralité – soit la mission humanitaire que s'assigne la Suisse depuis la fin du XIXe siècle pour rendre son désengagement militaire utile et accepté – est lui aussi attaqué. Certes, les puissances ne fustigent pas la parcimonie extrême avec laquelle la Confédération a accepté des réfugiés pris au piège du fascisme, de l'antisémitisme puis des combats. De fait, durant le nazisme, la Suisse n'a accueilli que six cent quarante-quatre personnes en vertu du droit d'asile politique. Et si elle a admis environ vingt-deux mille Juifs pendant le conflit, elle en a aussi refoulé quelque trois mille, alors que leur vie était clairement en danger. Peut-être les Alliés avaient-ils compris l'angoisse très réelle de Berne, soucieuse de ne pas s'attirer les foudres de Hitler et, officiellement, de ne pas trop « charger la barque ». Mais les reproches pleuvent sur le pays à travers la remise en cause du Comité international de la Croix-Rouge, pourtant prix Nobel de la paix en 1944. À l'Est, on l'accuse de ne pas avoir assez fait pour sauver les prisonniers de guerre soviétiques et les partisans. À l'Ouest, on s'interroge sur son inactivité face à ce que l'on n'appelle pas encore la Shoah.

Les explications, globalement valables, avancées par l'institution humanitaire sont impropres à redorer le blason de la Confédération, d'autant qu'elles n'excusent en rien les entorses faites à la neutralité en matière financière et industrielle. La sortie de guerre aurait été très difficile, n'eut été l'éclatement d'une autre guerre – froide, cette fois. L'hostilité entre les États-Unis et l'URSS constitue une aubaine inespérée pour les milieux d'affaires suisses. Les États-Unis, en quête de partenaires économiques susceptibles de lutter contre l'expansion du communisme, n'infligent qu'une amende minime (quelques centaines de millions de francs suisses) contre laquelle ils débloquent les six milliards gelés en 1941. La Suisse, dont les infrastructures de production étaient restées intactes et les banques florissantes, passe du statut de contrée aisée à celui de pays opulent.

Ce hasard ainsi que les compromissions économiques douteuses des élites dirigeantes sont peu pris en compte par les simples citoyens. Pourtant, c'est grâce à ces accommodements suspects que leur patrie a conservé son intégrité territoriale. Et c'est à la faveur de la bipartition du monde qu'elle est devenue immensément riche. Les Suisses préfèrent clairement penser que ces bienfaits sont le résultat de leur courage et de leur éthique du travail.

Les répercussions dans la culture politique

L'importance accordée aux vertus morales du travail est un héritage déjà ancien, clairement inscrit dans la législation helvétique du XIXe siècle. Il est ainsi significatif que les cantons aient disposé d'un système d'assistance fondé sur le respect de normes de comportement grandement axées autour de la capacité des individus à être productifs. En filigrane, on perçoit ici les préoccupations d'un État faible et pauvre qui doit, pour survivre, pouvoir compter sur la contrainte que les citoyens accepteront d'exercer sur eux-mêmes. En d'autres termes, la conscience de la vulnérabilité fondamentale du pays affecte le fonctionnement des institutions et les modes de pensée. Or, cette culture politique, forgée sur le long terme, ne s'est pas effacée rapidement, d'autant que le pays a connu plusieurs piqûres de rappel, lui remémorant régulièrement sa fragilité.

La Première Guerre mondiale constitue l'un de ces événements. La crise économique et sociale qui frappe la majeure partie de la population fait resurgir de mauvais souvenirs. Et si certains pensent alors trouver des solutions adéquates dans les idéologies de gauche, leur attrait pour tout ce que l'on peut considérer comme bolchevique suscite rapidement une réaction contraire. Après 1918, la Suisse devient clairement un pays conservateur, où la démocratie directe s'allie étroitement avec des ambitions d'ordre, de responsabilisation personnelle et d'effort individuel. C'est d'ailleurs dans cet état d'esprit, formalisé durant les années 1930 par le mouvement dit de la défense spirituelle, que l'ensemble de la société aborde le second conflit mondial.

Globalement, les autorités ont appris de leurs erreurs passées et, durant les années 1939-1945, leur gestion des affaires intérieures est satisfaisante, puisque les civils ne sont plus au bord de la ruine, voire de la famine. En revanche, on ne saurait sous-estimer l'impression de danger et de menace permanente régnant dans le pays. En dépit de leurs déclarations tonitruantes, les militaires ne pouvaient pas ignorer que l'Allemagne ne ferait qu'une bouchée de la Suisse si la fantaisie lui en prenait. Même la population exsudait la peur. Cette angoisse profonde et persistante se lit en creux dans les réjouissances spectaculaires qui saluèrent l'annonce de la victoire alliée ; une allégresse qui pourrait paraître bien exagérée en pays neutre, si elle n'était pas le signe d'un énorme soulagement reflétant une immense crainte d'invasion.

Il est possible que ces manifestations de joie aient également été dictées par le souci de se faire bien voir des vainqueurs. Mais si cette considération a sans doute effleuré les gouvernants, elle semble assez éloignée des préoccupations de la population. Celle-ci a embrassé avec ferveur les explications qu'on lui a données, qui se marient si bien avec les injonctions séculaires articulées pour s'opposer au dénuement interne et à la crainte de l'extérieur. Les Suisses n'ont pas eu à combattre sur les champs de bataille européens et peuvent jouir d'une opulence liée aux contingences de la politique internationale. Aussi, ils adhèrent à l'idée qu'ils sont si valeureux que Hitler a eu peur d'eux, et si travailleurs qu'ils sont devenus riches. Cette appréhension très flatteuse des choses, qui s'inscrit dans le prolongement d'une histoire séculaire, conduit à un conservatisme viscéral, non seulement en matière politique mais sociétale.

Contrairement aux pays libérés par l'Armée rouge ou aux territoires où s'est organisée une puissante résistance communiste, la Suisse continue à se méfier viscéralement de l'extrême gauche locale. Celle-ci s'effondre à la fin des années 1940 et le Parti socialiste connaît une « droitisation » notable durant la décennie suivante. Ce recentrement est lié à la répression de l'insurrection de Budapest, en 1956, et donne au PS une position très confortable dans les plus hautes instances du pays. La contestation politique, très exceptionnelle, doit s'exprimer hors des cadres officiels, de sorte que les exclus du système peinent à faire entendre leur voix.

Et pourtant, une catégorie de ces Suisses de seconde zone représente clairement une majorité, puisqu'il s'agit des femmes. Citoyennes de la « première démocratie au monde », elles avaient entamé une lutte pour l'obtention du droit de vote dès la fin du XIXe siècle. On leur oppose alors toutes sortes d'objections, allant de la nécessité de faire accepter cette prérogative par les hommes à la contradiction fondamentale supposée exister entre le scrutin et la douce nature féminine. À l'inverse de ce qui se passe en France et en Italie, la Seconde Guerre mondiale ne débloque aucun verrou mais érige des barrières supplémentaires. Que la Confédération ait survécu durant le conflit tout en organisant quelques consultations populaires est considéré comme la preuve de l'excellence du modèle politique helvétique. Pourquoi changer une formule si parfaite ? Elle n'en deviendrait que moins parfaite et donc imparfaite...

Plus insidieusement peut-être, les adversaires du suffrage féminin soulignent que le droit de vote a toujours été lié à la capacité de son possesseur à défendre la patrie. Le scrutin est ainsi vu comme un attribut typiquement masculin. L'argument semble avoir été brandi avec d'autant plus de force que, précisément, les soldats suisses n'ont pas eu à mourir au front. Le refus du suffrage féminin se présente ainsi comme un lieu de lutte pour la masculinité helvétique, menacée de se désagréger par une neutralité potentiellement castratrice. Il faudra attendre 1971 pour que les Suissesses aient toutes un accès aux urnes. Cette décision est le résultat d'un changement de génération : les hommes jadis mobilisés sont souvent morts, et ceux qui votent n'ont souvent pas connu la guerre. Elle est aussi liée au désir du gouvernement qui souhaite alors signer la Convention européenne des droits de l'homme et se doit donc d'accorder le droit de vote aux femmes. Enfin, elle reflète la nécessité d'éviter le risque d'isolement international, en permettant de contrebalancer une autre prise de position, calamiteuse en termes d'image.

En 1970, le peuple (masculin) avait failli accepter une initiative xénophobe, préconisant le renvoi de nombreux étrangers séjournant dans le pays. La nouvelle avait été abondamment commentée en Europe, et la Suisse menaçait d'être boycottée, sinon ostracisée. Les autorités helvétiques sont alors stupéfaites par cette flambée d'intransigeance populaire qui signale une volonté structurelle de discrimination. Pourtant, cette attitude disqualifiante est parfaitement en phase avec les enseignements supposément tirés de la Seconde Guerre mondiale. Ce conflit n'a-t-il pas montré que la Suisse était un petit paradis sur terre, préservé par le courage, l'ardeur et la ténacité de ses habitants ? Avoir la chance d'y vivre et d'y travailler ne mériterait-il pas quelques sacrifices, bien minimes en comparaison de ceux qu'auraient consenti les hommes en 1939-1945 ?

L'apothéose d'un récit traditionnel

À la fin du XXe siècle, le mythe militaire forgé dans le sillage de Guisan demeure encore vivace, car il s'insère dans le prolongement d'un « mantra national » façonné quand le Corps helvétique ne devait sa survie qu'à la non-intervention de ses puissants voisins. Ce mythe n'est guère entamé par la réalité des compromissions économiques consenties par les milieux d'affaires durant le conflit, car celles-ci sont elles-mêmes présentées sous forme de fable efficace voulant que la prospérité de la Confédération soit le résultat des efforts séculaires d'une population naturellement industrieuse.

La prévalence de ces légendes se présente donc comme la transformation d'un complexe d'infériorité en complexe de supériorité, une sorte de surcompensation de la faiblesse initiale du pays. Dans ce cadre, la période allant de 1939 à 1945 ne constitue pas une rupture fondamentale et fondatrice, mais une continuité voire une légitimation puis une apothéose d'un récit traditionnel. Sans surprise, cette compréhension du conflit mène à un conservatisme tenace.

Les Suisses, c'est certain, ont eu l'immense chance de sortir indemnes de la Seconde Guerre mondiale. Mais celle-ci n'a dès lors pas servi de déclic, de creuset où puiser l'énergie de refaçonner l'avenir. Sans doute, le coût de cette préservation n'était-il pas excessivement élevé. Il n'empêche, il a été payé par les femmes, les immigrés et la société dans son ensemble.

LE DIFFICILE ÉQUILIBRE DU VATICAN, ENTRE SILENCE ET ASSISTANCE

Raffaella Perin

« Le danger est imminent, mais il est encore temps. Rien n'est perdu avec la paix. Tout peut l'être avec la guerre. » Avec ces mots, dans le message du 24 août 1939 diffusé par Radio Vatican, Pie XII lance un appel aux gouvernants et aux peuples pour éviter que l'humanité ne soit entraînée dans une guerre. Au mois d'avril, il avait tenté de convoquer une conférence de paix internationale, mais les efforts diplomatiques ne trouvèrent pas l'assentiment des chefs de gouvernement et, avec l'invasion de la Pologne le 1er septembre par la Wehrmacht, ce fut la guerre.

Le point de vue du Vatican sur la guerre est certainement unique, puisqu'il s'agit de l'un des plus petits États du monde, dont le souverain a une autorité religieuse et morale sur des milliards de personnes dans tous les pays. Le réseau formé par les diocèses et les paroisses au niveau territorial relie le centre (Rome) et la périphérie (le reste du monde), faisant de l'Église catholique une réalité transnationale qui influence la vie des fidèles en matière sociale, culturelle et politique. Pendant la guerre, les catholiques se tournent vers le pape dans l'espoir d'obtenir une parole de réconfort, de force et d'espoir pour endurer et surmonter l'adversité. Mais ils ne sont pas les seuls à se tourner vers le chef de file des catholiques. Des diplomates accrédités, des hommes politiques, des civils, des hommes et des femmes discriminés et persécutés appartenant à d'autres religions, se réfèrent au pape, font appel au pouvoir qu'il représente et qu'il est censé exercer, reconnaissant le rôle que le Vatican peut jouer dans le conflit.

Le Saint-Siège s'engage à protéger les catholiques, sans toujours y parvenir, en maintenant des relations diplomatiques, par l'intermédiaire de ses propres représentants dans les États et les épiscopats nationaux. Il met en place une organisation de secours pour laquelle il déploie des moyens, des hommes et de l'argent. Enfin il crée un Bureau d'information pour donner des nouvelles aux familles des soldats au front ou des prisonniers. À la fin de la guerre, il a offert des indications pour la reconstruction, a indiqué quel ordre politique devait être privilégié afin de placer les principes chrétiens à la base du nouvel ordre international.

Depuis les années 1960, la position de Pie XII pendant la guerre a été largement débattue, notamment en ce qui concerne son incapacité à dénoncer la persécution des Juifs. Face aux terribles nouvelles de mort et de destruction qui proviennent de l'Europe de l'Est, le souverain pontife est saisi d'un dilemme : parler ou garder le silence sur les crimes nazis perpétrés contre des populations sans défense ? Condamner publiquement ou s'en remettre aux voies diplomatiques pour ne pas compromettre le travail d'assistance ? L'historiographie et l'opinion publique ont été divisées entre les accusateurs et les défenseurs de Pie XII et, aujourd'hui, encore, après la mise à disposition des documents de son pontificat (1939-1958) par les Archives apostoliques vaticanes la controverse ne montre aucun signe d'apaisement.

Le début de la guerre et la neutralité du Saint-Siège

Le pape qui s'est trouvé confronté à l'une des guerres les plus sanglantes de l'histoire est Eugenio Pacelli (1876-1958). Membre d'une famille appartenant à la noblesse noire (pro-papale et non alignée sur les Savoie dans la querelle décennale avec l'État italien), il entre au début peu après ses 20 ans à la Congrégation des affaires ecclésiastiques extraordinaires (sorte de ministère des Affaires étrangères du Saint-Siège) comme prêtre apprenti puis comme minutant, avant d'en devenir secrétaire en 1914 (sous le pontificat de Benoît XV). En 1917, il est nommé nonce apostolique à Munich et trois ans plus tard à Berlin, où il reste jusqu'en 1929. Pendant son séjour en Allemagne, où il a également vécu des moments traumatisants lors de la révolution de 1918, il a développé un attachement particulier au peuple allemand. Le Vatican considère l'Allemagne comme un pivot culturel, géographique et politique de l'équilibre européen et Pacelli en particulier l'a toujours regardée comme faisant partie de la civilisation chrétienne, une position qui, comme nous le verrons, a influencé ses choix également pendant la guerre.

En 1930, Pie XI (Achille Ratti) veut l'avoir auprès de lui à Rome et le nomme secrétaire d'État (une sorte de Premier ministre). En tant qu'expert des affaires allemandes, il est chargé des relations avec le IIIe Reich et signe en 1933 un Concordat avec Hitler. Lorsque, dans les années 1930, les relations entre le Saint-Siège et le régime national-socialiste se tendent en raison des violations continuelles des accords et des violences et abus envers l'Église allemande, Pacelli rédige la version finale de l'encyclique *Mit brennender Sorge*, par laquelle Pie XI dénonce en 1937 l'idéologie nationale-socialiste en raison de l'attitude du régime à l'égard de l'Église et de la foi catholique. À la mort de Ratti, il est élu pape et monte sur le trône de Pierre le 2 mars 1939 sous le nom de Pie XII.

Le nouveau pape se retrouve immédiatement face à deux situations complexes : la relation avec le fascisme italien et celle avec le national-socialisme. Son prédécesseur, en effet, s'est opposé à Mussolini à propos des lois antisémites introduites en Italie en 1938, car elles touchaient également les Juifs convertis au catholicisme et empêchaient le mariage entre Italiens et personnes définies comme étant de « race juive », violant ainsi l'article 34 du Concordat entre l'Italie et le Saint-Siège (1929). Mais la priorité pour Pie XII est la question allemande. Quelques jours après son élection, il convoque trois cardinaux allemands et l'archevêque de Vienne à Rome. Le pape leur dit : « Le problème allemand est pour moi le plus important. J'ai l'intention d'en réserver le traitement. » Pie XII croit toujours qu'une détente avec le IIIe Reich est possible, ce qui semble également être le souhait des évêques allemands qui sont venus à Rome. Malgré les nombreuses lois et mesures anticatholiques édictées par le gouvernement national-socialiste, le pape garde l'espoir d'une pacification et qu'Hitler tiendra la promesse faite en 1933, dès son accession à la tête du gouvernement, de respecter l'Église catholique. S'adressant à nouveau aux cardinaux allemands, Pie XII expose clairement que son souci est que « le monde doit voir que nous avons tout essayé pour vivre en paix avec l'Allemagne [...]. La tentative d'arriver à la paix correspond pour ma part aussi à un besoin intérieur ».

Il est important de tenir compte de ces antécédents pour comprendre l'attitude de Pie XII face à l'invasion de la

Pologne. Malgré les pressions de l'ambassadeur de France auprès du Saint-Siège, François Charles-Roux, Pie XII ne juge pas opportun de s'exprimer publiquement contre le Reich, car pour le pape « ce serait trop » : il voit le risque d'exposer les millions de catholiques allemands aux représailles dont ils feraient l'objet en cas de prise de position du Saint-Siège en faveur de la Pologne. La crainte d'aggraver la situation des catholiques en Allemagne est l'une des préoccupations majeures de Pie XII et l'une des raisons les plus fréquemment citées pour justifier sa décision de ne pas intervenir publiquement contre l'offensive nazie.

Le cardinal August Hlond, primat de Pologne, arrivé à Rome et reçu pour la première fois en audience le 21 septembre 1939, tente en vain de convaincre le pape de condamner l'attaque allemande. Ne parvenant pas à obtenir quoi que ce soit du souverain pontife, Hlond, par l'intermédiaire de Radio Vatican, invite alors ses compatriotes à ne pas désespérer, malgré les malheurs qui les frappent. Le 14 octobre, *L'Osservatore Romano* publie un article corrigé et approuvé par le pape lui-même, expliquant la position du Saint-Siège à ceux qui l'avaient accusé d'indifférence face à la tragédie polonaise : l'impartialité dans l'exercice de l'autorité en tant que père universel de l'Église est exigée du « Père commun », une attitude nécessairement différente de celle des hiérarchies ecclésiastiques nationales. La neutralité du Saint-Siège fait toutefois ressortir une contradiction qui n'avait déjà pas été résolue pendant la Grande Guerre.

Comme nous l'avons mentionné, Pacelli avait été secrétaire de la Congrégation pour les affaires ecclésiastiques extraordinaires sous le pontificat de Benoît XV. Il connaissait donc de près la politique menée par le Vatican pendant la Première Guerre mondiale, une ligne de conduite qu'il a décidé d'adopter à son tour dans le nouveau conflit. Pie XII, en effet, a cherché à maintenir la neutralité *super partes* du Saint-Siège pendant toute la durée de la guerre. Les raisons de ce choix sont multiples. Tout d'abord, la présence de catholiques dans toutes les nations concernées n'a pas permis au pontife de prendre parti, afin de ne pas renoncer au principe d'universalité de l'Église catholique qui confère au pape le rôle de « père de tous les peuples », et d'éviter d'éventuelles représailles contre les institutions ecclésiastiques au sein de chaque État. Cela a pour corollaire inévitable que le pape ne désigne jamais explicitement les responsables des innombrables horreurs de la guerre. L'impartialité donne également au Saint-Siège la possibilité de se présenter à toutes les chancelleries comme un interlocuteur en faveur de la paix, et lui permet, comme pendant la Première Guerre mondiale, de se consacrer à des activités d'assistance en faveur des soldats et des populations civiles.

Mais un autre aspect est lié à l'impartialité du Saint-Siège, c'est l'interprétation que Pie XII a donnée du conflit, selon laquelle les raisons du déclenchement de la guerre devaient être recherchées dans l'apostasie, l'éloignement de l'homme de l'Église, le rejet des principes chrétiens dans la constitution des sociétés civiles, et dans le fléau conséquent que Dieu avait envoyé aux hommes pour les inciter à se repentir. Seul un retour à la subordination aux directives ecclésiastiques pourrait ramener la paix. Dans sa première encyclique, *Summi pontificatus* (20 octobre 1939), Pie XII identifie les erreurs de la modernité sécularisante et de la « sécularisation de la société », qui ont déterminé l'autonomie de l'homme dans la vie individuelle et collective, comme la raison ultime de la guerre. Deux mois plus tard, à la veille de Noël, dans son discours devant le Sacré Collège des cardinaux, Pie XII indique les points fondamentaux pour une « paix juste et honorable » : le respect du droit à la vie et à l'indépendance de toutes les nations, grandes et petites, la renonciation à la course aux armements, la création d'institutions garantissant la concorde internationale, le respect des minorités. Mais tout cela n'aurait pas été possible sans placer à la base des nouveaux statuts juridiques les « normes saintes et inébranlables du droit divin ». La paix en Europe n'est pas possible si elle ne repose pas sur des principes chrétiens.

La position du Saint-Siège en Europe sous le joug national-socialiste

Après l'invasion par l'Allemagne des pays neutres Belgique, Pays-Bas et Luxembourg le 10 mai 1940, Pie XII envoie trois télégrammes de solidarité à leurs souverains respectifs sans qu'aucune hostilité envers l'envahisseur n'apparaisse dans ses propos. L'invasion de la France arrive dans la foulée. L'ambassadeur de France auprès du Saint-Siège se rend à la secrétairerie d'État du Vatican pour porter le message que les catholiques français, belges, anglais, néerlandais attendent une condamnation du pape pour le crime commis par les Allemands. Dans un parfait style diplomatique, on lui répond que « ceux qui savent lire trouveront dans ces télégrammes ce que l'ambassadeur veut ». Le 11 juin, le cardinal Eugène Tisserant, secrétaire de la Congrégation pour l'Église orientale, écrit de Rome à l'archevêque de Paris, Emmanuel Suhard, qu'il craint que « l'histoire ne doive reprocher au Saint-Siège d'avoir fait une politique de confort pour lui-même et guère plus ». Comme il l'avait fait avec la Pologne, Pie XII préfère la retenue. D'après les propos de Tisserant, il est clair que ce silence a été regretté même par certains de ses contemporains. Le même jour,

Radio Vatican diffuse une condamnation de la politique d'agression allemande un peu moins hésitante que celle formulée par Pie XII. « Seule la guerre d'agression peut être condamnée sans délai », soutient le présentateur d'une émission en anglais destinée à l'Amérique du Nord, « mais sûrement, pour les Norvégiens, les Polonais, les Belges et les Hollandais, cette guerre n'est pas inutile, car ils ne font que se défendre contre un pays qui a fait de la guerre un principe fondamental de sa politique ». Dans l'émission, le fait que les États attaqués par les nazis soient nommés ne laisse aucun doute sur l'identification de l'envahisseur, dont le caractère belliciste est dénoncé et sa responsabilité dans le cours des événements reconnue. Le jugement clair sur le IIIe Reich était loin des mots contenus dans les télégrammes du pape, dans lesquels les nations envahies étaient génériquement prises en pitié pour leur « territoire exposé aux cruautés de la guerre ».

À l'automne 1940, c'est au tour de l'Angleterre de voir ses villes bombardées par la Luftwaffe. Il est désormais clair que la guerre en cours est très différente des précédentes car les populations civiles sont frappées sans discrimination. Le Saint-Siège met en place une organisation impressionnante de secours. Il crée la « Commission de secours », un bureau interne à la secrétairerie d'État, coordonné par Mgr Giovanni Battista Montini, le futur Paul VI, qui entre en fonction en septembre 1939 pour distribuer des aides matérielles à la population et pour répondre aux milliers de lettres qui demandent de l'aide au Vatican.

Entre-temps, l'Italie est également entrée en guerre aux côtés de l'Allemagne, malgré les nombreuses interventions de la diplomatie vaticane pour convaincre Mussolini de rester neutre. En septembre 1940, Pie XII prononce un discours dans lequel il donne à l'Église italienne des directives sur l'attitude à tenir. En s'adressant aux dirigeants de l'Action catholique italienne, le pape les invite à « une obéissance loyale et consciencieuse aux autorités civiles et à leurs prescriptions légitimes » ; ils doivent être prêts à donner leur vie pour la patrie chaque fois que le bien légitime du pays exige ce sacrifice. Les fidèles sont censés exercer la vertu chrétienne de l'obéissance en se soumettant au pouvoir politique. Le bon chrétien doit aussi être un bon soldat. L'indication de Pie XII oriente donc les fidèles vers la subordination aux pouvoirs constitués.

L'impartialité que le Saint-Siège veut maintenir est le résultat d'un équilibre difficile et constamment précaire qui se joue entre l'action diplomatique, la médiation privée, les discours publics et l'utilisation des médias. Pour comprendre le point de vue du Vatican, il faut examiner son attitude à l'égard de l'Allemagne. La forme autoritaire de gouvernement qu'Hitler a donnée au IIIe Reich n'a jamais été condamnée par l'Église, car selon la tradition, celle-ci n'a aucune préférence pour les modèles institutionnels qu'un État veut se donner, l'important étant que les droits et les valeurs des catholiques soient sauvegardés. Pour cette raison, le Saint-Siège avait accepté le national-socialisme au pouvoir, et Pie XII conservait l'espoir et la confiance que l'Église allemande serait à nouveau respectée. Même face aux persécutions perpétrées par les nazis contre les catholiques dans les territoires progressivement occupés par le Reich, le Vatican a poursuivi la voie de l'impartialité, reconnaissant implicitement un certain équilibre entre les raisons et les torts des belligérants.

Pie XII a refusé de condamner l'agression allemande afin de continuer à maintenir l'équilibre entre les États européens, lui permettant ainsi d'être un éventuel médiateur à la table des négociations de paix. Le Vatican est resté silencieux même lorsque les nouvelles en provenance des territoires occupés devenaient de plus en plus terrifiantes. Une exception à cela : Radio Vatican, gérée par les jésuites. Entre 1940 et 1941, la station de radio a diffusé de nombreux programmes dénonçant la persécution des catholiques dans les territoires occupés par l'Allemagne. Chaque fois que le représentant de l'ambassadeur allemand auprès du Saint-Siège s'est rendu à la secrétairerie d'État pour se plaindre de ces émissions antinazies, la réponse était que Radio Vatican n'était pas la radio officielle du Saint-Siège et que celui-ci n'était donc pas responsable des contenus diffusés. C'était en partie vrai, du moins au début. Cependant, au cours de la guerre, conscient du moyen de communication particulier que représentait la radio, Pie XII l'utilisa comme un outil diplomatique pour exprimer ce qu'il ne pouvait ou ne voulait pas dire, afin de réfuter et clarifier les nouvelles concernant l'Église catholique. Au Vatican, il existait donc une pluralité de positions sur le conflit en cours : il y avait ceux qui étaient en faveur de l'entrée en guerre des États-Unis, ceux qui étaient en faveur des Alliés, ceux qui étaient en faveur de l'Axe, ceux qui soutenaient que le pape devait parler et ceux qui étaient au contraire d'accord avec la réserve choisie par Pie XII.

Le Saint-Siège, les Alliés et l'anticommunisme

Comme il n'existait pas de relations diplomatiques formelles entre les États-Unis et le Saint-Siège, Myron Taylor fut envoyé à Rome en février 1940 comme représentant personnel du président des États-Unis auprès de Pie XII. Son but était de sonder la possibilité de trouver au Vatican un soutien aux objectifs de la politique américaine face à la guerre et de s'assurer que le pontife ne penchât pas vers une solution d'accommodement avec le national-socialisme.

Washington et le Saint-Siège partageaient initialement certains objectifs communs. Franklin Delano Roosevelt avait exprimé son intention de soutenir les efforts du pape en faveur de la paix et considérait que certains points du discours de Noël 1940 de Pie XII étaient en harmonie avec son programme. Dans son traditionnel discours de Noël, le pape avait dicté les conditions nécessaires à l'« ordre nouveau » : victoire sur la haine, victoire sur la méfiance, renoncement au principe selon lequel la force crée le droit, victoire sur les désaccords concernant l'économie mondiale, victoire sur la violation de la liberté des citoyens.

Traditionnellement, le Saint-Siège n'a aucune sympathie pour les gouvernements libéraux, mais le seul véritable ennemi envers lequel il n'admet aucune réserve est le communisme. La condamnation des doctrines socialistes remonte au XIXe siècle. Après la révolution qui a conduit à la constitution de l'Union soviétique, le Saint-Siège cherche à renouer le dialogue interrompu à la suite du violent travail de déchristianisation et de persécution antichrétienne du régime communiste. À partir de ce moment, l'une des principales préoccupations du Saint-Siège est d'empêcher l'expansion communiste en dehors des frontières soviétiques. En fait, l'anticommunisme d'Hitler joue un rôle important dans le soutien que Pie XI a apporté à son gouvernement. En 1937 arrive la condamnation officielle avec l'encyclique *Divini Redemptoris* : le communisme est défini comme un système aberrant et révolutionnaire, intrinsèquement pervers.

La crainte de l'expansion communiste en Europe conditionne les choix et les positions de Pie XII. Néanmoins, l'attaque allemande contre l'URSS le 22 juin 1941 ne provoque pas la réaction attendue par les Allemands. Berlin espérait que le Vatican prendrait position en faveur de la guerre contre l'URSS, qu'il appellerait à une croisade anti-bolchévique, mais le Saint-Siège s'y refuse. L'espoir est qu'« un diable chasse l'autre », que « la Providence, dans sa bonté et sa miséricorde, tirera de la tragédie actuelle la destruction des deux grands maux qui menacent l'humanité, la civilisation, la religion : le communisme et le nazisme ! » Le Vatican ne croit plus que le nazisme puisse être un rempart contre le communisme.

Le Saint-Siège tente alors de convaincre le président Roosevelt du danger de l'URSS. Il y a en effet un aspect, le religieux, que Pie XII met en avant : en Allemagne, il y a une Église à protéger, des millions de catholiques à prendre en compte, et c'est la raison pour laquelle le pape était contre la paix inconditionnelle voulue par les Alliés alors qu'il était favorable à une paix négociée avec l'Allemagne.

Le Vatican et la Shoah

Le Vatican est conscient de ce qui arrive aux Juifs d'Europe de l'Est. Le réseau d'informations dont il dispose (nonces, clergé) est tel que les nouvelles sur le sort des Juifs déportés affluent à Rome. Les conditions de surpopulation dans les ghettos étaient connues, de même que les trains de marchandises insalubres dans lesquels les Juifs étaient entassés pour être envoyés vers les camps de concentration, l'extermination une fois arrivés à destination et les fusillades de masse. Les chiffres qui arrivaient de part et d'autre étaient également pour le moins alarmants : exécution de dix-huit mille Juifs, principalement des étrangers, expulsés de Hongrie par les troupes allemandes en Galicie ; cent soixante-dix mille Juifs déportés de Bucovine à la frontière russe, dont plus d'un quart sont morts ; quatre-vingt-douze mille Juifs tués en Bessarabie pour ne citer que quelques exemples.

Devant une information si déconcertante, le personnel de la secrétairerie d'État doute, puis entend en vérifier la véracité. À la mi-septembre 1942, les ambassadeurs du Royaume-Uni et de plusieurs pays d'Amérique latine auprès du Saint-Siège coordonnent leurs efforts pour faire pression sur Pie XII afin qu'il condamne la persécution des Juifs. Plusieurs voix s'élèvent pour demander au Saint-Siège de s'exprimer. La réponse donnée est toujours la même : le pape a déjà parlé, doucement, pour ne pas nuire à ceux qu'il voulait aider en mettant en péril le travail d'assistance et d'aide en cours. En outre, a-t-on souvent répondu, si le pape doit dénoncer les crimes de guerre, il devrait nommer ceux des deux camps en lutte.

Ce n'est que dans deux discours que Pie XII fait référence au sort des Juifs sans toutefois les nommer explicitement. Dans le message radiophonique du 24 décembre 1942, il fait allusion aux « centaines de milliers de personnes qui, sans aucune faute de leur part, parfois seulement en raison de leur nationalité ou de leur lignage, sont destinées à la mort ou à une détérioration progressive » ; et le 2 juin 1943, il dit qu'il exauce les prières des personnes qui s'adressent à lui « avec un regard d'imploration anxieuse, troublées comme elles le sont, à cause de leur nationalité ou de leur lignage, par les plus grands malheurs et par des douleurs plus aiguës et plus graves, et destinées parfois, même sans leur propre faute, à des contraintes exterminatrices ». Ce sont les deux seuls moments publics dans lesquels Pie XII semble faire référence à la tragédie de la Shoah. Des mots qui paraissent bien faibles, trop allusifs, insuffisants pour que les fidèles comprennent et puissent s'orienter sur le comportement qu'ils doivent eux-mêmes adopter vis-à-vis des Juifs qui demandent de l'aide.

Dans certains pays, des démarches sont entreprises au niveau diplomatique pour obtenir une atténuation des persécutions : en Slovaquie, par exemple, où le président de la République est un monseigneur catholique ; en Roumanie, en Croatie, en Italie, ou en Hongrie, où le pape intervient par un télégramme à l'attention de l'amiral Horthy pour qu'il cesse de punir d'innombrables personnes « en raison de leurs origines nationales ou raciales ».

En France, où le Saint-Siège a considéré le régime de Vichy avec bienveillance et confiance, les lois discriminatoires à l'égard des Juifs introduites en 1940 n'avaient pas suscité de protestations particulières. Le Saint-Siège est informé des rafles des 16-17 juillet 1942 à Paris et des 15-18 août en zone non occupée par le nonce Valerio Valeri, qui le tient également au courant des démarches de l'épiscopat français. Rome semblait résignée à ce qui était arrivé, toute démarche semblait désormais inutile, capable seulement de sauver, comme l'écrivait le nonce, « quelques unités ».

Entre-temps, au Vatican, dans la « Commission de secours », qui utilisait la structure diplomatique du Saint-Siège pour distribuer des aides matérielles afin de répondre aux besoins provoqués par la guerre, la section « Race » traitait en particulier de la situation des communautés juives en Europe collaborant avec l'Union des communautés juives italiennes et la Délégation d'assistance aux émigrants juifs. De nombreux Juifs se tournaient vers le pape pour obtenir une protection et une aide à l'expatriation dans des pays neutres. Certains instituts ecclésiastiques, collèges et monastères de Rome offraient un refuge aux Juifs persécutés qui avaient réussi à échapper à la rafle du ghetto de la capitale italienne le 16 octobre 1943.

Le silence de Pie XII sur la Shoah fait encore aujourd'hui débat. Les raisons sont à chercher dans l'attitude plus générale adoptée par le Saint-Siège pendant la guerre : vouloir maintenir jusqu'au bout une ligne d'impartialité, ne pas exposer les catholiques et la population sans défense à des représailles, ne pas entraver l'œuvre d'assistance et le réseau secret d'aide opérant dans certains diocèses. Il faut ajouter à cela que le pape, craignant qu'une prise de parole soit contre-productive, a encouragé et soutenu les épiscopats locaux à s'exprimer sur la situation et de la manière qu'ils jugeaient opportune. Néanmoins, cette façon de déléguer la responsabilité de Rome aux églises locales n'a pas aidé les fidèles à s'orienter. Au niveau du magistère, à savoir les enseignements qui proviennent du Saint-Siège à travers les documents publics, les directives de Pie XII n'ont pas toujours été claires pour aider les catholiques déboussolés.

Comme on l'a dit, les silences de Pie XII ont suscité un malaise chez certaines personnalités du Vatican, mais c'était pour le pape lui-même un choix tourmenté, il craignait que son silence sur le nazisme soit mal jugé comme il l'a confié à Angelo Giuseppe Roncalli, alors délégué apostolique à Istanbul, en 1941. Cependant, il décida de se taire.

Il existe cependant un autre élément important que l'on ne peut pas négliger pour comprendre la position du Saint-Siège. Le 22 janvier 1943, Roncalli envoie au secrétaire d'État de Pie XII les propositions de l'Agence juive pour la Palestine, afin de demander au Saint-Siège de tenter de faciliter l'évasion des Juifs du Reich et d'intercéder pour leur éventuel débarquement en Palestine. Dans sa réponse, Luigi Maglione assure que le Saint-Siège a fait tout ce qui est en son pouvoir pour soulager la grave condition dans laquelle se trouve la population juive dans certains pays, mais déclare l'impossibilité pour le Vatican d'intercéder pour le transfert des Juifs vers des pays neutres et encore moins vers la Palestine. L'antijudaïsme catholique traditionnel, qui établirait que les Juifs ne doivent pas retourner en Terre sainte avant leur conversion complète au christianisme, a pesé dans cette réponse. En dernière analyse, on ne peut nier qu'un retard dans la prise de conscience de la dimension exceptionnelle de l'antisémitisme atteint en Europe provenait de préjugés théologiques antijuifs dont l'Église ne s'était pas encore libérée. Déjà face à la légalisation de la discrimination raciste dans les années 1930 dans certains pays, comme l'Allemagne et l'Italie, le magistère n'avait pas été en mesure de s'y opposer efficacement, pas plus lorsque l'on passa de la « persécution des droits » à la « persécution des vies ».

De l'occupation de Rome à la fin de la guerre

Au printemps 1943, par un échange de lettres entre le pape et le président des États-Unis, le Saint-Siège prend acte du fait qu'une opération aérienne alliée sur la ville de Rome ne peut être évitée. L'engagement de respecter les édifices religieux et de viser exclusivement des objectifs militaires, réitéré par Roosevelt le 10 juillet alors que se déroule le débarquement en Sicile, n'est pas de nature à rassurer le pape et son entourage. Le 19 juillet, l'armée de l'air américaine, tentant de neutraliser un nœud ferroviaire au nord de Rome, bombarde et détruit la basilique de Saint-Laurent-hors-les-Murs. À cette occasion, Pie XII quitte le Vatican pour se rendre dans le quartier de San Lorenzo afin de contempler les ruines et réconforter la population sinistrée. L'épisode reste dans les mémoires avant tout pour la réaction de la population à la vue du pontife. Les photos de l'époque montrent le pape entouré de personnes qui, pour la première fois, ont pu l'approcher, preuve de l'extrême attachement et de la confiance que les Italiens avaient pour la seule autorité de stature supranationale sur laquelle ils pouvaient compter.

La chute du fascisme en Italie et l'armistice signé le 8 septembre 1943 sont suivis par l'occupation de Rome par les Allemands. La réaction du Saint-Siège est encore prudente, circonspecte en matière diplomatique. La préoccupation du pontife est que Rome soit déclarée « ville ouverte » pour éviter que le centre de la chrétienté ne soit détruit. La présence de l'occupant allemand incite le Saint-Siège à plus de réserve, comme en témoignent les rares nouvelles, principalement de nature religieuse, confiées à Radio Vatican et la réduction du journal *L'Osservatore Romano* à deux feuilles. Les représailles des nazis sur la population civile sont plus que des menaces et la marge d'intervention de la diplomatie vaticane est réduite au minimum.

La libération de Rome, le 4 juin 1944, est saluée par une foule en liesse qui se presse sur la place Saint-Pierre pour acclamer le pontife. L'Église est la seule institution restée debout dans les décombres de la guerre. Le vide du pouvoir civil a été comblé par le pouvoir religieux, l'autorité du pape ayant à ce moment-là surpassé toute autre autorité politique et civile dans la capitale italienne. En outre, le « mythe » de Pie XII avait déjà commencé à se répandre en 1942 avec la sortie du film *Pastor Angelicus*, dont Pacelli était non seulement le protagoniste mais aussi l'acteur principal.

Avec la victoire de plus en plus probable des Alliés, en 1944, Pie XII, dans son habituel message de Noël, commence à parler de ce que serait l'ordre politique le plus souhaitable pour l'après-guerre. Dans un passage de son discours, le pape explique que la démocratie s'est avérée être la forme de gouvernement la plus adaptée aux circonstances actuelles, mais qu'une « démocratie vraie et saine » devait reposer sur des principes chrétiens pour la réalisation d'une nouvelle chrétienté.

LA GUERRE DU PACIFIQUE : QUAND LA GRANDE GUERRE EUROPÉENNE DEVINT UNE GUERRE MONDIALE

Franck Michelin

Le Japon est un acteur majeur de la Seconde Guerre mondiale. Il est à l'origine de l'extension à la région Asie-Pacifique d'un conflit qui, sans cela, était sans doute voué à rester confiné à l'Europe et à ses confins. Il tient néanmoins une place mineure au sein de l'historiographie. Le Japon en guerre constitue un champ où la production scientifique reste largement dominée par les historiens japonais dont l'œuvre est très peu traduite.

En France, l'intérêt pour l'Extrême-Orient a longtemps été majoritairement dirigé vers l'Indochine, et ce d'autant plus que la guerre d'Indochine constitue le point de départ de la décolonisation de l'empire français. Pourtant, c'est bien au Japon qu'il faut chercher la clé de l'indépendance indochinoise, et ce dès l'année 1940. Non seulement l'expansion japonaise a constitué un facteur déclencheur du mouvement de décolonisation, mais elle a également fait de la région Asie-Pacifique un acteur important de l'histoire mondiale.

Une question de terminologie

Les Européens ont coutume de nommer « guerres mondiales » des conflits dont le théâtre est essentiellement européen et qui ne débordent de l'Europe que sur ses confins. C'est généralement en tant que colonies ou semi-colonies que les continents africain et asiatique y ont été impliqués. Il est essentiel de décentrer notre regard dès que l'on aborde l'étude de la guerre du Pacifique. Une question essentielle est celle de la terminologie. Celle-ci offre, en effet, des clés de compréhension particulièrement utiles pour comprendre la manière dont un pays considère un conflit.

Le terme de « Seconde Guerre mondiale » (*Dai ni ji sekai taisen*) est généralement utilisé au Japon pour parler du conflit dans son ensemble, et surtout des fronts européens (Est et Ouest). Dès qu'il s'agit des conflits qui prennent place en Asie orientale et dans le Pacifique à partir du début des années 1930, la terminologie utilisée est spécifique. Cela n'est pas particulier au Japon, car l'appellation de « Pacific War » est également en vigueur dans les pays anglophones. Ainsi il est de coutume au Japon, depuis l'après-guerre, d'utiliser la traduction du terme anglais en langue japonaise : *Taiheiyô Sensô*.

Le Japon étant entré dans une succession rapide de conflits à partir de l'invasion de la Mandchourie, en 1931, les historiens japonais utilisent aujourd'hui deux termes pour désigner la série de conflits qui s'étend de 1931 à 1945 : « Guerre de quinze ans » (*Jûgo nen sensô*) et « Guerre de l'Asie et du Pacifique » (*Ajia Taiheiyô sensô*). Ainsi, la guerre du Pacifique *stricto sensu*, qui se déroule de 1941 à 1945, est plus liée par la terminologie aux conflits menés par le Japon en Chine à partir de 1931 qu'à la Seconde Guerre mondiale qui commence en Europe huit ans plus tard.

Les termes que nous venons de présenter, bien qu'usités par le grand public et la plupart des historiens, n'en sont pas moins contestés par certains acteurs. C'est notamment le cas de l'extrême droite négationniste qui recourt au terme officiel créé pendant le conflit par le gouvernement japonais : « Guerre de la grande Asie orientale » (*Daitôa sensô*). Celui-ci a le mérite de montrer que, pour les dirigeants japonais du temps de la Seconde Guerre mondiale, le conflit était considéré comme un moyen pour le Japon de se créer un empire autosuffisant dans la région Asie-Pacifique, plutôt que de se joindre à l'Allemagne.

Il est également intéressant de voir comment les autorités, et notamment les diplomates, considèrent les deux conflits mondiaux en Europe. Encore aujourd'hui, les recueils d'archives édités par le ministère japonais des Affaires étrangères donnent à ces deux conflits le nom de « grande guerre européenne » (*Ôshû taisen*). Cela est lié tant à la façon qu'ont les Japonais de considérer l'Europe comme un tout, qu'à la conscience de n'avoir que peu participé activement à la Première Guerre mondiale en Europe, et pas du tout à la seconde.

Le bourbier chinois

La guerre du Pacifique *stricto sensu* commence le 7 décembre 1941. Or, le Japon ayant provoqué en 1931 une série de conflits en Chine par l'invasion de la Mandchourie, conflits qui ont abouti à une guerre de grande ampleur en 1937, leur place ne peut qu'être importante dans toute analyse des causes de la guerre du Pacifique.

L'implication directe du Japon en Chine commence en 1894 avec l'éclatement de la première guerre sino-japonaise qui voit l'annexion de l'île de Taïwan par Tokyo l'année suivante. À la suite de la guerre russo-japonaise (1904-1905), le Japon s'implante au sud de la Mandchourie. L'engagement du Japon en Chine septentrionale va croissant à partir de 1928, marqué par la satellisation de la Mandchourie et par une suite de conflits locaux qui voient l'extension en tache d'huile de sa présence jusqu'aux portes de Pékin.

La conquête de la Chine « proprement dite » – c'est-à-dire celle qui est peuplée majoritairement par l'ethnie Han – n'a jamais fait partie des plans japonais qui étaient orientés prioritairement vers le nord-est de l'Asie – Extrême-Orient russe et Mandchourie. C'est la question de cette dernière contrée, considérée à tort par le Japon comme ouverte à la colonisation en raison d'un supposé faible peuplement, qui pose problème. En effet, la composition de sa population a alors changé au point d'être majoritairement composée de Han. De plus, elle est revendiquée comme partie intégrante du territoire chinois par le Kuomintang et le Parti communiste chinois. La constitution d'une alliance dirigée contre le Japon par ces deux frères ennemis du nationalisme chinois en 1936 ouvre la voie à un affrontement généralisé.

Le 7 juillet 1937 éclate l'incident du pont Marco-Polo, événement mineur qui est exploité par Tokyo pour donner une leçon à Tchang Kaï-chek. Il s'agit alors d'une simple opération de police visant à replacer le gouvernement chinois sous protectorat japonais. Bien que les forces armées japonaises volent de victoire en victoire durant les premières semaines du conflit, elles sont néanmoins plongées dans de durs combats, notamment lors de la bataille de Shanghai, du 13 août au 26 novembre 1937, pendant laquelle Tchang engage ses meilleures unités, instruites et équipées par la Wehrmacht. Le Japon n'est alors lié à l'Allemagne que par un pacte politique – le pacte anti-Kominterm (1936) – et il faudra attendre septembre 1940 pour qu'une véritable alliance militaire ne voie le jour. L'Allemagne n'en abandonne pas moins la Chine au moment où le Japon s'apprête à s'emparer de Nankin. Le sac de la ville joue un rôle important, non seulement en galvanisant l'esprit de résistance des Chinois, mais également en contribuant à donner du Japon une image déplorable dans le monde.

Jusqu'au milieu de l'année 1938, le Japon parvient à occuper la plupart des zones de peuplement dense, mais le Kuomintang déplace sa capitale à Chongqing, hors d'atteinte. Le conflit s'enlise, un peu à la manière de la guerre menée par Napoléon en Espagne. La guerre que le Japon mène n'a d'autre but que de faire accepter son hégémonie à un gouvernement chinois dont il refuse d'admettre la légitimité. Refusant de reconnaître le Kuomintang comme un ennemi à part entière, il ne lui déclarera jamais la guerre.

La descente vers le sud

À partir de la seconde moitié de l'année 1938, le Japon compte sur la mise en place d'un blocus pour faire plier la Chine. Pour cela, il étend son champ d'action vers le sud, notamment en prenant le contrôle des îles de la mer de Chine méridionale, ainsi qu'en exerçant une pression croissante sur l'Indochine française. Il s'agit d'obtenir d'elle qu'elle ferme sa frontière avec la Chine.

Au mois de juin 1940, le gouverneur général de l'Indochine, le général Catroux, isolé de la France alors en proie à l'offensive allemande et sous la menace d'une invasion japonaise, accepte de fermer la frontière. Le Japon, confronté à l'effondrement des Pays-Bas et de la France, et à l'invasion probable du Royaume-Uni, considère que ce changement géopolitique lui ouvre les portes de l'Asie du Sud-Est. Vaincu par l'armée soviétique lors de la bataille de Nomonhan en septembre 1939, abandonné par Berlin qui a fait alliance avec Moscou, Tokyo renonce à ses ambitions d'expansion vers le nord pour les diriger vers le sud.

Lorsque Catroux accueille à Hanoï la mission de contrôle du général Nishihara le 1er juillet 1940, la guerre contre la Chine n'est plus qu'un prétexte utilisé pour protéger les apparences du droit international face à de possibles sanctions économiques américaines. L'Indochine est destinée à devenir le tremplin des ambitions japonaises dans la région. Ainsi, le conflit avec la Chine joue un rôle dans le processus qui mène à l'éclatement de la guerre du Pacifique parce que les forces armées japonaises, subissant une hémorragie continue de leurs moyens, en viennent à désirer de manière désespérée les ressources de l'Asie du Sud-Est, et notamment le pétrole des Indes orientales néerlandaises – l'actuelle Indonésie. Plus l'opinion et les autorités américaines montrent de l'hostilité vis-à-vis du Japon, plus le risque de sanctions économiques apparaît à l'horizon, et plus le Japon souhaite construire un bloc économique autonome en Asie orientale.

La Chine, cause de la guerre du Pacifique ?

Se pose ici la question des raisons du déclenchement de la guerre du Pacifique. Il est bien souvent difficile de répondre à la question des causes en histoire. Dans le cas qui nous concerne, il s'agit avant tout d'un manque de sources primaires. Dès 1944, les Alliés entament des discussions pour juger les criminels de guerre japonais. Le 26 juillet 1945, l'article 10 de la déclaration de Potsdam qui enjoint au Japon de se rendre prévoit l'application d'une justice sévère à l'encontre des criminels japonais. Les autorités japonaises réagissent en brûlant la plupart des documents relatifs à la guerre après le 15 août 1945, date d'acceptation par le Japon des termes de la déclaration. La conséquence en sera que l'accusation au procès de Tokyo devra appuyer ses travaux sur des témoignages plutôt que sur des archives.

La plupart des documents qui ont survécu à cet autodafé sont soit les minutes de conférences officielles – telles les

Conférences impériales (*Gozen Kaigi*) – qui ne révèlent rien ou bien peu des relations entre les dirigeants, soit des archives privées, parfois établies sur le fondement de souvenirs d'anciens responsables, qui ne peuvent donner qu'une vue partielle du processus de décision. Ainsi, les facteurs importants qui ont poussé les dirigeants japonais à déclencher un conflit contre un adversaire, les États-Unis, infiniment plus puissant qu'eux, restent difficiles à cerner, ouvrant la voie à une série de conjectures.

Pour tout historien, établir une chronologie fine et rigoureuse constitue l'étape préliminaire indispensable avant de tenter la moindre analyse d'un processus historique. D'une manière paradoxale, un grand nombre d'ouvrages écrits sur les causes de ce conflit ont tendance à passer outre cette étape, pour pratiquer des allers et retours dans le temps, à la recherche de causes qui restent évanescentes. C'est ainsi que la question de la place de la seconde guerre sino-japonaise, déclenchée en juillet 1937, devient l'objet de débats sans fin. La seule lecture des documents établis par les états-majors et les cabinets ministériels ne permet pas de tirer de conclusion définitive, tant ceux-ci forment avant tout des patchworks de positions distinctes, voire contradictoires.

La guerre avec la Chine constitue une justification mise en avant par le Japon pour forcer la France à ouvrir les portes du Tonkin. La documentation disponible prouve pourtant sans ambiguïté que l'armée de terre japonaise a pu vérifier, à la fin du mois de juin 1940, que la frontière sino-indochinoise avait été hermétiquement close par le gouverneur général Catroux, et que la mission de contrôle japonaise envoyée à Hanoï sous le commandement du général Nishihara Issaku avait moins pour objectif de vérifier cette fermeture que d'obtenir des avantages militaires et économiques dans la colonie française.

Le Japon ne mène plus d'opérations d'envergure en Chine après la bataille de Wuhan qui prend fin en octobre 1938, et recherche alors une solution par la mise en place d'un blocus. Si le Japon cherche à amener Tchang à renoncer en lui ôtant tout espoir d'un secours des États-Unis, jamais ses dirigeants n'ont envisagé un conflit avec les Anglo-Saxons dans le but de faire plier la Chine. Ce conflit, qui s'est enlisé un an après son déclenchement, restera jusqu'à sa conclusion, en août 1945, une guerre non déclarée contre un ennemi non reconnu. En avril 1944, l'opération Ichigô, seule opération d'envergure lancée par les forces nippones avant leur reddition finale, n'a pas pour but de vaincre la Chine, mais de créer un corridor entre la péninsule indochinoise et la Corée afin de permettre leur retraite, comme l'indique son appellation japonaise d'opération « pour la traversée du continent » (*Tairiku datsû sakusen*).

Si la Chine constitue un facteur dans le déclenchement de la guerre du Pacifique, c'est en poussant le Japon dans ses retranchements. En effet, les forces japonaises y épuisent ressources humaines et matérielles. Ainsi, elles subissent une saignée que les sanctions économiques américaines rendent mortelle à terme. Le risque pour le Japon est de subir une défaite – sous la forme d'un renoncement à la guerre – face aux États-Unis sans même les affronter militairement du fait de l'asphyxie économique qui les menace. Les régions du Sud (Nan'yô) – Asie du Sud-est et Pacifique occidental –, et notamment les Indes orientales néerlandaises sont considérées par le Japon comme pouvant, arrimées à son empire, lui permettre d'acquérir les ressources nécessaires par la constitution d'un bloc économique autonome vis-à-vis des États-Unis. C'est notamment le pétrole de Bornéo qui attire ses convoitises devant la perspective de voir Washington fermer le robinet du pétrole et des autres ressources naturelles et industrielles.

Ainsi, c'est la crainte des sanctions économiques américaines qui pousse le Japon à prendre l'initiative. D'un point de vue distancié, les contradictions de cette politique paraissent évidentes. C'est là que l'historien doit essayer de se mettre « dans la peau » des décideurs japonais des années 1940-1941. Pour faire un peu d'uchronie, il ne fait aucun doute que, d'un point de vue rationnel, un recul aurait constitué une meilleure solution pour le pays. Il est improbable que les États-Unis fussent intervenus dans le seul but de venir en secours à la Chine, quoique l'opinion américaine ait pu devenir sinophile au cours des années 1930. C'est bien l'expansion vers le sud inaugurée par l'invasion de l'Indochine qui précipite la crise.

Une menace pour l'Empire britannique

Si le Japon a fait preuve, durant les décennies précédant la Seconde Guerre mondiale, d'un opportunisme de tous les instants, cela ne signifie pas qu'il n'y avait pas à l'œuvre des conceptions géostratégiques déterminant sa politique étrangère. C'est ici qu'il faut prendre en compte la moyenne, voire la longue durée. Le Japon n'ouvre pas ses portes aux puissances occidentales, au milieu du XIXe siècle, de gaieté de cœur. La finalité du processus d'occidentalisation-modernisation qu'il met en œuvre repose sur l'objectif primordial d'assurer la sécurité du pays dans un environnement régional chamboulé par l'irruption des puissances occidentales. Il s'appuie, dans les années 1930, sur la construction d'un bloc économique autonome.

Or, le Japon dépend presque entièrement des États-Unis pour ses approvisionnements et son commerce : il en importe pétrole, acier, machines-outils, technologies et capitaux, et y exporte sa production textile. Ainsi, l'expansion vers le sud vise deux objectifs considérés comme essentiels pour l'avenir du pays : le premier de moyen et long terme étant la mise en place d'un bloc économique autosuffisant, le second de court terme étant l'acquisition des ressources nécessaires au maintien des capacités militaires. C'est en provoquant une hémorragie des capacités militaires du Japon que la guerre avec la Chine contribue à son entrée dans une crise qui mène à la guerre du Pacifique.

Qu'en est-il des États-Unis ? Ce pays n'est pas alors celui que nous connaissons aujourd'hui. Ses forces vives se trouvent alors concentrées sur sa côte orientale et ses relations commerciales sont essentiellement transatlantiques. Ses intérêts économiques, ainsi que l'origine majoritairement britannique de ses élites, le poussent à contrecarrer les visées allemandes. Les dirigeants américains avancent pas à pas sur le chemin d'un soutien au Royaume-Uni qui, de juin 1940 à juin 1941, est le seul pays à pouvoir contrecarrer l'ambition allemande de domination sur l'Europe. Qu'est-ce qui peut bien alors pousser l'administration Roosevelt à mettre en œuvre des sanctions économiques contre le Japon dès l'automne 1940, alors que les intérêts vitaux des États-Unis dans le Pacifique ne sont en aucune manière menacés, et que ni l'opinion ni les forces armées ne sont prêtes à entrer en guerre ?

La réponse est simple : le Japon constitue une menace pour l'Empire britannique. À partir du moment où le Royaume-Uni perd son allié français en juin 1940, et alors que les États-Unis sont réticents à lui apporter un soutien direct, il ne peut plus compter que sur son empire pour continuer le combat, et notamment sur la perle de celui-ci : l'Inde. Or, l'expansion vers le sud du Japon, inaugurée par l'invasion de l'Indochine française le 23 septembre 1940, fait planer sur le Royaume-Uni un danger mortel. En effet, dans le cas où le verrou de Singapour sauterait et où l'Inde serait menacée, Londres risquerait d'être privée des ressources humaines, matérielles et stratégiques indispensables à la poursuite du combat contre l'Allemagne.

Les États-Unis craignent que cette expansion japonaise vers le sud se fasse sur le fondement d'une collusion avec l'Allemagne. C'est pourquoi ils prennent les devants dès juillet 1939 en dénonçant le traité de commerce nippo-américain de 1911. Il ne s'agit pas alors de sanctions, mais de la levée de leur principal obstacle juridique. Devant les demandes répétées de la France et du Royaume-Uni à partir du mois de juin 1940 de mise en œuvre de pressions économiques sur le Japon, Roosevelt fait la sourde oreille. Le coup de force du 23 septembre amène néanmoins Washington à prendre les premières sanctions économiques vis-à-vis de Tokyo, les 25 et 26 septembre.

Si ce n'est donc pas l'alliance germano-japonaise qui est le point de départ de la crise entre Tokyo et Washington, le pacte tripartite entre l'Allemagne, l'Italie et le Japon, signé le 27 septembre, n'en constitue pas moins un tournant majeur des relations entre les deux riverains du Pacifique. Il s'agit, avec l'expansion vers le sud inaugurée par l'invasion du Tonkin, de l'un des deux piliers de la politique étrangère établie par le second cabinet Konoe et mise en musique par le ministre des Affaires étrangères, Matsuoka Yosuke. Il y a néanmoins un paradoxe dans la constitution de cette première alliance militaire entre Tokyo et Berlin. Si Washington a de bonnes raisons de croire qu'elle témoigne d'une collusion nippo-allemande et se montre alors de plus en plus intransigeant, Tokyo conçoit l'alliance comme un moyen de dissuasion pour empêcher une intervention américaine aux côtés des Britanniques.

En effet, les cadres de l'armée de terre japonaise, qui connaissent mal les États-Unis, tendent à penser que le Japon peut entrer en guerre contre le Royaume-Uni sans pour autant se mettre à dos Washington. Quant à la marine, si elle comprend bien que traiter ces deux pays de manière différenciée relève de la gageure, un nombre croissant de ses officiers tend à se rallier aux ambitions de l'armée de terre en acceptant l'idée de se lancer dans un conflit contre plusieurs pays simultanément. Elle n'en reste pas moins hésitante, tant en raison de la connaissance qu'elle a des formidables moyens économiques et technologiques dont dispose la flotte américaine, que de la conscience aiguë qu'elle a de ses faibles ressources, notamment en pétrole. Durant l'été 1941, devant les menaces que fait planer l'armée de terre de prêter main-forte à la Wehrmacht en attaquant l'URSS, la marine, qui a reçu depuis 1936 d'amples allocations de moyens pour se renforcer face à sa rivale américaine, ne peut plus reculer sous peine de perdre sa place au sein de l'État japonais.

L'occupation de la totalité de l'Indochine française sous la menace d'une invasion, à la suite de la signature, le 22 juillet 1941, des accords Darlan-Kato, constitue un point de non-retour. Les Américains ont alors percé le code diplomatique japonais et savent que le Japon fait entrer des forces importantes dans le Sud de la colonie. Le 3 septembre, la conférence de Liaison – organe non officiel qui réunit les principaux représentants du cabinet et des forces armées – décide l'entrée en guerre contre les États-Unis si des progrès significatifs n'ont pas été réalisés dans les négociations d'ici le début du mois d'octobre. Incapable d'obtenir l'accord de l'armée de terre pour un retrait de Chine et d'Indochine – conditions mises par Washington pour un accord –, devant l'impossibilité de rencontrer Roosevelt et refusant d'entériner un conflit avec les États-Unis, Konoe Fumimaro quitte le pouvoir le 18 octobre. Suit alors la formation d'un nouveau cabinet par le général Tojo Hideki, personnalité réputée capable de préparer le Japon à entrer en guerre.

Les négociations ne sont plus alors qu'un écran de fumée, toute confiance ayant disparu entre les deux parties. Le

Secrétaire d'État américain Cordell Hull, longtemps partisan de la modération, prend alors la tête des intransigeants. Le 26 novembre, il remet aux négociateurs japonais à Washington un texte qui restera pour la postérité sous le nom de *Hull Note*. Il s'agit d'un quasi-ultimatum qui exige le retrait total des forces japonaises d'Indochine et de Chine. Il est rejeté par Tokyo et la décision finale d'entrer en guerre est prise le 1er décembre en Conférence impériale, c'est-à-dire devant l'empereur. Il ne s'agit néanmoins que d'une simple formalité, car à cette date, la force aéronavale de l'amiral Nagumo Chuichi se dirige déjà vers Hawaï depuis cinq jours.

La Sphère de coprospérité japonaise

Passée à la postérité pour désigner, avec une pointe d'ironie, l'empire japonais bâti pendant les premiers mois de la guerre du Pacifique, la dénomination de « Sphère de coprospérité de la grande Asie orientale » constitue, à l'origine, une justification idéologique de l'expansion vers le sud. Il est significatif qu'elle ait été utilisée pour la première fois par Matsuoka, le 1er août 1940, à l'ouverture des négociations franco-japonaises au sujet de l'Indochine. Il s'agit alors pour le Japon d'obtenir de la France un certain nombre d'avantages, et notamment de bases militaires et d'aérodromes, première étape de l'expansion vers le sud (*nanshin*). Celle-ci avait commencé à prendre forme dès 1895 avec la conquête de l'île de Taïwan, mais elle était restée un projet vague jusqu'à la veille de la guerre du Pacifique.

L'Asie du Sud-Est et l'Océanie commencent toutefois à attirer l'attention du Japon d'une manière concrète à partir des années 1930. Plus que l'Indochine française, ce sont les Indes orientales néerlandaises qui l'intéressent, notamment en raison de leurs ressources en pétrole. En 1934, un premier tour de négociations s'ouvre à Batavia qui continuera jusqu'en 1937. Un second tour prend place en 1940-1941. Or, les autorités bataves, craignant le pouvoir dissolvant que pourrait avoir une trop forte pénétration économique japonaise et poussés à l'intransigeance par les Anglo-Saxons, y opposent une fin de non-recevoir.

En mai 1940, l'exil du gouvernement des Pays-Bas à Londres met *de facto* son empire colonial sous protection britannique. Ainsi, toute politique de pression japonaise en direction des Indes orientales néerlandaises provoque une montée des tensions avec le Royaume-Uni. Cherchant à limiter l'expansion japonaise au détriment de l'Empire britannique, Washington rejoint peu à peu Londres dans son opposition à cette expansion. En outre, l'invasion de la colonie néerlandaise ne peut se faire, pour des raisons géographiques, qu'après avoir neutralisé les forces britanniques et, notamment, le verrou de Singapour. Celui-ci contrôle en effet les routes reliant la mer de Chine méridionale et le Pacifique à l'océan Indien par le détroit de Malacca, ainsi que l'accès aux principales îles des Indes orientales néerlandaises. Or, le Japon comprend que l'opposition croissante de Washington à ses entreprises ainsi que son soutien réel à Londres dans la guerre contre l'Allemagne signifient qu'il sera impossible de dissocier les Américains des Britanniques dans le conflit futur. La proximité de la colonie américaine des Philippines, devenue redoutable par l'installation de bombardiers lourds, et la menace latente que représente la puissante flotte américaine du Pacifique rendent nécessaires l'invasion des territoires américains du Pacifique occidental et la neutralisation de ladite flotte.

Restée dans les mémoires comme l'événement emblématique de la guerre du Pacifique, l'attaque de Pearl Harbor ne constitue pourtant qu'un objectif secondaire des opérations japonaises qui commencent le 7 décembre 1941. Il s'agit en effet de neutraliser la flotte américaine afin de laisser au gros des forces japonaises le temps de conquérir l'Asie du Sud-Est et le Pacifique occidental. Les opérations commencent d'ailleurs, deux heures avant le bombardement de Pearl Harbor, par un débarquement sur les plages de la Malaisie britannique. L'armée impériale s'empare, pendant le premier semestre de l'année 1942, d'un espace immense s'étendant de la Birmanie aux confins de l'Australie et aux îles Aléoutiennes. Si le Pacifique prend une telle importance, c'est que le seul moyen pour le Japon de s'opposer à une contre-attaque américaine est d'exploiter cette région afin d'y acquérir les ressources naturelles stratégiques qui, jusque-là, étaient majoritairement importées des États-Unis. Afin d'obtenir la coopération des populations locales, il diffuse une propagande antioccidentale fondée sur l'idée d'une solidarité asiatique sous son égide.

Bien que le Japon pratique une forme de domination plus brutale encore que celle des anciennes puissances coloniales, il n'en joue pas moins un rôle majeur dans la prise de conscience par les peuples asiatiques de la possibilité de l'indépendance. En effet, il devient évident pour les Asiatiques que si les Japonais ont pu bâtir une industrie et une armée modernes rivalisant avec celles des puissances occidentales, il n'y a pas de raison pour qu'eux-mêmes ne puissent pas en faire de même.

L'effritement du prestige des « nations blanches » remonte à la victoire japonaise contre la Russie en 1905, événement dont l'impact ne saurait être sous-estimé. C'est pour cette raison que le gouvernement général d'Indochine s'oppose fermement à la présence de troupes japonaises à Hanoï pendant l'été 1940. L'action japonaise ne vise pourtant pas à l'émancipation des pays asiatiques. Si certains territoires se voient accorder une forme d'autonomie au sein de la Sphère de coprospérité, tel n'est pas le cas de l'Indonésie qui est vouée à être annexée en raison de son importance stratégique. Ainsi Sukarno, qui collabore pourtant avec les autorités japonaises dans les Indes néerlandaises, n'est pas invité à Tokyo lors de la Conférence de la grande Asie (Dai Toa Kaigi) en novembre 1943. Quant au leader birman Ba Maw, au président philippin José Laurel, ou à l'activiste indien Subhas Chandra Bose, s'ils coopèrent avec le Japon, c'est avant tout par calcul. Ils savent que l'occupation japonaise exerce un pouvoir dissolvant sur l'influence des puissances coloniales occidentales et que plus elle durera, plus leur retour sera difficile.

Aux origines de l'émergence de l'Asie

Quand vient la certitude de la défaite, le Japon provoque ou soutient l'accession à l'indépendance des nations d'Asie du Sud-Est. C'est notamment le cas en Indochine, où le coup de force du 9 mars 1945 mène à l'indépendance du Vietnam, du Cambodge et du Laos. Ces indépendances restent largement formelles, mais le vide créé par l'élimination de l'appareil administratif et sécuritaire français permet au Viêt-minh d'étendre son champ d'action.

Au moment de la reddition japonaise, le 15 août 1945, tout retour au *statu quo ante* est impossible. En Chine, l'occupation japonaise a fortement affaibli le Kuomintang, créant un boulevard à un parti communiste que le Japon prétendait pourtant combattre. En Asie du Sud-Est, les partis indépendantistes, s'appuyant sur des embryons de forces armées créées souvent à l'initiative des Japonais – c'est notamment le cas en Birmanie et en Indonésie – sont assez forts pour pousser les autorités coloniales à la négociation – en Birmanie – ou rendre leur retour particulièrement difficile – en Malaisie, en Indonésie, au Vietnam.

Dans les mois qui suivent la défaite japonaise, l'Asie orientale change radicalement de physionomie. La Chine n'est plus la proie des appétits étrangers, recouvrant l'indépendance qu'elle avait perdue au siècle précédent. La Birmanie fait de même, tandis que l'Indonésie naît en tant que pays souverain, et que la Thaïlande répudie son alliance forcée avec le Japon pour devenir un fidèle allié du camp occidental. Le Vietnam proclame de nouveau son indépendance le 2 septembre 1945, mais cette fois, ce sont les communistes qui mènent la danse.

La guerre du Pacifique a fait de la région Asie-Pacifique une région capitale pour les relations internationales. Rappelons, en effet, que c'est cette région – et non l'Europe – qui est le théâtre des conflits et événements politiques les plus importants de la période d'après-guerre et que le conflit mené par le Japon en a été un des principaux facteurs déclencheurs. Les dernières phases de la guerre civile chinoise, de la guerre de Corée, de la guerre d'indépendance indonésienne et de la guerre d'Indochine sont directement liées à l'action du Japon de 1941 à 1945 qui, en détruisant l'ordre colonial occidental et en flétrissant le prestige des nations occidentales, a ouvert la voie à la décolonisation.

Les différentes régions d'Asie orientale et d'Océanie occidentale deviennent, au lendemain de la guerre du Pacifique, le théâtre des jugements de cinq mille sept cents criminels de guerre japonais, dont deux cent trente à Saïgon lors d'un procès organisé par la France. Ils sont néanmoins éclipsés par celui qui a lieu à Tokyo de mai 1946 à novembre 1948. Pendant asiatique du procès de Nuremberg, il aboutit à la condamnation à mort de sept criminels de guerre. Quoique important, ce procès intéresse peu une population japonaise qui peine à survivre dans un pays affamé et ravagé par les bombardements aériens – dont deux atomiques. Pour le Japon, 1945 restera comme l'année zéro. Personne ne se doute alors qu'il sera l'auteur du plus remarquable des miracles économiques de l'après-guerre.

LA GUERRE COMME MYTHE FONDATEUR DE LA « NOUVELLE CHINE »

Arnaud Duval

Si, au sujet de la Seconde Guerre mondiale en Asie, les Occidentaux évoquent volontiers la « guerre du Pacifique », formule neutre et consensuelle, le discours officiel chinois emploie des dénominations variées pour décrire cette période, parlant tour à tour de « guerre de résistance contre le Japon » (1937-1945) et de « guerre de résistance du peuple chinois contre l'agression japonaise » (1931-1945). Ce récit national a évolué depuis la création de la République populaire en 1949, instrument de mobilisation sociale mais aussi outil de légitimation de l'action politique jusqu'à aujourd'hui.

La Mandchourie, le grand jeu en Extrême-Orient

Tout aussi spectaculaire, dramatique et symbolique qu'elle ait été, la guerre du Pacifique et le duel entre le Japon et les États-Unis ne sont en effet qu'un épisode tardif de la Seconde Guerre mondiale en Asie où le conflit a commencé bien plus tôt, en Mandchourie plus précisément.

Ni chinois ni russe, ce territoire est soumis à tour de rôle au XIXe siècle à l'autorité chinoise et à l'autorité tsariste.

Au lendemain de la Première Guerre mondiale, il connaît une folle croissance, due à la production agricole et au développement d'une activité lucrative peu louable : le commerce de l'opium qui, affiné en morphine, va poursuivre ses ravages en Extrême-Orient jusqu'en 1945.

L'irruption soudaine des ambitions japonaises change radicalement la donne et rompt les équilibres précaires. Avec la restauration Meiji de 1868, le Japon opte pour un État dirigiste fort, conscient que les nations se trouvent alors confrontées à la problématique « coloniser ou être colonisé ». Au début du XXe siècle, dans une Chine impériale qui vit ses dernières années, la Mandchourie devient l'objet de rivalités internationales entre Russes et Japonais.

Au tournant du XXe siècle, les incidents se multiplient. Un premier conflit sino-japonais rompt définitivement le lien très privilégié qui perdurait depuis des siècles entre l'empire chinois et la Corée, les Chinois subissant là une rapide défaite et une lourde humiliation à un moment où s'accélère l'essor industriel des pays les plus riches. Cette inversion des rapports de forces en Asie du Nord-Est se confirme en 1905 après une nouvelle et cinglante victoire militaire japonaise, cette fois-ci aux dépens d'un empire russe en déliquescence.

La fameuse bataille de Moukden marque en mars 1905 un tournant décisif sur l'échiquier de l'Asie orientale : pour la première fois, une puissance « blanche » (pour utiliser les catégories de l'époque) se trouve défaite par un peuple « de couleur ». Ces conflits sont d'une intensité nouvelle. Bien loin des guerres de type colonial, ils préfigurent déjà les guerres modernes qui vont émerger dans cette première moitié du XXe siècle. Le Japon prend pied au sud de la Mandchourie. En brisant l'expansionnisme russe en Extrême-Orient le Japon a certainement gagné, au moins à cette époque, l'admiration des peuples d'Asie.

Si la Mandchourie et la Mongolie restent, pour les autorités japonaises, des territoires à conquérir, bien au-delà de la sphère chinoise des Han, la Chine perçoit ces épisodes comme une atteinte à sa propre souveraineté. C'est dans ce contexte particulièrement bouillonnant et fragile qu'a lieu l'un de ces événements oubliés qui ont pourtant changé le cours de l'histoire en Asie. S'il fut en pratique insignifiant, ses prolongements ont eu des répercussions jusqu'en 1945. Une petite bombe, lancée par un officier japonais le 18 septembre 1931 sur une section de voie ferrée japonaise à proximité de Moukden et qui ne fit sur le coup que des dégâts matériels mineurs, allait faire voler en éclats tout l'équilibre de la sous-région et lancer la « guerre de Quinze Ans ».

À l'époque, on ne parle encore que d'« incidents ». Les objectifs visés par le Japon apparaissent alors peu identifiés tant les points de vue divergent au sein de l'état-major japonais. L'officier nationaliste Kenji Ishiwara, commanditaire de l'attentat sans que sa hiérarchie en soit informée, est un adepte du panasiatisme. Il milite en faveur de l'établissement d'une « ligue d'Asie de l'Est » où Chine, Corée, Japon et Mandchourie formeraient un bloc économique et militaire unifié, une union des Asiatiques contre les Européens. Ishiwara est convaincu que la guerre est inévitable entre le Japon et les États-Unis, la « guerre finale », seule voie selon lui pour sauver l'âme d'un Japon en perdition. Il est foncièrement opposé à l'invasion de la Chine, lui préférant au contraire la concentration des troupes japonaises en Mandchourie en vue d'une guerre contre l'Union soviétique. Paradoxalement, ce partisan d'une alliance avec la Chine et d'une plus vaste alliance panasiatique qui ferait front contre l'impérialisme occidental, aura mis en place les conditions d'un conflit sans pitié, dévastateur, barbare, qui envenime encore les relations sino-japonaises plus de soixante-dix ans après sa conclusion.

La Chine fracturée en trois blocs antagonistes

En effet, à partir de 1931, les événements se succèdent en Chine et amplifient le ressentiment antijaponais de la population chinoise, préludes à la seconde guerre sino-japonaise. Alors que l'empire du Japon envahit la Mandchourie, annexant son territoire pour y établir un État fantoche, le Mandchoukouo, des incidents se produisent parallèlement à Shanghai où le Japon exerce une présence active au sein de la concession internationale, dans le district de Hongkou. Des manifestations appellent au boycott par les Chinois des produits japonais, ce qui incite les Japonais à masser leurs troupes autour de Shanghai. Les hostilités qui s'ensuivent annoncent l'intensité d'un conflit qui va rapidement dégénérer. Alors que trois jeunes soldats japonais se font exploser dans les tranchées chinoises, la propagande japonaise glorifie ce qu'elle croit être une attaque suicide, les qualifiant glorieusement de « bombes humaines ». L'idéal japonais de parvenir à établir un régime pro-japonais en Chine éclate sous les violences et la force destructrice de cette ambition. La haine commence inexorablement son travail de sape.

Au moment où l'Europe voit arriver avec une perplexité doublée d'anxiété Hitler au pouvoir en Allemagne, la Chine se retrouve divisée en trois ensembles politiquement indépendants, trois espaces qui vont vivre des expériences différentes et ressentir le conflit avec chacune un prisme particulier : la région sous protectorat japonais, limitée dans un premier temps au Mandchoukouo puis élargie à partir de

1937 jusqu'au bassin Shanghai-Nankin, la Chine de Nankin puis de Chongqing où se réfugie finalement le gouvernement nationaliste de Tchang Kaï-chek, et enfin la Chine de la guérilla communiste, en lutte pour sa survie, qui se disperse dans des zones reculées et dont une partie des combattants se réfugie dans les montagnes du Shaanxi après un périple autant rocambolesque qu'épuisant.

À Pékin, l'ancienne capitale impériale, la situation est instable. La ville compte alors un million et demi d'habitants dont seulement deux à trois mille étrangers retranchés dans le quartier des légations, une Europe en miniature. En ces années particulièrement troublées, nombreux sont les Russes qui fuient le monde bolchévique et viennent trouver refuge à Harbin, Pékin, et Shanghai, après un voyage éprouvant à travers les steppes sibériennes. Les étrangers vivent en grande majorité confortablement, souvent grâce à un héritage dont ils n'auraient pu faire grand-chose chez eux, des Allemands qui n'avaient pas à se soucier d'Hitler, des Américains riches avec leurs dollars indexés sur l'argent, loin du tumulte de la Grande Dépression. Pour l'heure, des régiments garantissent aux habitants du quartier des légations une certaine sécurité contre la voracité des seigneurs de la guerre, les ambitions de plus en plus ouvertes des Japonais ainsi que de la société secrète du Lotus blanc qui sème la terreur autour de Pékin. La région est encore le terrain de jeu d'une heureuse élite... pour quelque temps seulement encore.

Depuis l'occupation de la Mandchourie et malgré l'engagement des Japonais de ne pas laisser leurs troupes franchir la Grande Muraille, on considère Pékin comme une terre perdue dont l'ambitieux voisin s'emparera dès qu'il en aura l'occasion. Plus au nord, des mercenaires japonais, ces « bandits nains » comme les désignent aussi la rue pékinoise, acheminent morphine et héroïne depuis la Mandchourie avec la complicité de Tokyo. Le tigre japonais est prêt à bondir. Pour contrer l'invasion de la Mandchourie par les Japonais et les groupuscules communistes, remédier aux désordres qui déstabilisent les grandes villes, un groupe de jeunes officiers chinois fonde en 1932 les Chemises bleues, une organisation pyramidale nationaliste, soutenue par le Kuomintang et Tchang Kaï-chek, qui s'inspire du fascisme italien. Leur idéologie présage la Révolution culturelle : culte du chef, xénophobie et anti-impérialisme.

La seconde guerre sino-japonaise, la dernière humiliation chinoise

La seconde guerre sino-japonaise éclate en 1937. Selon la version chinoise, c'est bien l'armée impériale japonaise qui attaque le pont Marco-Polo, aux abords de Pékin, dans la nuit du 7 juillet 1937 « déclenchant ainsi la guerre d'invasion générale de la Chine préméditée depuis longtemps », une version contredite par la plupart des historiens japonais pour qui l'« incident du pont Marco-Polo » est un événement totalement fortuit. Au-delà des interprétations quant à la nature préméditée de cet assaut, le conflit prend rapidement la tournure dramatique d'une vraie guerre, un conflit dévastateur qui marque la fin d'une période particulièrement encourageante dite *la décennie de Nankin*, une interruption violente dans le processus d'affirmation en cours du pouvoir central chinois.

Quelques mois auparavant, alors que les visées expansionnistes du Japon ne font plus guère de doute, le Komintern a poussé les communistes chinois à réaliser une nouvelle alliance avec Tchang Kaï-chek dans la lutte contre l'impérialisme japonais. Le chef de l'armée de la République de Chine consacrait alors l'essentiel de ses efforts à la lutte interne contre la guérilla communiste. Au cours d'un épisode particulièrement rocambolesque, Zhang Xueliang, un seigneur de la guerre chinois qui avait perdu son fief en Mandchourie à la faveur de la mainmise japonaise, prend l'initiative de séquestrer Tchang pour lui arracher une trêve dans la guerre civile en cours. Un front uni se met alors en place dans la douleur avec l'intégration de forces armées communistes aux troupes régulières chinoises. Staline accorde un soutien discret à cette nouvelle alliance. Trois cents pilotes soviétiques moururent par la suite sur le terrain d'opération chinois entre 1937 et 1939. Le rêve japonais d'une nouvelle alliance nippo-chinoise contre l'ennemi soviétique s'évanouit irrémédiablement.

Afin de briser ce front uni et éviter une Chine unifiée, nationaliste et antijaponaise, le Japon lance de violentes attaques contre les principales cités chinoises. Pékin est occupée le 13 août 1937 et les troupes japonaises continuent leur avancée vers le sud, favorisant l'émergence de gouvernements chinois collaborateurs dans les territoires occupés. Shanghai, où les Japonais bénéficient d'un appui logistique militaire important au sein de la concession internationale, est atteinte dans la foulée. L'armée impériale japonaise rencontre une résistance inattendue au cours de combats particulièrement intenses et féroces dans les villes et villages des environs de Shanghai.

La guerre prend de l'ampleur et une dimension tragique inédite. L'empereur Showa suspend les conventions internationales sur la protection des prisonniers de guerre puis autorise l'utilisation de gaz toxiques contre les soldats et civils chinois. Un programme d'armement bactériologique japonais, mené par le colonel Shiro Ishii et connu comme « l'unité 731 », s'ajoute à l'arsenal de guerre japonais déjà très puissant. Basé initialement à Harbin en Mandchourie, il est étendu après 1937 dans toute la Chine. Deux mille scientifiques y mèneront des expériences à grande échelle, notamment sur des cobayes humains, avec parfois l'aide d'auxiliaires et de médecins locaux recrutés dans le Mandchoukouo. Un programme de puces porteuses de la peste permit notamment de développer des bombes entomologiques spéciales *yagi* utilisées à partir de 1940 dans la région de Ningbo. C'est le début de la formidable campagne de résistance du peuple chinois face à une armée autrement plus moderne et disciplinée, une puissance de feu nouvelle en Asie.

Le sac de Nankin, la capitale du gouvernement nationaliste tout juste désertée par Tchang Kaï-chek et ses troupes, perpétré durant l'hiver 1937-1938, devient l'événement emblématique de cette seconde guerre sino-japonaise par sa cruauté, l'absolu mépris affiché par les troupes japonaises envers la population civile et les exécutions illégales de prisonniers de guerre chinois. C'est de loin l'épisode le plus traumatisant de cette guerre de quinze ans. Les Chinois se lancent dans une lutte désespérée et rejoignent l'intérieur du pays où les montagnes représentent autant d'obstacles naturels. Les forces japonaises poursuivent ainsi les forces chinoises le long du fleuve Yangzi jusqu'à Wuhan où Tchang Kaï-chek s'est retranché dans un premier temps. Pour ralentir l'avancée des troupes impériales, les nationalistes font sauter dans le Henan les digues du fleuve Jaune. Une gigantesque inondation provoque un désastre environnemental, des millions de Chinois se retrouvent ainsi abandonnés, sans logis. Autant de déplacés qui apporteront ultérieurement un soutien aux forces communistes et participeront largement aux actions de guérillas. La bataille qui s'ensuit dure plus de quatre mois et implique plus d'un million de paysans-soldats chinois face à des forces japonaises bien équipées et aguerries. C'est la première des batailles majeures menées par les forces nationalistes, contrairement aux récits récurrents des communistes pour lesquels leurs opposants politiques ont veillé à éviter le combat. D'énormes sacrifices humains sont consentis durant ces premières années du conflit par les forces chinoises nationalistes.

La guerre en Chine s'intègre au théâtre extrême-oriental de la Seconde Guerre mondiale

Au début de l'année 1939, alors que les tensions s'exacerbent en Europe et que le péril nazi s'affirme avec force, la Chine a déjà subi sur son sol deux années de guerre et d'exactions intenses. Le conflit s'installe dans la durée d'autant que Soviétiques et Anglo-Saxons soutiennent secrètement des forces chinoises asphyxiées par un ennemi supérieur en armes qui occupe son territoire utile, sa façade orientale et maritime.

La confrontation entre les Alliés et les forces de l'Axe Rome-Berlin-Tokyo embrasent à partir de cette année-là l'Europe qui s'enfonce dans une longue période de chaos, de combats et de crimes de masse. Paradoxalement, le théâtre d'opérations chinois ne va pas connaître de bouleversements majeurs et la situation va se figer pour un temps. Le Japon en profite pour s'installer durablement. Il favorise à partir de 1940 l'éclosion d'un gouvernement collaborateur à Nankin sous la direction d'un ancien nationaliste, Wang Jingwei, rapidement reconnu comme l'autorité légitime de la Chine par l'Allemagne et l'Italie. Il reste aujourd'hui dans la mémoire chinoise, sur le continent comme à Taïwan, comme un traître et un renégat à la cause chinoise.

L'armée impériale japonaise occupe Shanghai en 1941 où près de vingt mille Juifs ont trouvé refuge, parfois sans passeport ni visa, un asile aussi exotique qu'inespéré pour cette population errante qui fuit les persécutions en Europe. Malgré l'exiguïté de leurs logements et les mauvais traitements des Japonais, les Juifs de Shanghai échappent à l'extermination systématique pourtant réclamée par les nazis.

À compter de 1939, le conflit en Asie commence à s'étendre en dehors de la Chine et son internationalisation entraîne l'intervention graduelle des puissances alliées. Les Japonais se retournent dans un premier temps contre les Soviétiques, encouragés par le pacte anti-Komintern signé avec l'Allemagne nazie dès 1936. Hitler a d'autres priorités et d'objectifs à court terme. Le pacte de non-agression germano-soviétique conclu à l'été 1939 stupéfie l'Europe mais également le Japon, en plein conflit armé sur la frontière avec l'URSS. L'option japonaise au Nord a vécu. Ne pouvant plus compter sur l'allié nazi, Tokyo retourne son effort expansionniste en direction de l'Asie du Sud-Est. Il s'attaque aux colonies américaines et britanniques qu'il soupçonne de soutenir les forces chinoises. Toute sa façade maritime étant occupée, la Chine ne communique plus avec l'extérieur que par le chemin de fer du Yunnan vers l'Indochine et la route de Birmanie, voies d'approvisionnement que le Japon s'emploie à couper durablement.

L'heure est venue de réaliser la « Sphère de coprospérité de la Grande Asie orientale », bloc autosuffisant de pays asiatiques dirigés par la puissance impériale. L'expansion au sud pour couper les voies de ravitaillement chinois et s'assurer l'accès à des ressources naturelles va provoquer une réaction en chaîne des puissances anglo-saxonnes contre l'empire du Japon.

Cette internationalisation de la guerre sino-japonaise entraîne la mise en place d'aides étrangères dont la nature et l'origine vont évoluer en fonction des alliances et des revirements stratégiques. Tchang Kaï-chek reçoit dans un premier temps l'aide de conseillers militaires allemands jusqu'en

1938, date à laquelle l'Allemagne finit par reconnaître le Mandchoukouo et le gouvernement collaborateur de Wang Jingwei. Une aide soviétique, précieuse en ces périodes d'asphyxie économique et militaire, suivra avant de s'interrompre brutalement en 1941 au lendemain de la signature d'un accord de non-agression entre l'Union soviétique et le Japon.

Cette année 1941 marque un tournant décisif dans le conflit en Asie avec une participation plus active des Américains soucieux de contrer les ambitions hégémoniques japonaises. Les États-Unis accordent leur soutien à la Chine par l'octroi d'un prêt-bail ainsi qu'une aide en matériel et en hommes, aide toutefois très inférieure à celle reçue par le Royaume-Uni au même moment. Un militaire américain, Claire Lee Chennault, forme avec un corps de volontaires l'escadrille de chasse des Tigres volants, premier engagement officieux des États-Unis dans le conflit sino-japonais. Un pont aérien est ainsi institué entre Chongqing et la Birmanie pour ravitailler les forces nationalistes. Fait rare, Chennault est considéré comme un héros de guerre aussi bien en Chine qu'aux États-Unis.

L'entrée en guerre officielle des Américains fin 1941, à la suite de l'attaque japonaise contre Pearl Harbor, change les équilibres dans la région du Pacifique et place la République de Chine résolument du côté des Alliés.

Loin d'être la guerre isolée et régionale souvent décrite, le conflit sino-japonais, avec ses conséquences et une internationalisation progressive, précipite l'Asie dans l'escalade militaire et une spirale de violence qui embrase les grandes puissances.

La guerre en Chine s'intègre désormais officiellement au théâtre extrême-oriental de la Seconde Guerre mondiale. La guerre d'Asie-Pacifique proprement dite est terminée. La Chine n'en a pas pour autant fini avec la violence car la guerre civile en retrait depuis plusieurs années reprend pour une lutte finale malgré des pourparlers organisés par les Américains entre Mao Zedong et Tchang Kaï-chek en août 1945 à Chongqing.

De la guerre patriotique contre l'agresseur japonais à la guerre de libération

Pendant tout le conflit sino-japonais, communistes et nationalistes, théoriquement alliés, passent l'essentiel de leur temps à mener séparément leurs propres opérations militaires. Si le Kuomintang supporte l'essentiel de l'effort de guerre, Mao Zedong souhaite épargner ses troupes autant que possible pour consolider ses forces. L'offensive des cent régiments lancée par les troupes révolutionnaires à l'automne 1940 est révélatrice de la stratégie militaire communiste. Malgré les succès remportés sur le terrain, l'opération fut considérée comme trop coûteuse en vies humaines et les forces révolutionnaires subirent de terribles représailles de la part des Japonais. Les communistes préféreront par la suite revenir à leur tactique de guérilla bien maîtrisée.

Un temps interrompu par la lutte contre l'occupant japonais, le combat fratricide reprend graduellement en 1945 alors que les troupes nationalistes ont été durement éprouvées par les années de conflit et que les territoires sous son administration subissent une lente asphyxie économique. Un premier conflit intervient pour le contrôle de la Mandchourie suite au départ précipité des troupes japonaises. Les troupes nationalistes apparaissent alors plus faibles que les combattants communistes. Le Parti communiste aura su profiter pleinement des effets de la guerre non seulement pour assurer sa survie, mais aussi pour s'affirmer comme une force émergente et apparaître bientôt comme le sauveur de la nation. Pour les communistes, la guerre sino-japonaise fait place à la guerre de Libération, l'Armée rouge chinoise est rebaptisée Armée populaire de libération. Cette lente et inéluctable ascension connaîtra sa conclusion en 1949 avec l'arrivée des révolutionnaires communistes au pouvoir et l'avènement de la « Nouvelle Chine ».

Au sortir de la guerre, le bilan est particulièrement lourd pour la nation chinoise. En dehors des énormes dégâts économiques, les sources officielles chinoises donnent des estimations de 20 millions de personnes tuées, civils ou militaires, 15 millions de blessés et 95 millions de réfugiés, soit, selon le pouvoir communiste, plus de la moitié des victimes de la guerre en Asie-Pacifique. Si les estimations du nombre de militaires tués semblent partagées par les historiens occidentaux (environ 3,5 millions, dont plus de 3 millions de nationalistes), les pertes civiles restent difficiles à évaluer, notamment pour les victimes d'exactions japonaises. À partir de 1942, la politique des Trois Tout, « tue tout, brûle tout, pille tout », se traduit en effet par la mort massive de populations chinoises – environ 2,7 millions de civils chinois selon l'historien Mitsuyoshi Himeta –, sans compter les victimes de travaux forcés, les prisonniers de guerre, les innombrables déplacés ainsi que les « femmes de réconfort » forcées de se prostituer auprès des militaires japonais qui restent comme une trace indélébile dans la mémoire collective nationale et régionale. Une sévère sécheresse, qui touche à l'hiver 1942 la région du Henan, déclenche par ailleurs une famine massive et la mort de près de 3 millions de Chinois. Des drames humains qui s'ajoutent aux victimes de la répression, principalement menée par les forces nationalistes. Au total, les estimations du nombre de victimes civiles, directes ou indirectes, restent imprécises et s'étendent de 8 à 15 millions de morts.

La Chine face à son histoire : une relecture politique

Alors que la Chine faisait preuve jusqu'au début des années 1980 d'une amnésie toute relative sur les atrocités commises par les Japonais durant ces années d'occupation et de conflits, les campagnes d'éducation patriotiques se sont par la suite développées sous l'ère de Jiang Zemin dans les années 1990. L'avènement de la troisième génération de dirigeants chinois, après l'ère de Hu Yaobang, considéré comme nippophile et qui mena une politique de normalisation avec le voisin japonais dont l'économie est alors à son apogée, s'accompagne d'une diminution de l'autorité des dirigeants, moins charismatiques que précédemment. Dans un contexte international en outre marqué par l'effondrement précipité du monde soviétique, la Chine a alors recours au nationalisme pour renforcer la cohésion des masses et consolider la légitimité du Parti communiste. La réémergence du massacre de Nankin dans la mémoire collective chinoise, jusque-là enfoui et passé sous silence, intervient à la fin des années 1980. Il est choisi comme thème central d'un des trois grands musées dédiés à la Seconde Guerre mondiale et les victimes de cet épisode tragique sont élevées au rang de martyrs sacrés.

Un discours antijaponais plus radical se développe après 2005 et des manifestations d'une violence toutefois contrôlée se déroulent en Chine suite à la publication au Japon d'un manuel d'histoire, pourtant critiqué et peu diffusé dans l'archipel, qui passe sous silence les aspects les plus condamnables de l'occupation nippone en Chine. La masse considérable de souffrances et de rancœurs individuelles rejaillit au terme d'un long déni. Des revendications mémorielles chinoises naissent en réaction des positions révisionnistes dans l'archipel. Alors que la question historique semblait réglée, la visite de Jiang Zemin au Japon en 1998, réclamant bien davantage que de simples excuses orales, fut ainsi perçue par les Japonais comme une provocation. L'histoire redevient un des acteurs des relations sino-japonaises.

À l'arrivée de Xi Jinping à la tête du Parti communiste chinois puis de l'État en 2012, la sirène patriotique se met à retentir de plus en plus fort. Il semble temps pour la Chine de reprendre une place politique majeure dans le concert des nations. Pour ce faire, des campagnes d'éducation patriotiques redoublent d'intensité dans tout le pays. Il faudra attendre 2015 pour qu'un premier défilé militaire soit organisé afin de commémorer la fin de la Seconde Guerre mondiale. L'occasion pour le président chinois de réclamer avec force la révision de la contribution de la Chine à la victoire des Alliés dont la portée a été, selon lui, largement minimisée en raison de la guerre froide. Un oubli de l'histoire d'autant plus injuste que la Chine répète haut et fort qu'elle fut la première nation d'envergure à lutter contre une agression des forces de l'Axe, qu'elle fut le principal champ de bataille en Extrême-Orient où la guerre aura éclaté le plus tôt et aura duré le plus longtemps, qu'elle a payé de loin le plus lourd tribut en vies humaines parmi les forces alliées et que la formidable résistance de son peuple aura permis de mobiliser pendant près de huit ans l'essentiel des forces militaires japonaises sur son territoire. La même année, le pouvoir chinois déclare le 13 décembre, « Journée nationale du souvenir des Chinois victimes des Japonais » – en commémoration du massacre de Nankin perpétré par l'envahisseur japonais –, et le 18 septembre, « Jour national d'humiliation » – en référence à l'incident de Moukden –, les deux dates emblématiques choisies par le parti au pouvoir pour symboliser la lutte du peuple chinois contre l'agression japonaise. Les manuels d'histoire, jusqu'ici davantage concentrés sur les événements historiques relevant de la politique intérieure, vont désormais intégrer plus largement la question historique sino-japonaise. Le récit national, qui fait de la Chine une victime perpétuelle, est reformulé autour de la lutte contre l'impérialisme japonais.

L'agression japonaise est considérée par les Chinois non seulement comme le plus grand mais surtout le dernier affront national au terme d'un « siècle d'humiliation » et d'agression par les puissances étrangères. Pour la Chine, le « rêve chinois » tant promu par Xi Jinping et porté exclusivement par le Parti communiste, dont le rôle contre l'envahisseur japonais est systématiquement réévalué, commence le jour de la victoire en 1945. La guerre, désormais commémorée avec force, est élevée au rang d'événement fondateur de la Nouvelle Chine.

Manuels d'histoire : un angle sino-centrique assumé

Le Parti communiste chinois a bien des raisons de déformer l'histoire de la Seconde Guerre mondiale. Le rôle qu'il a pu y jouer est sans aucun doute à relativiser et accorder trop de crédit aux nationalistes pourrait saper sa légitimité, sujet plus que sensible à Pékin. Même si le récit national a tendance depuis quelques années à associer des vétérans nationalistes dans le souvenir et les commémorations officielles, les considérations politiques sont souvent en embuscade, la Chine cherchant avant tout à trouver des points de rapprochement avec la province rebelle de Taïwan.

La réunification de la nation chinoise et l'instauration d'un monde stable et harmonieux sont les deux objectifs principaux exprimés par le pouvoir actuel. C'est à l'aune de cette ambition que doit être comprise la formulation du récit mémoriel officiel chinois.

Les récits historiques nationaux sont par définition centrés sur un seul pays et les Chinois ne dérogent pas à cette règle. Les épisodes de la fin de la Seconde Guerre mondiale en Asie, dissociés de la guerre patriotique contre l'agresseur japonais sont relatés succinctement. Les manuels scolaires chinois au collège font ainsi peu mention des attaques atomiques sur Hiroshima et Nagasaki. Alors que les Japonais se contentent principalement de lister des faits historiques sans faire preuve d'excès de patriotisme, le discours officiel chinois narre un conte héroïque fortement politisé, une glorification des faits de résistance et de libération du territoire ainsi qu'une certaine diabolisation des ennemis, sans s'étendre davantage sur la souffrance des pays voisins. La guerre antijaponaise s'avère toujours un thème populaire et politiquement sûr pour les médias chinois et son instrumentalisation parfois évidente. Le film *Our Time Will Come*, présenté à Hong Kong alors que la cité fait face à de violentes manifestations contre les ingérences répétées de Pékin, dépeint une résistance très active et quasi exclusivement communiste contre l'occupant japonais.

Malgré ce nationalisme d'État, on assiste en parallèle depuis peu à l'apparition de nouvelles formes d'expression plus individuelles qui émergent ici et là de la société civile. Des musées privés sur la dernière guerre ont notamment vu le jour à Chengdu, dans la province du Sichuan, avec de nombreux témoignages de vétérans dans une zone alors entièrement contrôlée par les nationalistes. Une expérience similaire a vu le jour le long du fleuve Yangzi Jiang, jusqu'à Chongqing, le fief de Tchang Kai-chek pendant la guerre.

L'âge avancé des vétérans et des acteurs de ce passé les pousse aujourd'hui plus qu'hier à raconter leur expérience aux nouvelles générations. Ces importants témoignages d'individus ordinaires rendent cette histoire mémorielle collective plurielle et riche. Certains intellectuels chinois, pour qui le Parti vole au peuple la vérité sur sa propre histoire, n'hésitent pas à remettre en cause le récit historique officiel.

Les aspirations à construire une mémoire transnationale en Asie sont bien plus le fait du Japon et de la Corée du Sud que de la Chine, encore occupée à unir un gigantesque territoire national et à travailler à la cohésion de sa société après plusieurs décennies de transformation majeure et ne faisant preuve d'aucune concession sur ces sujets de territorialité et de souveraineté jugés stratégiques comme ceux relatifs à Hongkong, Taïwan, un territoire frontalier de l'Inde dans l'Himalaya ainsi que la réclamation ou la possession d'îles et récifs en mer de Chine du Sud.

Au-delà des faits historiques, il apparaît politiquement difficile aux pays est-asiatiques de s'accorder sur un récit commun compte tenu des contextes nationaux et des trajectoires politiques divergentes prises par les acteurs suite au rendez-vous manqué en Asie à la fin de la Seconde Guerre mondiale. Depuis dix ans, les conflits territoriaux et historiques se sont d'ailleurs enchaînés en Asie orientale. Si le pluralisme historique ne peut être toléré chez soi entre les différentes parties en conflit, quel espoir reste-t-il pour une réconciliation historique entre pays ? Le modèle européen d'intégration ne s'exportera pas de sitôt en Asie, malgré les initiatives de rapprochement comme la rédaction d'un manuel alternatif d'historiens chinois, coréens et japonais, *CJK* (China-Japan-Korea), publié en trois langues en 2005.

Et si les manuels scolaires sont plus passionnés en Chine, et probablement en Corée, c'est que dans ces deux pays la construction de l'État-nation y est toujours en cours et apparaît encore prioritaire. Ne trahissent-ils pas l'inachèvement insupportable du grand dessein d'unité nationale et de puissance souveraine ?

LA DÉNAZIFICATION VUE PAR LES ALLEMANDS

Fabien Théofilakis

En 1951 paraissait en Allemagne de l'Ouest l'un des plus grands succès de librairie de la jeune république fédérale. Son titre résumait à la fois un projet allié de grande ampleur, une première confrontation des Allemands au passé nazi et surtout un échec politique : *Der Fragebogen* soit « Le Questionnaire », en référence au document que les Allemands avaient dû remplir dans le cadre de la dénazification. En cent trente et une questions – sept pages –, ils avaient dû y mentionner leur affiliation au parti nazi, leurs activités au sein d'organisations nazies, leurs écrits et discours, leurs revenus et leurs voyages à l'étranger, leur appartenance à des partis politiques et leur connaissance en langues étrangères.

L'ouvrage, vendu à deux cent trente-six mille exemplaires en deux ans, dut son succès à son auteur comme à son propos. Ernst von Salomon avait déjà un passé – voire un passif – quand il publia cette autobiographie en forme de réponse au questionnaire, d'abord comme activiste révolutionnaire d'extrême droite dans les premières années de la république de Weimar marquées par la violence, puis comme essayiste et journaliste.

L'ouvrage de huit cents pages dessine l'image d'un peuple allemand opposé en son for intérieur au nazisme, lequel aurait été le fait d'une petite classe dirigeante, tandis que l'occupation américaine est présentée comme un régime d'injustice bafouant au quotidien les principes qu'elle est censée diffuser. Quatorze mois d'internement en Bavière dans le cadre d'une « arrestation automatique » appliquée par les autorités américaines responsables de la dénazification nourrissent chez Salomon une critique fondamentale de la politique d'occupation qu'il discrédite en assimilant camps d'internement administratif et de concentration, pratique américaine d'occupation et politique nazie d'extermination. *Der Fragebogen* symbolise alors ce rejet d'une dénazification bureaucratique considérée « comme politiquement stupide, humainement infâme et juridiquement impossible ».

Pour autant, conclure du succès du livre d'Ernst von Salomon le rejet pur et simple par les Allemands de la tentative des Alliés de supprimer l'idéologie nazie ainsi que toute influence nationaliste et militaire de l'Allemagne vaincue reviendrait à nier l'ampleur de la tâche, la singularité des pratiques selon les zones d'occupation et la complexité du rapport des Allemands d'alors au national-socialisme. L'historiographie aurait-elle jugé trop vite ? Les Alliés ont-ils visé juste ? Les Allemands ont-ils fait *in fine* amende honorable ?

Des premières années d'après-guerre à l'adoption des lois d'amnisties à partir de 1946, les Alliés, les élites allemandes et la société de la capitulation sans conditions ont dû relever un défi inédit, à la mesure de la nouveauté qu'a constituée le nazisme avec sa mobilisation de masse : créer les conditions politiques, sociales et économiques durables pour fonder une nouvelle Allemagne dès lors qu'il n'était pas possible de punir tous les membres du parti nazi, sinon – comme le relève un jeune Allemand interrogé, avant la fin de la guerre, par la Psychological Warfare Division américaine – « il ne resterait plus d'Allemands ».

La dénazification, un but de guerre allié

En posant, en novembre 1943, le jugement des criminels nazis comme un but de guerre, dans la lignée de la déclaration de Saint-James en janvier 1942, le Royaume-Uni, les États-Unis et l'Union soviétique intègrent dans les plans qu'ils dessinent pour l'après-guerre la question de la dénazification en Allemagne. Ils doivent alors concevoir une politique permettant d'évaluer l'implication de 66 millions d'Allemands dans la société nazie : pas seulement les membres des organisations bientôt reconnues comme criminelles par le tribunal de Nuremberg, à l'instar de la Gestapo (32 000 membres fin 1944) ou la SS (594 443 membres en juillet 1944), pas seulement les 8,5 millions de membres du parti nazi en 1945, mais aussi les 22 millions d'adhérents du Front du travail allemand jusqu'en mai 1945 et les 10 millions de femmes engagées dans la Ligue nationale-socialiste des femmes ainsi que dans l'Œuvre des femmes allemandes, et encore tous les autres adhérents des organisations – professionnelles, économiques, culturelles, sportives et éducatives – liées au régime et au parti nazis. Au final, les Alliés doivent envisager une dénazification qui englobe l'ensemble de la société allemande.

Malgré les divergences qui les séparent, les vainqueurs se mettent d'accord pour « détruire le militarisme et le nazisme allemands comme pour créer la garantie que l'Allemagne ne sera plus jamais en mesure de rompre la paix mondiale ». En février 1945, lors de la conférence de Yalta, Staline, Roosevelt et Churchill décident en matière de dénazification l'élimination et l'interdiction des lois, organisations, symboles et écrits nationaux-socialistes. Cinq mois et demi plus tard à Potsdam, ils confient l'exécution de la dénazification aux commandants en chef des quatre puissances victorieuses (la France de de Gaulle s'est entretemps invitée à la table des vainqueurs) tandis que sa coordination doit être assurée par le conseil de contrôle allié depuis Berlin. En devenant une modalité de sortie à la fois de la guerre et de douze ans de nazisme, la dénazification devient un des buts communs de la politique alliée pour l'Allemagne, souvent résumées par les « 4 D » (dénazification, démocratisation, démilitarisation, décartellisation).

La volonté de créer un cadre commun à toute l'Allemagne s'appuie sur l'expérience acquise par les Anglo-Américains dans la *défascisation* entreprise en Italie depuis l'été 1943 et pousse les services de planification, à partir du printemps 1944, à élaborer un processus à la fois praticable et unifié. L'application des principes généraux de dénazification est laissée *de facto* à l'appréciation de chaque gouvernement militaire qui devra décider, dans sa zone d'occupation, quels détenteurs de charge publique conserveront leur emploi et qui devra être licencié.

La dénazification ainsi conçue est élaborée alors qu'il n'y a plus de puissance étatique allemande et que les puissances occupantes se sont dès lors substituées au gouvernement. Le choix de procédures administratives et juridiques pour mener une dénazification à petite échelle détermine la voie retenue par les Alliés pour traiter la question de la confrontation avec l'héritage nazi en opposition à l'option d'une élimination d'un certain nombre de dirigeants nazis sans autre forme de procès. Si la dénazification ainsi conçue relève de la *Vergangenheitsbewältigung* (arraisonnement du passé), la gestion de l'héritage de la dictature nazie après 1945 n'a pas pour but premier de « réorienter » les Allemands ni même de punir judiciairement leur soutien au régime vaincu ou leur participation à ses crimes, mais relève avant tout d'une logique de sécurité, à savoir « garantir que la construction d'un ordre démocratique post-conflit ne soit pas sapé par l'influence d'anciens nazis à des postes-clés en politique, dans l'économie et au sein de la société » (Hanne Leßau, *Entnazifizierungsgeschichten. Die Auseinandersetzung mit der eigenen NS-Vergangenheit in der frühen Nachkriegszeit*, 2020). Comment les quatre puissances alliées ont-elles chacune décliné ces principes communs dans leur zone d'occupation ? Dans quelle mesure ces processus de dénazification ont-ils pu concilier participation individuelle et épuration de masse ?

La dénazification, une pratique propre à chaque zone d'occupation

À l'échelle nationale, le conseil de contrôle allié décide, par la directive numéro 24 du 12 janvier 1946, « l'élimination des nazis et personnes hostiles aux intérêts alliés de la fonction publique et des postes à responsabilité » et liste quatre-vingt-dix-neuf catégories de nazis et de personnes jugées hostiles à licencier sans considération de la personne ni examen du cas individuel. La directive numéro 38 du 12 octobre 1946 précise le cadre commun à l'Allemagne pour « l'arrestation et les peines infligées aux criminels de guerre nazis et militaristes, et l'internement, le contrôle et la surveillance des Allemands susceptibles d'être dangereux ». Dans la pratique, l'épuration politique a cependant largement devancé ces décisions.

Parmi les Alliés, les Américains sont les mieux préparés : outre qu'ils peuvent s'appuyer sur les émigrés allemands qui ont profité de leur exil pour réfléchir à l'après-nazisme, leur projet a été pensé depuis Washington par le département d'État et le département du Trésor de Henry Morgenthau, qui considèrent le national-socialisme comme une maladie dont il faut guérir le peuple allemand au moyen de sanctions sévères et durables. La directive JCS 1067 du 26 avril 1945, préparée avant même la fin de la guerre, préconise ainsi la dissolution du NSDAP et de toutes ses institutions affiliées, l'internement des hauts fonctionnaires nazis considérés comme des criminels de guerre potentiels, le licenciement de tous les membres du parti de la fonction publique ainsi qu'une épuration du système éducatif. Conçu par le département du Trésor, alors que le département d'État préconisait une épuration centrée sur les positions-clés dans l'administration, le texte sous-entend une culpabilité collective allemande pour envisager une punition de tous les Allemands comme une nation de criminels.

Appliqué du début de l'occupation à l'automne 1945, il se caractérise par l'« arrestation automatique » des criminels de guerre, des membres de la SS, de la Gestapo, du SD comme des dirigeants des organisations nazies et des membres ayant des responsabilités dans le parti nazi – soit les institutions considérées comme des « organisations criminelles » par le tribunal de Nuremberg – ainsi que les personnes influentes de la vie publique et l'épuration politique de l'appareil administratif. Au cours des huit premiers mois d'occupation, 117 512 Allemands ont alors été internés, 140 000 licenciés sur une population de 16,8 millions de personnes pour la zone américaine (recensement de 1946), sans compter les milliers de prisonniers de guerre relevant de ces catégories qui, au lieu d'être libérés, ont été transférés dans des camps de détention (Andrew H. Beattie, *Allied Internment Camps in Occupied Germany : Extrajudicial Detention in the Name of Denazification, 1945–1950*, 2021).

Outre l'arrestation automatique, les troupes combattantes lancent, lors de cette première phase, la dénazification de l'administration publique grâce au questionnaire qui doit déterminer le sort à réserver aux examinés selon cinq profils, de ceux à licencier ou à ne pas employer à ceux dont le réemploi ou l'embauche est recommandé, notamment en raison d'activité antinazie. Cette procédure excède largement les compétences linguistiques et les connaissances sur le nazisme des militaires américains qui peinent à saisir la différence entre fanatiques, opportunistes et suiveurs. « Maintenant vous *back*, plus Hitler, plus national-socialisme, plus Jeunesse hitlérienne, plus SS » lance ainsi un soldat aux prisonniers libérés.

Succès d'autant plus limité que la dénazification est considérée par les forces américaines comme secondaire par rapport à l'approvisionnement, au logement et à la restauration des institutions publiques. Ces impasses posent une question fondamentale : la dénazification peut-elle être menée de l'extérieur alors que la société allemande est encore sous l'emprise de l'idéologie nazie ? La réponse est d'autant plus urgente que les logiques de la guerre froide exacerbent la tension entre épuration politique et intégration économique à l'échelle des zones. À l'Est comme à l'Ouest, en effet, la reconstruction économique prime de plus en plus sur la sanction politique.

La dissolution du SHAEF (haut quartier général des forces expéditionnaires alliées) amène les Américains à essayer de coordonner les mesures de dénazification avec la directive de l'USFET (Forces américaines présentes sur le théâtre européen) du 7 juillet 1945 qui vient préciser les critères de licenciement, ouvrant la deuxième phase jusqu'aux amnisties de 1946. Les dispositions de la directive JCS 1067 sont reprises dans des directives administratives qui définissent plus précisément les catégories et positions soumises à la dénazification. Fin septembre, la loi n° 8 dite pour l'Allemagne vient pallier les failles apparues. Elle étend l'épuration prévue pour le service public au secteur économique : désormais, les membres du NSDAP ne peuvent occuper des fonctions supérieures à celles de travailleurs non qualifiés. Elle transfère la dénazification des troupes combattantes au gouvernement militaire de la zone d'occupation américaine (OMGUS). En quelques mois, celui-ci pose les bases juridiques d'un processus conduit par les gouvernements régionaux en lien avec la *Special Branch* de l'OMGUS. La loi numéro 8 remplace l'épuration catégorielle par une épuration individuelle et introduit un droit d'objection pour les concernés afin d'éviter d'en faire des martyrs.

Cette évolution est entérinée par les négociations entre l'OMGUS et le *Länderrat*, composé des ministres-présidents de Bavière, du Wurtemberg-Bade et de Hesse, qui marquent le début de la troisième phase. Ces négociations aboutissent, le 5 mars 1946, à la « loi numéro 104 pour la libération du national-socialisme et du militarisme » qui prévoit, dans 545 circonscriptions communales de la Zone américaine d'occupation (ZAO), l'institution de collèges avec des représentants des partis démocratiques, les *Spruchkammer* ou chambres de dénazification. Désormais, les Allemands sont responsables de l'épuration politique. Les *Spruchkammer* sont chargées d'évaluer les questionnaires que doit remplir tout citoyen allemand de plus de 18 ans selon cinq catégories fondées sur le degré d'implication dans le nazisme – coupable principal (*Hauptschuldige*), individu compromis (*Belastete*) tels les activistes, les militaristes et les bénéficiaires, individu peu compromis (*Minderbelastete*), suiveur (*Mitläufer*), individu exonéré (*Entlastete*) – et déterminer les peines, de l'amende à dix ans dans un camp de travail. La loi numéro 104 a pour effet d'épargner les personnes issues des secteurs administratifs et techniques nécessaires à la reconstruction à partir de mars 1946 et de concentrer la dénazification sur la masse des *Minderbelasteter*, permettant aux responsables nazis fortement compromis de recevoir des peines plus légères, quand ils n'échappent pas à toute sanction. D'autre part, l'accusé devant désormais prouver son innocence, se développent les « *Persilscheine* ». Ces déclarations à décharge que l'on établit entre voisins ou collègues transforment la dénazification de plus en plus en entreprise de blanchiment politique.

La dernière phase est marquée par une tension croissante entre États-Unis et Union soviétique, la formation de la bizone et le plan Marshall, ce qui amène l'OMGUS à redéfinir sa politique de dénazification. L'Allemagne de l'Ouest désormais intégrée au camp occidental, il faut reconstruire au plus vite son administration, son économie et son système judiciaire en réintégrant les anciennes élites, c'est-à-dire les anciens nazis. Dans le domaine de la dénazification, cela se traduit par une inflexion dans les pratiques, notamment des concessions vis-à-vis de ceux qui auraient été des membres de papier du NSDAP. En août 1946, l'OMGUS promulgue l'« amnistie de la jeunesse » pour tous ceux nés après 1919 et non membres du NSDAP, de la SS ou de la Gestapo. Suivant l'avis des syndicats américains, le commandant en chef, le général McNarney, amnistie, à Noël 1946, un million de suiveurs ayant un revenu annuel inférieur à 3 600 Reichmarks dans les dernières années de la guerre afin que les *Spruchkammer* se concentrent sur les cas les plus lourds. En mars 1948, les prisonniers de guerre démobilisés bénéficient de l'« amnistie de rapatriement ». Le 28 mai, la dénazification s'arrête en ZAO. Au 1er septembre 1946, 66 500 Allemands sont détenus comme nazis actifs, moitié moins qu'un an auparavant et, en décembre 1947, la ZAO ne compte plus que 13 260 « coupables » et 906 « coupables lourdement compromis ».

Dans leur zone d'occupation, les Britanniques ont mené une dénazification pragmatique (« Ce n'est pas le questionnaire qui doit être jugé mais l'homme », *Neue Ruhr-Zeitung*), moins déterminée par un programme que par des priorités locales. Contrairement aux Américains, ils n'ont pas fait de la dénazification une priorité par rapport à la question de l'approvisionnement et la nécessité de rapidement restaurer l'économie. Le questionnaire n'est ainsi obligatoire que pour les personnes en poste à des positions-clés. Des secteurs entiers sont épargnés par l'épuration comme les mines et l'agriculture, tandis que d'autres, telle l'administration, conservent un nombre suffisant de personnes en poste pour permettre la continuité du service. Toutefois, les criminels de guerre qui forment la grande majorité des quatre-vingt-dix mille personnes internées en Zone britannique d'occupation (ZBO) subissent un traitement plus sévère, notamment parmi les hauts gradés jugés par des tribunaux *ad hoc* et les secteurs-clés comme les services publics et l'éducation sont épurés avec une plus grande énergie.

Autre différence avec la dénazification américaine, les autorités britanniques ont gardé leur pouvoir décisionnaire : les « comités principaux » allemands institués en janvier 1946 ne formulent que des avis à destination de la Public Safety Branch du gouvernement militaire. En 1947, les comités de dénazification ne peuvent statuer que sur la responsabilité politique des groupes les moins compromis tandis que les Britanniques continuent à examiner eux-mêmes la culpabilité juridique des responsables des deux catégories des plus impliqués. En octobre, cette remise de l'épuration politique aux mains des Allemands qui accompagne la reprise de la procédure américaine de *Spruchkammer* éveille alors le soupçon de vouloir faire porter la responsabilité d'un échec aux Allemands.

Si la dénazification en Zone française d'occupation (ZFO) se caractérise par une certaine improvisation – due notamment à la courte phase de préparation –, les autorités basées à Baden disposent, contrairement aux Britanniques, d'une expérience d'épuration avec leur propre sortie de guerre. Elles en retiennent le principe selon lequel seuls ceux au fait des relations locales peuvent agir ; et décident de remettre aux Allemands, sous contrôle, la responsabilité de la dénazification dès octobre 1945. Le gouverneur civil, Émile Laffon, promeut ainsi une « épuration par les Allemands eux-mêmes », longtemps perçue comme le signe d'un laisser-faire d'un occupant davantage intéressé par le démontage des moyens de production au profit de la France et par la décentralisation politique. L'auto-épuration conçue par le socialiste Laffon devait, avec la « rééducation », assurer le maintien de la paix par l'intégration européenne, ce qui impliquait de faire participer les Allemands, alors que la politique des démontages portée par le gouverneur militaire de la zone, le général Kœnig, visait à y parvenir en brisant les structures militaristes.

À partir de l'automne 1945, la dénazification est entreprise à deux niveaux : au sein des comités d'enquête des districts composés de représentants de la résistance politique, syndicale et religieuse, et dans les branches professionnelles ; dans les commissions centrales de dénazification, qui reçoivent les propositions de sanction à appliquer. Les disparités régionales sont toutefois fortement marquées jusqu'à la reprise de la procédure de *Spruchkammer* mi-1947. En ZFO également, la dimension juridique prend alors le pas sur l'aspect politique et administratif dans la mesure où la présidence des nouvelles *Spruchkammern* est confiée à des magistrats professionnels. Ces nouvelles instances doivent gérer un nombre inattendu de demandes de révision dont les issues plus clémentes et les amnisties décidées à partir de mai 1947 portent un coup fatal à la perception de l'épuration. Comme dans la zone d'occupation britannique, la dénazification française s'est essentiellement limitée à l'épuration de l'administration visant à remplacer les élites.

Au final, fin février 1950, dans la trizone – les zones française, américaine et britannique –, 3 660 648 cas ont été traités dans le cadre de la dénazification. 0,17 % ont été classés comme coupables principaux par les *Spruchkammern* en ZAO et 0,002 % par celles de la ZFO (la donnée manque pour la ZBO). À l'opposé, les « exonérés » (*Entlastete*) représentent 1,9 % des cas jugés en ZAO, 58,4 % en ZBO et 0,52 % en ZFO. Enfin, les *Spruchkammern* ont reconnu 51 % des cas comme suiveurs en ZAO, 10,8 % en ZBO et 44,6 % en ZFO, tandis qu'un tiers des cas en ZOA ont vu leurs procédures être arrêtées, 29,4 % en ZOB et 52,2 % en ZFO. L'introduction des cinq catégories, en offrant un large éventail de sanctions, permet ainsi un traitement plus individualisé des cas. Même si le questionnaire est resté l'instrument central de la dénazification, son usage montre que « la menace potentielle en matière de sécurité n'[est] plus le seul facteur évalué, alors qu'un jugement de valeur [a été] porté sur le rôle sous le national-socialisme des personnes concernées par la dénazification » (Hanne Leßau). L'État ouest-allemand, fondé en mai 1949, met fin aux procédures de la dénazification : le 15 décembre 1950, le Bundestag adopte la loi d'application de l'article 131 de la Loi fondamentale qui ouvre la réintégration des membres du service public licenciés pour raison politique tandis qu'après le 1er janvier 1951 seules sont possibles les procédures contre les principaux coupables et les compromis.

L'image d'une dénazification réussie fait partie des mythes fondateurs de la RDA comme État antifasciste et renvoie à une pratique épuratoire en Zone soviétique d'occupation (ZSO), qui fait de la dénazification, pour les Soviétiques, un moyen de renverser l'ordre social. Elle ne se limite pas à une dimension politique mais vise à un changement des élites dans la police, l'administration, la justice et l'école comme à une redéfinition des rapports de propriété dans l'industrie et l'agriculture. Selon une interprétation qui voit dans le national-socialisme, le dernier stade du capitalisme, la dénazification est donc mise au service d'un bouleversement politique, social et économique pour créer une nouvelle Allemagne dominée par le parti socialiste unifié d'Allemagne (SED), qui devient le parti unique est-allemand, en plaçant des représentants de la classe ouvrière à des postes-clés comme pour garantir la sécurité à ses voisins en brisant l'influence des « monopolistes » et des « Junker », incarnations du militarisme, de la grande propriété foncière et de la grande industrie.

Avant l'installation de l'Administration militaire soviétique (SMAD) en juillet 1945, la dénazification est prise en charge, à l'échelle locale, par des comités antifascistes sous direction communiste. De façon beaucoup plus radicale et idéologique que dans les trois zones d'occupation occidentales, elle prend la forme d'internement dans dix « camps spéciaux », gérés par le NKVD, le Commissariat du peuple aux affaires intérieures qui dirige notamment la police politique, tandis que les membres de la SS, le corps de direction de la Waffen-SS et la SA sont déportés en URSS dans des camps de travail forcé. À l'automne 1945, un « bloc antifasciste-démocratique » dominé par le Parti communiste allemand (KPD) puis le SED promulgue les lois d'épuration confiée à l'échelle des *Länder* et des districts à des commissions chargées de procéder aux épurations professionnelles, en visant les postes-clés dans l'industrie et l'économie ainsi que dans les services publics, avec toutefois de fortes disparités locales, même si l'administration militaire soviétique constitue la dernière instance de décision. Si la dénazification en ZSO a été la plus brutale des quatre zones, elle est celle qui s'est arrêtée le plus tôt, par l'ordre numéro 35 du 26 février 1948.

Sur les 140 600 cas traités depuis 1947, 53 % ont été classés comme suiveurs. Au total, 390 500 anciens nazis ont sans doute été licenciés ou non réintégrés, principalement dans la magistrature, le secteur économique, l'administration et l'éducation. Les procédures à venir contre les criminels nazis ou de guerre sont transférées à la juridiction civile. La plupart des prisonniers sont libérés ou déportés tandis que les derniers camps spéciaux sont dissous au début de 1950, date à laquelle 120 000 Allemands ont été internés, un tiers ayant trouvé la mort dans les camps d'internement. Mais cette sévérité n'empêche pas que des membres du parti ou des détenteurs de hautes fonctions ne soient pas épurés tandis que l'État socialiste réhabilite largement les militaires prêts à servir le nouveau régime. Dès l'ordre numéro 201 du SMAD d'août 1947, les peines sont atténuées et des possibilités d'intégration offertes aux membres du NSDAP qui recouvrent leurs droits civiques et politiques. En novembre 1949, une loi permet à toute personne condamnée à une peine de prison de moins d'un an de postuler à toutes les professions sauf dans l'administration et la justice. Comment la société allemande a-t-elle réagi à ces politiques de dénazification ? Quelles confrontations avec le passé nazi ont-elles provoquées ?

Perceptions, réactions, réappropriation : la dénazification dans la société de la défaite

L'observateur affûté qu'est le philologue Victor Klemperer n'a pas manqué de relever, en 1945, combien l'« horrible mot » de dénazification s'était imposé dans la langue de la défaite, tandis qu'au quotidien le *Persilschein* désigne rapidement ces documents qui lavent aussi blanc que la lessive Persil.

Comme pour le procès de Nuremberg (novembre 1945 – octobre 1946), la population allemande accueille tout d'abord positivement la dénazification : selon un sondage américain, en novembre 1945, 50 % des personnes interrogées se disent satisfaites avant que les pratiques d'internement et les procédures d'épuration ne soient massivement rejetées : en mai 1949, ils ne sont plus que 17 % à exprimer une telle opinion. Sont critiquées les procédures de *Spruchkammer*, dont la durée et l'iniquité supposée finissent par conforter l'image d'une dénazification qui « pend les petits et laisse filer les gros ». On s'élève contre la variété de procédures entre zones, perçue comme injuste, alors qu'elle relève davantage de priorités différentes selon les puissances d'occupation. On rejette la perception du national-socialisme diffusée par les Alliés, qui le présente comme un régime oppresseur et on condamne leurs mesures qualifiées de « justice des vainqueurs ».

Ce sentiment de traitement injuste provoque des réflexes de défense et des effets de solidarité contre les Alliés mais aussi contre les Allemands à qui rien n'est reproché, souvent assimilés à des émigrés, parfois à des membres du Parti communiste allemand. La perception de la dénazification comme le « Nuremberg du petit homme » au détriment des vrais coupables favorise un renversement de la notion de victime : les « lésés de la dénazification » deviennent rapidement les « sacrifiés de la dénazification ». La plupart des membres du parti à épurer, loin de se sentir coupables, se présentent comme injustement poursuivis et viennent s'ajouter à la liste des victimes – des bombardements alliés, des expulsions à l'Est, de la captivité, etc. – qui modèle la société allemande à la sortie de la guerre.

Dans cette remise en cause de la dénazification, les Églises – catholique et, plus ouvertement encore, protestante –, seules autorités morales allemandes à faire face aux Alliés, développent un discours qui délégitime les efforts des occupants. En mettant l'adhésion au national-socialisme des suiveurs sur le compte de l'aveuglement idéologique, en louant l'« apolitisme de la confession chrétienne » (Damian van Melis, *Entnazifizierung in Mecklenburg-Vorpommern*, 1999), en qualifiant le personnel des *Spruchkammern* de « valets allemands de l'étranger » comme le théologien Helmut Thielicke en 1947, ou en appelant à boycotter « ce scandale », tel le pasteur Martin Niemöller en 1948, les Églises se font les avocats des *victimes* de la dénazification en mal de réconfort (Angela Borgstedt, « Die kompromittierte Gesellschaft. Entnazifizierung und Integration », *in* Reichel, Peter et al. (dir.), *Der Nationalsozialismus. Die zweite Geschichte. Überwindung, Deutung, Erinnerung*, 2009). Elles se mobilisent ensuite pour la libération des criminels de guerre condamnés à Nuremberg avant que la cause de ceux que l'on nomme, désormais, les « condamnés de guerre » (*Kriegsverurteilte*), ne soit reprise par le chancelier Adenauer.

Une telle posture ne méconnaît ni l'ampleur de l'engagement dans le nazisme ni les stratégies d'apitoiement des épurés, mais vise à contrecarrer les effets sociaux et politiques négatifs qu'aurait une profonde épuration en remplaçant les élites par un personnel antinazi moins lié aux Églises. Cette perte d'influence est d'autant plus redoutée qu'elle amoindrirait le projet de rechristianisation de l'Allemagne.

Le potentiel d'électeurs que représentent les dénazifiés explique en partie l'attitude critique des partis politiques qui demandent l'arrêt de procédures dans lesquelles œuvrent par ailleurs leurs représentants. À l'Est, le discours de Wilhelm

Pieck, un des dirigeants de la SED, début 1946, à destination des « petits camarades » du parti nazi, présentés comme les victimes de l'escroquerie de la démagogie fasciste, annonce une Realpolitik, synonyme de réintégration des suiveurs. Dès le début des années 1950, la part des anciens membres du NSDAP dans le parti unique est-allemand se situe aux alentours de 8 à 10 % ; jusqu'à 15 % des nouveaux membres sont passés par une organisation de jeunesse ou une autre organisation du parti nazi.

À l'ouest se pose également la question du sort des millions d'épurés. Si les libéraux, faiblement impliqués dans les procédures de dénazification, font de la dénonciation de l'épuration, qualifiée par le président du Parti populaire démocratique (DVP) du Bade-Wurtemberg, Wolfgang Haußmann, de « malheur national » et de « chasse aux sorcières moderne », un marqueur électoral, en revanche, les deux partis populaires – la CDU/CSU à droite ; le SPD à gauche – doivent concilier une légitimité partisane fondée sur une opposition au nazisme qui leur assure le statut de persécutés et la nécessité de gagner les voix des « Anciens ». Reconstruire sans affaiblir passe donc par la « liquidation de la dénazification » (Norbert Frei, *1945 und wir. Das Dritte Reich im Bewußtsein der Deutschen*, 2005).

Le mandat du chancelier Adenauer (1949-1963) est marquée par une double stratégie en matière de politique du passé : pour répondre aux exigences de la reconstruction et aux impératifs de la guerre froide qui remplace la confrontation avec le passé nazi par le combat contre le communisme, comme le rappelle le blocus de Berlin en juin 1948, il faut intégrer les dirigeants épurés – cadres de la dictature nazie mais élites indispensables. Mais cela ne peut se faire qu'à condition d'affirmer une séparation intangible entre la RFA et le « IIIe Reich », ce qui suppose de dépolitiser le passé de chacun, désormais cantonné dans une histoire privée sans droit de cité dans le nouvel État. La dénazification n'aura-t-elle conduit à aucune réflexion vis-à-vis de l'héritage nazi ?

Les Alliés ont conçu le questionnaire pour procéder à une dénazification standardisée à l'échelle d'une zone. Les cent trente et une questions fermées et les demandes factuelles n'invitent pas à des explications détaillées, mais doivent permettre de repérer les personnes occupant des postes de responsabilité qui pourraient menacer le nouvel ordre politique. Or les Allemands répondent non pour offrir une histoire générale du national-socialisme, mais pour expliciter la place de ces douze ans dans leur vie selon Hanne Leßau. Dans un tiers des huit cents dossiers examinés par l'historienne, ils ont joint des annexes, révélant une volonté de spécifier leurs motivations personnelles. Ils réinjectent de l'individualité afin de produire une histoire du « IIIe Reich » à la première personne, non du pluriel mais du singulier.

C'est dans cette dynamique de confrontation-justification que s'intègre la production des *Persilscheine*, non comme objets monnayés sur des « marchés » – non prouvés – ou bien délivrés par pur opportunisme par des « organismes de dénazification » sous l'égide de personnalités religieuses et politiques, mais comme objets de transaction sociale régie par des règles. La majorité des certificats proviennent en effet de cercles de proches souvent confrontés à des situations similaires.

Les récits produits proposent des parcours de vie qui remontent à la république de Weimar pour « expliquer pourquoi [leurs auteurs] avaient rejoint les organisations nazies ou pris des positions en leur sein » (Hanne Leßau). Pour se disculper, ces autobiographes se réapproprient la vulgate popularisée par les Alliés d'un régime national-socialiste présenté comme un système coercitif collectif empêchant toute individualité de s'exprimer. Cette trame narrative présente l'avantage pour les personnes soumises à la dénazification de mettre leur engagement dans le régime et ses organisations sur le compte de la contrainte tout en préservant leur individualité dans la sphère privée de l'emprise totalitaire. Une telle mise à distance du nazisme induit certes une vision faussée du rapport des Allemands au « IIIe Reich », alors que nombre d'entre eux y ont adhéré par idéologie et/ou opportunisme, mais ne se résume pas pour autant à des phrases toutes faites ou à de purs mensonges. La faiblesse des sanctions ne serait donc pas due au laxisme des examinateurs allemands des *Spruchkammer* ni aux habiles stratégies des personnes examinées qui ont préféré expliquer leur passé nazi plutôt que de le dissimuler, mais au fait que les examinateurs partageaient avec ceux qu'ils devaient dénazifier la même représentation du national-socialisme comme dictature omnipotente. Ils ont ainsi jugé davantage la conviction nazie intime que la participation effective aux réalisations du régime.

La dénazification, un lieu de mémoire allemand de la sortie de guerre ?

Même si le but de la dénazification n'a pas été atteint et les carrières des anciens responsables nazis ont été interrompues sans être arrêtées, l'image d'un fiasco de l'entreprise doit plus au ressentiment qu'elle a engendré sous l'administration alliée puis à la politique de réintégration à bon compte sous le chancelier Adenauer qu'à la réalité. Ses conséquences furent plus complexes, à commencer par la conservation des archives de la dénazification. Contrairement à une demande des formations de droite visant à en détruire les traces, un large consensus politique et social s'est formé au début des années 1950 pour conserver, parallèlement à la réintégration des individus compromis, ces millions de dossiers dans la perspective d'un examen futur du passé national-socialiste. « La conservation des dossiers de dénazification en vue de la confrontation avec le national-socialisme fut un projet de politique du passé de la jeune République fédérale » (Hanne Leßau) et sans doute l'un des premiers.

Dans l'historiographie, les premières recherches à la fin des années 1960 se sont attachées à expliquer comment la RFA a pu devenir cette « démocratie réussie » (Edgard Wolfrum, *Die geglückte Demokratie : Geschichte der Bundesrepublik Deutschland von ihren Anfängen bis zur Gegenwart*, 2006), une fois accepté l'échec de la première confrontation avec son passé nazi. Elles ont diffusé pour des décennies un récit normé de la dénazification comme un échec politique et social, qui se résumait alors à être une « usine à suiveurs » (Lutz Niethammer, *Die Mitläuferfabrik. Die Entnazifierizung am Beispiel Bayerns*, 1992). Des *Mitläufer*, co-responsables mais pas coupables, dont la supposée « absence de conviction » nazie (Gesine Schwan, « Der Mitläufer », *in* François, Etienne ; Schulze, Hagen (dir.), *Deutsche Erinnerungsorte*, 2001) a rendu compatibles le carriérisme et l'opportunisme avec l'Allemagne du miracle économique. Dans la normalisation de la République fédérale d'Allemagne, le topos d'une « dénazification comme tentative manquée de se confronter à l'héritage nazi » (Hanne Leßau) occupe une place fondatrice. Et la tendance, dans les débats intellectuels, à considérer les stratégies des examinés en termes d'oubli et de refoulement volontaires ont fini par masquer la pratique d'un examen sérieux, même si acritique, de leur propre biographie, condition nécessaire à de nombreux Allemands pour créer un lien avec la démocratie à l'Ouest. Les résultats à moyen terme de la dénazification ont « [...] créé la base d'un changement de culture politique, en partie en réaction aux influences modernisatrices de l'extérieur ; en partie en s'appuyant sur les traditions progressistes du pays »

(Konrad Jarausch, *Die Umkehr : Deutsche Wandlungen 1945 – 1995*, 2004). L'intégration de ces millions de suiveurs dans la société d'après-guerre a contribué à sa stabilité sans provoquer de « renazification » (Marie-Bénédicte Vincent, *La Dénazification des fonctionnaires en Allemagne de l'ouest*, 2022). Considérer la dénazification vue par les Allemands demande donc de l'étudier comme une pratique sociale et un processus plutôt que comme une issue.

RUSSIE : LA LONGUE ÉCLIPSE

Olga Kucherenko
et Andreï Kozovoï

S'il y a un pays où la mémoire de la guerre a été érigée en système de gouvernement, c'est bien la Russie. Destiné à mobiliser l'ensemble de la société, le « culte de la Grande Guerre patriotique » qui tire son origine de l'époque de Brejnev y a pris, sous Vladimir Poutine, tout particulièrement depuis l'annexion de la Crimée, des proportions inédites en Occident.

Son aspect le plus frappant pourrait être l'embrigadement des jeunes. Le programme scolaire des écoles primaires propose de nombreuses poésies et films liés, de près ou de loin, au conflit mondial. Pour la commémoration de la victoire, il n'est pas exceptionnel de voir les écoles organiser des « défilés des petits », vêtus d'uniformes et équipés d'armes factices. En 2021 et 2022, on a vu des enfants de 9 ans marcher aux cris de « Nous sommes des Russes, Dieu est avec nous ». Plus qu'un hommage rendu aux adolescents tombés au combat pendant la guerre, l'objectif est plus politique que strictement commémoratif : le pouvoir cherche à conditionner les enfants pour en faire de futurs « bons » soldats au service du régime.

La « Grande Guerre patriotique » a débuté le 22 juin 1941, avec l'invasion allemande, pour se terminer le 9 mai 1945, au lendemain de la signature de l'acte de capitulation de Berlin. Cela signifie-t-il que les Russes ignorent purement et simplement la Seconde Guerre mondiale telle qu'on l'enseigne en Europe de l'Ouest ? En théorie, non. Aucun historien russe sérieux n'irait contester l'évidence. Dans les manuels scolaires, si la Grande Guerre patriotique a droit à un chapitre entier, distinct de la Seconde Guerre mondiale, elle est décrite comme une « guerre dans la guerre », de la même manière que la bataille d'Angleterre, la guerre du Pacifique ou la guerre du désert.

Mais dans les faits, le flou demeure. La Grande Guerre patriotique est la seule guerre qui vaille la peine d'être racontée, la seule qui soit vraiment héroïque : le sacrifice de vingt-sept millions d'hommes et de femmes au nom d'un combat livré non seulement pour libérer la Russie soviétique du joug nazi, mais aussi l'Europe et, dans l'ensemble, le « monde civilisé ». Plus la Russie de Poutine se retrouve isolée sur la scène internationale – et l'isolement n'a fait que s'aggraver depuis l'annexion de la Crimée en mars 2014 jusqu'au point de non-retour de février 2022, l'invasion de l'Ukraine –, plus le mythe de la Grande Guerre patriotique s'éloigne de tout semblant de vérité historique. À commencer par le fait de minimiser, quand ce n'est pas purement et simplement nier, le rôle des Alliés. Le discours de Vladimir Poutine sur la place Rouge, le 9 mai 2021, l'illustre parfaitement : « Pendant la période la plus difficile de la guerre, dans les batailles décisives, notre peuple se retrouva *seul*, sur la voie si difficile, héroïque et pleine de sacrifices de la victoire. »

La Russie est-elle si originale que cela ? Dans sa politique mémorielle, chaque pays vainqueur a tendance à tirer la couverture à soi, à insister sur sa contribution à la victoire commune dans le conflit. Les Britanniques ont la bataille d'Angleterre, les Américains, la guerre du Pacifique. Mais dans aucun autre pays belligérant, la mémoire de la guerre n'a autant servi à conforter le pouvoir en place, à asseoir la légitimité de « l'homme fort » du Kremlin, Vladimir Poutine.

Nulle part ailleurs qu'en Russie la « guerre dans la guerre » n'a fini par éclipser la guerre mondiale dans l'imaginaire collectif.

Il faut se garder de voir dans l'occultation de la Seconde Guerre mondiale par la Grande Guerre patriotique un simple effet mécanique de la « nouvelle guerre froide », de relations devenues exécrables entre la Russie et les pays occidentaux. Cette occultation n'est pas non plus une simple manifestation de fierté patriotique, une riposte à « l'amnésie » des Occidentaux, de ce que les Russes perçoivent comme un oubli coupable de l'effort de guerre soviétique et de la contribution essentielle de l'URSS à la victoire. En fait, les graines de cette occultation ont été plantées au cours du conflit, quand les dirigeants soviétique, américain et britannique donnaient encore l'impression d'être les meilleurs amis du monde, faisant corps contre un ennemi commun.

Staline : l'éclipse totale

Le discours de Viatcheslav Molotov, chef du gouvernement et Commissaire du peuple (ministre) aux Affaires étrangères, prononcé sur les ondes au matin du 22 juin 1941, annonçant l'invasion allemande, a été analysé comme la matrice du mythe de la Grande Guerre patriotique. Molotov (et Staline qui s'exprime à travers lui) définit la guerre soviétique comme une réponse à l'attaque « perfide » des Allemands, lesquels ont violé le pacte de non-agression d'août 1939 que les Soviétiques avaient jusqu'ici scrupuleusement honoré. La guerre soviétique est donc « patriotique » (*otetchestvennaïa*), au sens de « populaire », ce qui implique aussi qu'elle soit la guerre du « peuple tout entier ». L'adjectif renvoie à la « guerre de 1812 », la guerre contre Napoléon (qui s'est en réalité prolongée jusqu'en 1814). De fait, les Soviétiques sont invités à situer la nouvelle guerre dans une histoire longue où les Russes auraient toujours été capables de s'unir contre les envahisseurs, d'où qu'ils vinssent. Rien d'étonnant à ce que, plus tard, les Allemands soient dépeints en « nouveaux Mongols », en référence au « joug tataro-mongol » du XIIIe au XVe siècle. L'adjectif « grande » (*velikaïa*) sera accolé plus tard, impliquant en russe une notion de prestige, de noblesse – comme dans Pierre le Grand (*Piotr veliki*) ou Catherine la Grande (*Ekaterina velikaïa*).

Ainsi, dès ses débuts, la guerre soviétique est présentée comme une guerre trop spécifique pour faire partie de la guerre mondiale, pour n'être qu'un vulgaire « front » de la Seconde Guerre mondiale. Le mythe de l'unicité de la guerre soviétique sera renforcé après la guerre par d'innombrables non-dits, silences, omissions et camouflages. Il faut les mettre d'abord sur le compte d'une censure particulièrement pesante, prolongée au cours de la période dite de « reconstruction ». Cette censure empêche les historiens d'accéder aux archives, et ce, alors que de nombreuses commissions voient le jour pendant le conflit dans le but de collecter de la documentation en vue d'écrire une future histoire de la Grande Guerre patriotique.

Écrivains et cinéastes doivent se contenter, pour nourrir leurs récits de textes « héroïques » que l'on doit aux « ingénieurs des âmes », à des écrivains-journalistes comme Constantin Simonov, l'auteur des fameux poèmes *Tue-le* et *Attends-moi*. Certains peuvent s'inspirer de leur vécu personnel, à l'instar du capitaine Viktor Nekrassov, pour son roman *Dans les tranchées de Stalingrad*, publié en 1946 et qui, en dépit des réticences qu'il suscite au sein de la très officielle Union des écrivains, obtient le prix Staline l'année suivante.

Dans le roman de Nekrassov, à bien des égards, un précurseur, Staline apparaît peu. Mais les rares mentions de son nom sont finement calculées. Staline est l'inspirateur du combat du peuple soviétique, « le génie du Parti communiste », l'artisan suprême de la victoire, l'homme à la « volonté de fer ». Il est un visionnaire dont la ligne politique et économique pendant l'entre-deux-guerres a préparé le pays au formidable choc avec une Allemagne nazie à la puissance décuplée par les ressources économiques de l'Europe occupée. Il est un stratège rusé qui, en 1941-1942, a cherché à attirer l'ennemi à l'intérieur du territoire pour mieux l'écraser.

Là où le mythe stalinien de la guerre opère la sélection la plus drastique, c'est dans la présentation de l'aide alliée dans le cadre de la loi « lend lease », accord de crédit signé en septembre 1941. Pour rappel, les États-Unis livrent à l'URSS, pendant le conflit, plus de dix-huit mille avions et douze mille chars, deux millions de téléphones, quinze millions de paires de bottes et un million de tonnes de produits alimentaires. Plus de la moitié des camions soviétiques sur le front sont américains ; tout soldat connaît les véhicules de la marque Studebaker, alors plus populaire que Ford. Les légendaires Jeeps Willys MB arrivent au printemps 1942, l'URSS en recevra cinquante mille. La dépendance soviétique vis-à-vis des matières premières américaines, cobalt et aluminium, entre autres, est considérable ; pour le caoutchouc, elle est totale.

La censure sur cette question ne date pas de la guerre froide comme on pourrait le penser : c'est dès l'hiver 1942, une fois consommée la « lune de miel » avec les Alliés et l'ouverture d'un « second front » en Europe repoussé aux calendes grecques, que les médias soviétiques se mettent à écrémer l'information portant sur l'aide matérielle des Américains. Certes, le Kremlin ne nie pas qu'une aide alliée existe, mais il en limite la portée, concédant du bout des lèvres un maigre 4 % du total de la production soviétique pendant la guerre – ce chiffre restera inchangé dans les manuels d'histoire jusqu'au début des années 1990, quand il sera réévalué à 7 %.

Les Soviétiques se montrent d'autant plus réceptifs à ce mensonge par omission que jusqu'à l'été 1943, l'Armée rouge paraît effectivement livrée à elle-même, et l'information sur l'aide américaine des plus limitées. Staline ne fait rien pour contredire cette impression, bien au contraire – il cherche à la conforter. Dans ses discours et ses interviews, il ne cesse de nourrir la méfiance populaire à l'égard des Alliés. Ici ou là, il convient de quelques succès, tout en les minimisant – leurs « victoires », les Soviétiques les doivent d'abord à l'Armée rouge qui, elle, a dû affronter le gros des forces allemandes. Au cours de son fameux discours « électoral » du 9 février 1946, qui annonce les objectifs de la reconstruction du pays, il affirme qu'avant d'entrer en guerre, l'Union soviétique « disposait déjà du potentiel minimum nécessaire des matériaux » pour les besoins du conflit. Si la victoire sur Hitler est le fruit d'un effort collectif, cet effort ne doit surtout pas être représenté comme équitablement réparti : l'URSS, sur tous les plans, est le parangon de la coalition antihitlérienne.

C'est donc pour souligner l'effort de guerre soviétique que Staline pousse à la signature de l'acte de capitulation à Berlin, le soir du 8 mai 1945. C'est aussi pour montrer aux Alliés qu'il demeure « maître des horloges » qu'il décrète le 9 mai « Jour de la Victoire soviétique ». Et c'est également pour éviter que des toasts à la santé des Alliés soient levés qu'il fait promulguer, en décembre 1947, un décret qui abroge la fête du 9 mai, une journée alors fériée. La méfiance qui existait pendant le conflit s'est muée en animosité en ces temps de guerre froide : depuis le discours de Fulton de Churchill où ce dernier a évoqué le « rideau de fer » traversant l'Europe, perçu par Staline comme un affront, il est hors de question de rappeler, même de manière limitée, ce qu'a pu être le fruit d'un effort collectif.

Tandis que la Journée de la Victoire devient un jour (presque) comme les autres, les anciens combattants voient leur mémoire particulière du conflit effacée au profit d'un culte rendu à Staline. À partir de la fin des années 1940, la guerre soviétique devient un simple chapitre de la biographie glorieuse de Staline, le parachèvement de ses victoires sur le front intérieur. Ceux qui avaient contribué à la victoire, les « petits rouages » comme il les surnomme lors de son toast de la victoire, en juin 1945, sont relégués à la périphérie. Si le mythe de la guerre comporte son lot d'actes de bravoure, d'héroïsme populaire, de résistance et de sacrifice, ceux-ci ne sont évoqués qu'en tant qu'ils contribuent au culte de Staline, et non pour glorifier le combat du peuple soviétique. Après tout, n'était-ce pas le nom de Staline qui fut le dernier mot prononcé par la jeune résistante Zoïa Kosmodemianskaïa, avant que le nœud coulant des nazis ne mette fin à son existence terrestre pour en faire une héroïne du panthéon soviétique (si l'on en croit un récit de l'époque en tout cas) ? Les soldats ne se jetaient-ils pas dans la bataille au nom de Staline (un mythe tenace, alors qu'en réalité les assauts étaient surtout accompagnés d'injures) ? C'est pour faire honneur au Parti communiste et, par association, à son chef, Staline, plus que pour défendre leur patrie, que les Soviétiques avaient combattu : cet aspect du mythe de la Grande Guerre patriotique était devenu, à l'époque du « stalinisme tardif », absolument central.

Le culte de Staline et la censure qui le forge tendent à fossiliser le mythe de la Grande Guerre patriotique, à aseptiser l'histoire du conflit. Il faut attendre la mort du Guide pour que son successeur, Khrouchtchev, le tire enfin de sa gangue.

Khrouchtchev : l'éclipse partielle

Dans son fameux « rapport secret » au XXe Congrès du Parti consacré aux « excès du culte de la personnalité de Staline » que le premier secrétaire du Parti lit dans la nuit du 24 au 25 février 1956, Khrouchtchev brise un tabou : évoquer la débâcle de l'Armée rouge en 1941. Staline n'est plus le stratège rusé qu'il avait été jusqu'alors, mais un dictateur dont les purges, à la fin des années 1930, avaient sapé les défenses du pays, qui avait obstinément refusé de croire ceux qui l'avertissaient de l'imminence de l'attaque allemande, qui avait pris de mauvaises décisions à la tête du Comité d'État pour la Défense (GKO), le centre nerveux soviétique durant le conflit. Dans son discours, Khrouchtchev égratigne aussi la machine de propagande stalinienne, persiflant « le chef-d'œuvre du 7e art » qu'est *La Chute de Berlin* (1950), long métrage où le Guide, à l'en croire, est un « commandant dont le génie se résume à commander dans une salle vide ».

Ce « dégel de la mémoire » entamée après la mort de Staline n'est pas sans arrière-pensées : Khrouchtchev, qui avait été accusé par Staline d'être responsable de la perte de l'Ukraine et d'avoir ouvert la voie de Moscou aux Allemands, tient à rétablir *sa* vérité, celle d'un haut-commissaire politique qui a vu la guerre de près, qui a risqué sa vie à Stalingrad, qui a vu mourir des milliers de personnes – des simples soldats balayés par les mitrailleuses ennemies aux généraux qui se suicidaient en sa présence. Dans le même temps, ce dégel mémoriel contribue à redonner la parole au « peuple soviétique » – aux vivants, mais aussi aux morts. Staline avait parlé en son temps de sept millions de morts, civils et militaires, pour ne pas jeter l'ombre sur la dimension « humaniste » de son commandement ; Khrouchtchev réévalue le nombre de victimes à vingt millions.

Les premiers à répondre à cet appel sont les écrivains de renom. Dans la continuité des *Tranchées de Stalingrad*, le roman *Les Vivants et les morts* (1959) de Constantin Simonov, en partie fondé sur ses carnets de correspondant de guerre, montre que le prix à payer pour la victoire fut considérable. Simonov décrit le chaos de 1941, dévoile les erreurs de Staline. Après Simonov, beaucoup d'anciens combattants font entendre leur voix, donnant naissance à un genre à part entière, la « prose des lieutenants », des nouvelles réalistes d'officiers qui ont connu la guerre de près. À leur tour, les historiens de métier font paraître monographies et recueils de documents. Enfin sont éditées des traductions de monographies étrangères sur le conflit, un précédent. Le cinéma se fait l'écho de ce « dégel mémoriel » mettant en scène des protagonistes jeunes et vulnérables, à l'image du couple tragique de *Quand passent les cigognes* (1957), Palme d'or au Festival de Cannes. Pour Khrouchtchev, qui cherche à renforcer ses positions au sein du Parti en s'appuyant sur une nouvelle catégorie de cadres influents, les anciens combattants, tout en améliorant l'image de l'URSS à l'étranger, c'est du pain bénit.

De fait, comme l'a bien montré l'historien américain Yan Mann, si la Grande Guerre patriotique quitte progressivement la périphérie de l'identité soviétique, c'est d'abord pour servir les intérêts du Parti. L'ensemble des publications ont pour vocation de s'inscrire dans les limites de la nouvelle historiographie officielle dont les contours, il est vrai, demeurent encore assez flous à l'époque de Khrouchtchev. C'est pour redéfinir le nouveau cadre que le pouvoir lance la publication d'une histoire générale de la guerre, la première, en plusieurs volumes. Les historiens disposent, à n'en pas douter, d'une marge de liberté plus importante que sous

Staline, mais pour autant, ils n'en demeurent pas moins prisonniers d'une trame qui, depuis la mort de Staline, n'a pas beaucoup évolué. Cela n'est, au fond, que la conséquence des oscillations de la politique de déstalinisation – à peine lancée, elle rencontre sur sa route la résistance des conservateurs du Parti qui, persuadés que Khrouchtchev a ouvert une boîte de Pandore, font tout pour brider ce « dégel ».

Ainsi, la « nouvelle histoire de la guerre » mentionnée plus haut persiste à expliquer les succès militaires soviétiques par les « choix intelligents » de Staline en matière d'industrialisation à marche forcée et de collectivisation dans les années 1930. Cette histoire officielle s'efforce toujours de camoufler les déroutes sous un déluge de pathos et, en dépit de ce qui a été dit en 1956, excuse Staline pour les erreurs de stratégie et les impasses avant et pendant la guerre. À quelques exceptions près, le vieux panthéon de héros de la guerre demeure dans l'ensemble inchangé : c'est une masse indistincte d'hommes que le Parti, et plus particulièrement les dirigeants actuels, a mené à la victoire.

L'évolution de l'interprétation de l'aide alliée et globalement de la place de l'URSS dans la Grande Alliance est un autre aspect du « dégel » de l'époque de Khrouchtchev dans ce domaine. D'un côté, l'histoire officielle admet désormais que le « lend lease » a bel et bien eu un impact sur la conduite des opérations et le confort matériel des troupes. Comment pourrait-il en être autrement à l'heure de la « coexistence pacifique » proclamée en 1956, qui encourage les anciens combattants à se souvenir de leurs exploits communs avec les Alliés, poussant les autorités à inscrire ces épisodes dans la nouvelle histoire de la guerre.

Le rapprochement avec l'Occident incite à parler de manière plus détaillée des autres « fronts », ce qui tend à réintégrer la Grande Guerre patriotique dans la grande histoire de la Seconde Guerre mondiale. Pour autant, les autres théâtres d'opérations demeurent subordonnés au théâtre soviétique. Le fameux « second front », le débarquement en Normandie, a été rendu possible par les sacrifices de l'Armée rouge. Les Soviétiques sont désormais décrits comme les maîtres d'œuvre des relations interalliées, les meneurs de la coalition antihitlérienne, le moteur de la victoire sur le « fascisme » (terme générique utilisé déjà le plus souvent en lieu et place du vocable « nazisme »), ce qui entraîne des modifications dans la périodisation de la Seconde Guerre mondiale. Le récit est axé sur les événements sur le front de l'Est, « l'événement le plus déterminant pendant la totalité » du conflit global. C'est l'intervention soviétique qui transforme une guerre initialement « impérialiste », en 1939-1941, quand les Anglo-Saxons ont armé Hitler et l'ont poussé à attaquer l'URSS, en une guerre juste. Comme à l'époque précédente, le pacte germano-soviétique est un squelette que l'on préfère ne pas ressortir des placards, pour ne pas glisser inévitablement sur le terrain miné de son rôle dans le déclenchement de la guerre.

En dépit des inflexions qui viennent d'être mentionnées, Khrouchtchev ne change pas fondamentalement le mythe de la Victoire soviétique – il n'y a pas à proprement parler de « contre-mythe » qui émerge à ce moment-là. S'il n'est plus une divinité infaillible, Staline demeure un protagoniste incontournable, sans lequel la victoire est inconcevable (et le fait que Stalingrad soit rebaptisée Volgograd n'y change rien). De totale, l'éclipse de la Seconde Guerre mondiale est devenue partielle, mais pas pour longtemps : la déstalinisation est mise sous le boisseau pendant l'ère Brejnev qui érige à la Grande Guerre patriotique un culte à sa mesure.

Brejnev : l'éclipse exportée

Comme Khrouchtchev dont il a été le protégé, Leonid Brejnev, au pouvoir pendant dix-huit ans, a vu la guerre de près – d'encore plus près que l'ancien premier secrétaire dont il a été le protégé avant de prendre la tête d'un complot et de le renverser, en octobre 1964. Ayant participé à une opération mineure, la libération du port de Novorossiisk, et qui a fini la guerre en Tchécoslovaquie, il a été, pendant la majeure partie du conflit, un officier politique en charge du moral des troupes et de la bonne application des directives du Parti. Dans la continuité de Khrouchtchev, mais avec encore plus de moyens, Brejnev va s'appuyer sur les voix des anciens combattants qui réclament leur droit à une reconnaissance mémorielle pour forger une sorte de « fraternité d'anciens du front (*frontoviki*) ». Contrairement à Khrouchtchev, il inscrit son passé d'« ancien combattant » dans ce qui apparaît de plus en plus comme une nouvelle religion, « le culte de la Grande Guerre patriotique », pour forger, à partir du milieu des années 1970, un « culte de la personnalité » dont il est le prêtre suprême.

Les étapes de l'établissement du « culte de la Grande Guerre patriotique » sont connues. En 1965, pour les vingt ans de la fin de la guerre, les anciens combattants retrouvent un statut privilégié, obtenant le droit de former des associations. Le 9 mai redevient férié. Les mémoriaux dont la construction a débuté sous Khrouchtchev se multiplient dans tout le pays, les plus connus étant la gigantesque statue de la « Mère-Patrie » sur les hauteurs de Volgograd, ou la forteresse de Brest-Litovsk, fortification frontalière entre l'URSS et la Pologne. L'accent est désormais mis sur les souffrances et le sacrifice d'une population soviétique unie et indifférenciée, avec comme point de mire la tombe du Soldat inconnu, inaugurée en 1967.

L'accent mis sur la politique mémorielle sous Brejnev reflète, comme l'a bien montré la regrettée Olga Konkka, l'importance prise par la Grande Guerre patriotique dans l'espace public. Dans les manuels scolaires par exemple, elle dépasse désormais la « Grande révolution socialiste d'Octobre ». Dans la littérature et au cinéma, elle devient un genre à part entière, avec la mise en place d'un système de « quotas » dans les studios de cinéma et à la télévision, de la même manière que l'avait été, jusqu'ici, la thématique révolutionnaire (les films sur 1917 et Lénine). La guerre se mue définitivement en nouveau mythe fondateur de l'État soviétique, migrant au cœur de l'identité du régime. Dans la deuxième moitié des années 1960, alors que les résultats économiques soviétiques donnent l'impression d'une embellie, le mythe de la Victoire devient le symbole d'une puissance retrouvée, d'une renaissance enfin pleinement assumée. Dans les années 1970, au contraire, alors que l'économie décline et que les dirigeants vieillissent, le mythe vise à ressouder la population désenchantée autour de son leader vieillissant et nostalgique, devenu une sorte de « grand-père des peuples ».

Ce qui caractérise aussi la politique mémorielle brejnévienne, c'est la volonté d'exporter le mythe de la Victoire. Le pouvoir soviétique utilise le contexte de « détente » avec l'Occident et notamment avec les États-Unis, qui s'accompagne de la signature d'accords en tous genres, du désarmement au commerce, pour utiliser diverses personnalités politiques, mais aussi issues du monde du spectacle, afin de contrer le mythe occidental de la Seconde Guerre mondiale – d'une guerre gagnée (presque) sans le concours des Soviétiques. La diffusion aux États-Unis du documentaire *La Guerre inconnue*, présenté par le célèbre

Burt Lancaster, en juin 1978, ouvre les yeux de nombreux Américains sur les batailles de Moscou, Stalingrad et Koursk, dont ils ignoraient pratiquement tout.

Encore une fois, comme sous Khrouchtchev, la multiplication de récits d'anciens combattants ne signifie pas que les historiens soient libres de travailler dans les archives. Pour Brejnev, un historien comme Alexandre Nekritch, qui ose écrire que les purges au sein de l'Armée rouge et le pacte germano-soviétique ont provoqué la déroute de 1941, est une « ordure » qui doit être censurée. L'on constate une régression par rapport à la période dite du dégel. La critique de Staline n'est plus à l'ordre du jour, et il est interdit de parler des erreurs tactiques des dirigeants politiques et militaires, des problèmes économiques, des crimes de guerre et de la corruption, des « peuples déportés », de la répression et des massacres de prisonniers durant le conflit. Si l'on peut désormais évoquer le destin des prisonniers de guerre, il est hors de question de s'épancher sur la collaboration, sur l'extermination des Juifs ou le « gaspillage des vies humaines ».

Le seul moment où les historiens sont autorisés à gloser sur les pertes soviétiques, c'est pour évoquer la période où l'Armée rouge avait quitté le territoire national. Il s'agit en effet de mettre l'accent sur le coût humain de la libération de l'Europe de l'Est, qui sert notamment à justifier, sous Brejnev, l'invasion de la Tchécoslovaquie en août 1968 (« Nous avons versé notre sang pour vous libérer, et vous voulez nous trahir ? »). Il s'agit également d'insister sur l'accueil triomphal des troupes soviétiques, tandis que les aspects les plus repoussants de la « libération » (pillages, viols et massacres) sont passés sous silence – alors qu'ils font au même moment l'objet d'une attention soutenue de l'historiographie occidentale. La guerre froide devient aussi, à ce moment-là, une guerre des mémoires.

Une fonction importante du mythe soviétique de la guerre tient dans le lien intergénérationnel et interpersonnel qu'il contribue à forger et sa capacité à se perpétuer. En tant qu'expérience universelle, partagée de la même manière par tous les Soviétiques, sans distinction d'origine, le mythe est transmis de génération en génération, dans les familles, dans les écoles, dans les entreprises. Ceux nés bien après la fin des combats sont endoctrinés par un savant mélange de propagande et de chantage affectif, se voyant sans cesse rappeler leur dette envers leurs parents et grands-parents.

Parce que le mythe brejnévien de la guerre repose sur un grand nombre de mensonges ou d'exagérations dont les Soviétiques se gaussent de plus en plus (les « exploits » brejnéviens sur le front en sont l'exemple le plus visible), il ne faut pas s'étonner que son édifice commence à se fissurer à l'heure de la perestroïka de Gorbatchev, et surtout à partir de 1988, quand la Glasnost, succédané de liberté d'expression, devient un instrument politique à part entière. Le pacte germano-soviétique, les massacres (les vingt-deux mille officiers polonais assassinés par le NKVD à Katyń, mais il y en a bien d'autres), les déportations et les crimes de guerre – il n'est plus un seul tabou qui ne fasse alors l'objet de discussions, souvent très vives, débouchant, ici ou là, sur des conséquences politiques et même géographiques. L'effondrement de l'URSS, en décembre 1991, a été rendu possible par la proclamation de souveraineté, puis d'indépendance, des trois petites républiques baltes qui ont eu beau jeu de clamer qu'elles avaient été purement et simplement annexées par Staline.

Sous le successeur de Gorbatchev, le premier président de la Fédération de Russie, Boris Eltsine, la politique mémorielle du conflit se veut purgée de tout ce qui pourrait ressembler, de près ou de loin, à une dimension « religieuse ». En réalité, le culte entame une hibernation dont il sortira au bout de dix ans, sous la présidence d'un « historien révisionniste » nommé Poutine.

Poutine : de nouveau l'éclipse totale

Après les assauts répétés de la *glasnost* et la « révolution des archives » du début des années 1990 (un âge d'or pour les historiens de l'URSS), le culte de la Grande Guerre patriotique renaît tel le phénix de ses cendres au cours de l'ère Poutine. Le président russe comprend très tôt le potentiel unificateur du mythe de la Victoire pour une société désorientée par une décennie de réformes économiques douloureuses, de crises, d'humiliations aussi. Tout n'est pas que propagande et calcul politique : Vladimir Poutine, un enfant du brejnevisme, est persuadé que « préserver la Russie », comme le lui avait demandé Eltsine, consiste non seulement à lutter contre les forces centrifuges, mais aussi les « assassins de la mémoire ». Ses origines l'y prédisposent – il a perdu un frère durant le siège de Leningrad, et son père a été grièvement blessé par une grenade allemande lors d'une opération de diversion organisée par les services secrets soviétiques. Sa vie, il la doit d'une certaine manière à la guerre (à l'origine, ses parents, âgés, ne devaient pas avoir de troisième enfant), et mettre en cause l'exploit du peuple soviétique, c'est donc l'insulter personnellement.

Poutine est un homme que l'histoire, manifestement, intéresse, obsède même ; c'est un homme qui lit et dans ses discours, lors de ses conférences de presse et ses rencontres avec la société civile, il y fait fréquemment allusion. Histoire et pouvoir se mêlent inextricablement : sous Poutine, la Russie devient un véritable État-mémoire, une « mémocratie », avec comme centre nodal le culte de la Victoire, alpha et oméga de l'identité russe. Relancé avec pompe en mai 2005, pour les soixante ans de la fin de la guerre, le culte atteint au fil des ans une apothéose, et ce n'est évidemment pas un hasard si la cérémonie de l'investiture présidentielle est fixée au 7 mai, deux jours avant le Jour de la Victoire. Des milliers de « soldats » sont appelés à participer activement à l'élaboration de ce culte dans les manuels scolaires et les médias, au cinéma et à la télévision, et désormais sur Internet, si bien que l'on peut parler d'une véritable « industrie de la mémoire ».

Une certaine tolérance, pour ce qui est des médias et des publications historiques, pouvait exister pendant les deux premiers mandats de Poutine et celui de Medvedev ; les personnes incarnant les forces conservatrices du Kremlin, dont la plus connue reste le ministre de la Culture Medinski, pouvaient trouver sur leur route des opposants influents. La guerre éclair en Géorgie en août 2008 donne lieu à des discours de patriotisme exacerbé avec la multiplication des références à la Grande Guerre patriotique (Saakachvili est présenté en nouvel Hitler), mais le vrai tournant s'opère après les manifestations, à l'hiver 2011-2012, des opposants à la « réélection » de Poutine. Persuadé que l'Occident finance ses ennemis, effrayé par « l'effet domino » des « révolutions de couleur », ulcéré par la « guerre mémorielle » menée par les pays Baltes, la Pologne et, de plus en plus, l'Ukraine, Poutine entame un virage ultraconservateur dont l'annexion de la Crimée, en 2014, est le premier acte.

Comme Brejnev, Poutine impose moins un dogme historique qu'il exacerbe la nostalgie d'une partie de la population, sensible à tout discours nostalgique sur l'empire déchu et ranime son animosité envers l'Occident, et d'abord les États-Unis. La propagande officielle reprend donc une bonne partie du canon stalino-brejnévien, en y ajoutant une touche d'impérialisme de grande puissance et de spiritualité orthodoxe. À ce titre, le régime peut s'enorgueillir d'avoir récupéré à son profit les rares initiatives de la société civile, l'exemple le plus connu étant le Régiment immortel, où des enfants et petits-enfants de combattants disparus portaient leurs portraits. Les défilés de l'« Armée de la jeunesse » (*Iounarmia*), organisation paramilitaire de la jeunesse, créée en 2016, début mai, se font désormais à grand renfort de portraits de Poutine. Ce dernier, comme en son temps Staline, n'hésite plus à mettre la main à la pâte, ainsi dans sa « leçon » donnée à des élèves russes, pour la rentrée 2020, ou dans son article intitulé « Les vraies leçons du soixante-quinzième anniversaire de la Seconde Guerre mondiale », la même année, destiné aux dirigeants polonais, ukrainiens et tchèques, qui osent opposer leur histoire de la guerre à « sa » vérité.

Comme à l'époque de Brejnev, le culte de la Victoire ne se conçoit pas sans appareil répressif. La tolérance relative des autorités envers les « déviations » dans ce domaine s'est réduite au fil des ans. En avril 2014, Poutine fait adopter une loi mémorielle particulièrement draconienne qui prévoit des peines de prison pour des « mensonges délibérés » sur l'histoire russe, et notamment la Grande Guerre patriotique. Toute personne mettant en doute le « rôle héroïque de l'Armée rouge », la Victoire et la libération de l'Europe par la Russie, ou mettant sur un pied d'égalité nazisme et communisme risque désormais gros. En 2017, l'historien Kirill Aleksandrov en fait les frais : ses travaux sur le collaborateur Vlassov et ses publications sur Bandera, chef nationaliste ukrainien très controversé, lui valent d'être déchu de son titre de docteur et de se retrouver estampillé « extrémiste ». La boucle est bouclée en 2020, avec l'inscription dans la Constitution russe du concept de « devoir de mémoire ».

La mémocratie poutinienne a pour conséquence logique le retour de l'éclipse de la Seconde Guerre mondiale, l'insistance délibérée et constante dans le discours public sur l'unicité de la Grande Guerre patriotique, le déni de l'aide alliée. La « nouvelle guerre froide » est clairement passée par là, mais la posture de Poutine qui se drape dans sa dignité devient, comme sous Staline, un vrai problème, surtout dans le contexte de la guerre en Ukraine. Le président-dictateur presque septuagénaire n'avait-il pas lancé son « opération militaire spéciale », le 24 février, avec comme objectif affiché « la dénazification » de l'Ukraine ? Deux mois plus tard, cet objectif passait au second plan – le président ukrainien, Zelenski, n'est-il pas lui-même juif ? La propagande russe avait fait chou blanc et l'équation « guerre en Ukraine = guerre contre l'Allemagne nazie » ne fonctionnait plus. Surtout, tous les efforts entrepris depuis 2015 pour faire abolir le régime de sanctions frappant la Russie après l'annexion de la Crimée ont été réduits à néant. Aux yeux du monde, les « nazis », ce sont désormais les Russes. L'esprit de la Grande Alliance ne reviendra plus, pas tant que Poutine demeure sur le trône.

LE GÉNOCIDE DES JUIFS VU PAR L'UNION SOVIÉTIQUE OU L'ANTIMÉMOIRE

Asia Kovrigina

En mars 1950, le parti communiste ukrainien prit la décision de combler le ravin de Babi Yar (« ravin des bonnes femmes ») aux abords de Kiev. Les 29 et 30 septembre 1941, d'après les rapports de l'Einsatzgruppe C à son quartier général, 33 771 Juifs y avaient été fusillés. Durant les deux années qui suivirent, avant que l'Armée rouge ne reprenne Kiev, Babi Yar continua d'être le lieu de massacres. En plus des Juifs, des patients des hôpitaux psychiatriques, des Tsiganes, des communistes et des partisans y trouvèrent la mort, ainsi que des membres de l'Armée insurrectionnelle ukrainienne (UPA).

Le projet de réorganisation du site de Babi Yar fut approuvé par le Comité exécutif de la ville de Kiev et prévoyait le remplissage du ravin avec de la pulpe boueuse et des déchets industriels ainsi que la construction d'une autoroute pour relier les banlieues de la ville. Vu les difficultés techniques, les travaux de remblayage n'ont débuté qu'en 1954 et ont continué malgré les nombreux avertissements des ingénieurs sur le non-respect des normes de construction.

Le 13 mars 1961, après de fortes pluies, la digue de contention érigée à l'extrémité de Babi Yar a cédé, et un torrent de boue s'est déversé sur le quartier de Kourenevka situé en dessous. La puissance du flot fut telle qu'il emporta sur son passage des voitures et renversa des tramways. Les maisons en bois furent détruites, les habitants des premiers étages des grands immeubles furent ensevelis vivants. Un stade situé à 2 kilomètres fut entièrement recouvert par la boue, seuls les projecteurs le surplombant demeurèrent.

Babi Yar est devenu le symbole de l'occultation de la Shoah. Plusieurs autres ravins et sites d'extermination des Juifs furent également condamnés à l'oubli par le régime soviétique, ou ensevelis et effacés. Certaines fosses furent totalement laissées à l'abandon, elles restaient en dehors de l'espace urbain, en dehors du présent, et la nature y a repris ses droits en effaçant les vestiges. D'autres continuaient à inquiéter les autorités qui cherchaient à accélérer la cadence de la disparition des traces. Les constructions ont ravagé les paysages qui portaient les marques de l'histoire récente et recouvert d'asphalte les traces douloureuses du passé récent. Ainsi, à Krivoï-Rog, dans l'Ukraine centrale, la mine où ont été fusillés les Juifs de la ville fut transformée en décharge publique. Le lieu répandait une puanteur insupportable, les éboulements y étaient fréquents ; les seuls passants étaient les chiens errants. À Odessa, à partir des années 1950, commença l'implantation de bâtiments sur la route Lustdorfskaïa, là où en octobre 1941, dans les dépôts d'artillerie, avaient été enfermés et brûlés vifs des prisonniers de guerre et vingt mille Juifs. À Ivano-Frankivsk, à 120 kilomètres de Lvov, à l'endroit du cimetière où ont été fusillés cent trente-deux mille Juifs, un lac artificiel a été aménagé à la fin des années 1950.

Ouragan génocidaire

Le génocide des Juifs en URSS est perpétré non pas dans des camps lointains, mais dans la majorité des cas sur place : dans des ravins ou des fosses communes improvisées à proximité des villes et des bourgades. Cette méthode de tuerie de masse économise les dépenses de transport en permettant à la fois de tuer, d'enterrer et de faire disparaître les victimes sur place. Les massacres sont réalisés par les détachements spéciaux SS, les « groupes d'action » (Einsatzgruppen), le plus souvent à la mitrailleuse, et ne sont pas dissimulés. Aucun secret n'entoure les tueries en URSS, contrairement à la prudence qui prévalait au sujet des chambres à gaz. Les préparatifs ne se cachent pas, les exécutions ont lieu en plein jour, souvent à proximité des quartiers résidentiels, au vu et au su de tous.

Les nazis se sont certainement sentis beaucoup plus libres en Union soviétique que partout ailleurs ; plus encore qu'en Pologne, ils étaient éloignés des regards de l'étranger. Mais l'essentiel est que les Slaves, témoins du génocide en URSS, appartiennent selon la logique nazie à une « race inférieure » et sont voués également à la disparition, ultérieurement – dans le cadre du projet de conquête de l'« espace vital » et du « réaménagement racial » de l'Europe.

Le rythme de progression des Einsatzgruppen est dicté par les mouvements des armées, qu'ils suivent pas à pas. C'est donc à une allure extrêmement rapide qu'ils traversent les régions occidentales de l'URSS, celles où la population juive est très dense. En effet, c'est là que, dans l'empire russe, se trouvait la zone de résidence où étaient cantonnés les Juifs. Les 29 et 30 septembre 1941, les Juifs de Kiev sont anéantis ; les 3 et 4 novembre 1941, ce sont les Juifs de Gomel ; le 3 novembre le ghetto de la ville de Berditchev, la « Jérusalem de Volhynie », est liquidé ; pendant l'hiver 1941-1942, les alentours de Moscou et les faubourgs de Leningrad sont également rendus « *judenfrei* » – « libérés des Juifs », en jargon nazi. Un ouragan génocidaire ravage les territoires soviétiques avant même que le IIIe Reich ne mette en œuvre l'assassinat systématique dans les chambres à gaz.

Sur les territoires soviétiques, la réalité génocidaire s'entremêle et se confond avec le monde ordinaire. Il n'y a pas ici de scission entre l'extérieur et l'intérieur, pas de ligne nette séparant la mort de la vie. Certains habitants rejoignent volontairement les milices que constituent les nazis sur place, et forment les groupes de *polizei* chargés de surveiller les ghettos et de participer aux exécutions.

À Krivoï-Rog, dans la région de Dnipropetrovsk en Ukraine, riche en minerai de fer, les fusillades se déroulent dans la fosse d'une mine. Les troupes allemandes entrent dans la ville le 15 août 1941. Avant la guerre, la cité comptait treize mille Juifs, deux tiers d'entre eux ont réussi à quitter Krivoï-Rog avant l'arrivée des nazis. Début octobre la propagande antisémite atteint son apogée. *Le Juif éternel*, un film allemand qui diabolise les Juifs, est projeté dans la salle de cinéma ; le journal local publie les articles qui appellent ouvertement à « la purification de la ville des youpins ». Le 14 octobre 1941, les *polizei* rassemblent les Juifs et les conduisent, sous les regards de tous, vers la mine numéro 5 aux abords de la ville. Les Juifs sont fusillés par groupes de dix, les jeunes enfants sont jetés dans le puit de la mine vivants.

Un génocide sur le terrain ne peut se perpétrer sans la participation de la population locale. Les Einsatzgruppen ont recours de fait à tout ce qu'ils trouvent sur place : ils réquisitionnent le matériel nécessaire (chariots, pelles), mais surtout la main-d'œuvre pour creuser des fosses. Les réquisitionnés assurent le bon déroulement des fusillades : ils conduisent les victimes aux ravins, servent à manger aux nazis ou chantent pour eux pendant les pauses, dament les corps dans la fosse et, enfin, la comblent. Une survivante du massacre au village Lenindorf en Crimée témoigne :

> Tout se déroulait selon un plan : les Juifs creusaient les fosses, les Allemands leur tiraient dans la nuque, les voisins aplanissaient « le contenu » des fosses de manière grossière en sautant dessus et en les piétinant.

Ce type de travail était imposé par les nazis aux non-Juifs qui s'y prêtaient de gré ou de force, soit en raison de leur intérêt personnel, soit pour assurer leur propre survie. Les vêtements et effets personnels dont on dépouillait les victimes au bord des ravins étaient souvent partagés entre les nazis et leurs divers collaborateurs, volontaires ou non.

Les nazis exploitent l'antisémitisme traditionnel de la population des territoires qu'ils occupent. En 1941 ils raniment cette haine profondément ancrée, en proclamant que la Wehrmacht entreprend de libérer la Russie des Juifs et des communistes. L'accueil favorable réservé aux Allemands et la propension de la population à la collaboration renvoient à des anciens préjugés antisémites et au rejet du système soviétique, mais également au désastre de la collectivisation vécue dix ans plus tôt et à la famine orchestrée par Staline, à la Grande Terreur qui sévissait entre 1936 et 1938 et à la répression menée par les bolcheviks contre l'Église. Les blessures infligées par le régime soviétique sont trop vives et récentes, surtout dans les régions annexées de 1939 à 1941, à la suite du pacte germano-soviétique, où la soviétisation forcée avait été violente et douloureuse. Dans ces territoires, la propagande massive des nazis concernant le « judéo-bolchevisme » est suffisante pour provoquer des pogroms avant même que ne commence le génocide proprement dit.

Quand, dans la Lettonie d'après-guerre, un juge d'instruction pose la question à un participant de ces émeutes antijuives : « Avez-vous participé au pillage de la population ? », l'accusé, parfaitement calme et sûr de son fait, répond : « Non, je n'ai pillé que des youpins. »

Le déclenchement des massacres des Juifs se déroule souvent selon le même scénario : en arrivant dans des villes abandonnées par l'Armée rouge, les nazis trouvent dans les prisons les corps de ceux qui ont été fusillés par le NKVD à la hâte la veille de la retraite et les exposent devant la foule. Les Juifs, désignés comme complices du communisme, sont alors déclarés coupables de ces assassinats. Le 29 septembre 1941, le jour même du massacre à Babi Yar, le quotidien allemand *Berliner Börsen-Zeitung* publie un article intitulé « Des meurtres de la GPOU aussi à Kiev ». L'information est tout de suite relayée par la presse ukrainienne. Dans la forêt de Bykovnia, sur la rive droite du Don, à l'opposé de Babi Yar, les Allemands viennent de découvrir des charniers de la Grande Terreur. De nombreux habitants de Kiev se précipitent alors sur les lieux pour creuser la terre et essayer de retrouver les corps de leurs proches disparus.

Le Kremlin et la Shoah

Les dirigeants soviétiques disposent d'informations précises sur l'extermination des Juifs dès les premières semaines de l'invasion allemande. Les renseignements proviennent de plusieurs sources : le Commandement politique principal de l'Armée rouge recueille les déclarations des soldats qui ont fui la captivité ou sont sortis de l'encerclement ; le NKVD dispose de récapitulatifs permanents et détaillés provenant des territoires occupés. Le 19 août 1941, le Premier secrétaire du Parti communiste de la Biélorussie,

Panteleïmon Ponomarenko, envoie une dépêche personnelle à Staline où il révèle directement que « la population juive subit une extermination féroce ».

Les informations sur les massacres fuitent régulièrement dans la presse. Cependant, même si l'assassinat des Juifs n'est pas totalement passé sous silence, les échos en sont atténués, dilués et incorporés dans la série d'épreuves subies par l'ensemble de la population. Le but est de démontrer que l'idéologie exterminatrice nazie est dirigée non seulement contre les Juifs, mais aussi contre tous les Soviétiques.

La propagande nazie sur le judéo-bolchevisme inquiète le Kremlin, qui cherche alors à la déjouer. Il n'est pas question d'appeler les troupes au combat afin de venger les *shtetls* anéantis ! Le soldat russe ne va pas se battre pour les Juifs. Il faut aussi rigoureusement cacher l'ampleur de la complicité avec l'ennemi, la responsabilité de la population locale dans les massacres et propulser sur le devant de la scène le mythe étatique d'un « peuple soviétique uni » sur lequel repose le régime.

Et en même temps, dès les premières semaines de la guerre, le Kremlin cherche à mettre en avant une image terrifiante de la guerre sur le sol soviétique et à impliquer des Juifs soviétiques dans les efforts de la propagande. Le Kremlin ayant été l'allié de l'Allemagne nazie jusqu'à l'attaque de juin 1941, il lui faut réaffirmer sa position antifasciste sur la scène mondiale, persuader les cercles isolationnistes des États-Unis d'entrer en guerre et collecter des fonds au profit de l'Armée rouge. Le but supposé est de toucher la fibre identitaire d'une communauté juive nombreuse, surtout en Amérique, en se proclamant l'adversaire irréductible de la destruction des Juifs en train de se produire.

Le 24 août 1941, à Moscou se tient le « meeting des personnalités juives ». Il est radiodiffusé en URSS, mais aussi retransmis aux États-Unis et au Royaume-Uni.

La transcription des discours, tenus par les écrivains et les personnes célèbres, est publiée dans les journaux soviétiques. Ce meeting fait entendre, non seulement aux Juifs américains, mais aussi aux Soviétiques, juifs et non juifs, que l'extermination du peuple entier est en cours.

« Je suis un écrivain russe, y déclare Ilya Ehrenbourg, mais les nazis m'ont rappelé une chose : ma mère s'appelait Hannah, je suis juif. » Au début de la guerre, les paroles d'Ehrenbourg s'élèvent au-dessus du chœur des voix qui affirment à l'unisson leur appartenance au peuple juif. Ces voix appartiennent à la première génération des Juifs soviétiques qui s'étaient fondus dans la culture et la langue russes, mais pas seulement.

Dans l'élan de la guerre, chaque peuple de la grande famille soviétique a la permission de donner libre cours à ses propres sentiments nationaux et de recourir à sa propre mythologie. La littérature, un instrument puissant dans les mains de la propagande, est utilisée pour faire connaître les violences commises par les nazis. Et comme c'est le peuple juif qui subit les souffrances les plus cruelles, les écrivains, y compris ceux qui ne sont pas juifs, ne tardent pas à remplir leurs poèmes de symboles judaïques.

« Au-dessus des cendres, lève-toi, Rachel », supplie, en 1942, Alexeï Sourkov, un écrivain officiel qui ne se mettait jamais en désaccord avec la ligne de la propagande :

> Secoue la poussière de tes habits vétustes, Rachel.
> Ne pleure pas, ne te lamente pas sur le sang.
> Regarde ; il a dispersé la détresse des siècles,
> Et s'est levé, le vengeur, il est le fils de ton amour,
> Hirsch Levi, soldat de l'Armée rouge,
> Le descendant des Macchabées.

Le Comité antifasciste juif

Vu le succès du meeting des personnalités juives, Staline autorise en 1942 la création d'un organisme officiel chargé de représenter les Juifs soviétiques. Le Kremlin confie d'abord l'élaboration du projet de ce comité à Heinrich Ehrlich et Victor Alter, des militants actifs du Bund, un mouvement socialiste juif en Europe de l'Est. Mais, une fois qu'ils ont établi la liste des membres et rédigé le mémorandum d'un Comité juif antihitlérien mondial, ils sont arrêtés. Le caractère mondial du Comité ne convient pas au Kremlin qui souhaite une officine de propagande soumise à son contrôle total. C'est ainsi que, le 6 avril 1942, est officiellement créé le Comité antifasciste juif (CAJ), avec pour président le directeur de théâtre Solomon Mikhoels.

Le CAJ est composé pour moitié d'écrivains et de journalistes juifs, qui bénéficient d'indulgences de la part du régime ; l'édition de leurs œuvres, freinée à partir de la fin des années 1930, est reprise chez Der Emes, éditions fondées durant la guerre ; on leur permet également de voyager et de percevoir des honoraires à l'étranger. Le Comité central du parti autorise en juin 1942 la publication d'un journal yiddish, *Einigkeit* (*L'Unité*). C'est ainsi que, parallèlement à l'extermination des Juifs d'Europe, l'URSS vit l'éclosion de la culture juive.

Le CAJ accomplit bien son but premier : susciter la solidarité internationale avec Moscou. À l'été 1943, lors d'une grande tournée à travers l'Amérique du Nord et le Royaume-Uni, Solomon Mikhoels et le poète Itsik Fefer sont acclamés par des milliers de personnes. Des organisations juives chargées de collecter de l'argent au profit de l'Armée rouge voient le jour partout dans le monde.

En décembre 1943, Mikhoels et Fefer sont de retour en URSS. En six mois d'absence, non seulement l'attitude envers les Juifs dans leur pays est devenue hostile, mais ils retrouvent leur bureau du CAJ plongé dans le deuil.

Après la bataille de Stalingrad, qui marque le tournant de la guerre, l'Armée rouge passe à l'offensive et libère les territoires habités jadis par les Juifs. Les membres du CAJ apprennent les détails glaçants de la disparition de leurs familles et sont stupéfaits de l'ampleur des atrocités subies par les Juifs pendant l'occupation allemande. Les missives racontant sur des bouts de papier la survie et la mort affluent aux CAJ de toutes les régions. À la fin de la guerre, l'URSS traverse une vraie fièvre testimoniale. Les survivants et les témoins des massacres cherchent à attester de l'anéantissement du peuple, mais surtout, ils témoignent non seulement des massacres perpétrés par les nazis, mais également de l'antisémitisme sévissant sur place durant l'occupation et au lendemain de celle-ci. Les villes sont détruites, plongées dans la misère, frappées par la famine. Les Juifs qui ont réussi à quitter des bourgades avant l'arrivée des nazis reviennent de l'Oural et de l'Asie centrale. La population locale se montre très hostile à leur égard. « Mort aux youpins ! » crie la foule au début de hiver 1944 au marché de Kiev. « Ici on a tranché la gorge de trente-sept mille Juifs, on va zigouiller le reste », hurle la foule qui prend pour cible une femme juive à Dnipropetrovsk. Les souvenirs du « judéo-bolchevisme » sont, en effet, encore très prégnants dans la population locale et les difficultés de la vie d'après-guerre ne font que les accentuer. Un pogrom violent éclate de fait à Kiev en septembre 1945, juste avant l'anniversaire du massacre de Babi Yar. Les documents soviétiques officiels parlent de cinq tués, d'une centaine de blessés, dont trente-cinq grièvement.

Cette réalité n'a rien à voir avec la ligne propagandiste insufflée par le régime soviétique, y compris par l'entremise du CAJ. Quand ses membres jouaient, avec un dévouement sincère, le rôle de messagers de l'URSS, ils étaient parfaitement au courant de la Shoah, mais elle n'était pas si présente, palpable, elle se déroulait derrière le front et était camouflée par la violence de la guerre. Ici la Shoah est entrée, comme une tornade violente, dans leurs bureaux au centre de Moscou.

La douleur qui résonne dans ces doléances est si forte que désormais beaucoup de choses sont perçues par le CAJ sous un nouveau jour. Le CAJ décide alors à l'unanimité de se positionner en porte-parole des survivants de la Catastrophe. Ainsi, cherchant à faire connaître les souffrances passées et présentes vécues par les survivants du génocide, les membres du comité se rendent auprès des organismes compétents du Parti et font régulièrement suivre les nombreux courriers qu'ils reçoivent aux autorités. Mais les missives disparaissent dans la poussière des cabinets ministériels, tandis que les demandes et les discours pressants des victimes juives et de leurs protecteurs suscitent la fureur des apparatchiks.

C'est alors que Vassili Grossman et Ilya Ehrenbourg, deux grands écrivains, correspondants de guerre lors du conflit et souvent sur la première ligne de front, créent, au sein du CAJ, la commission littéraire où sont invités les auteurs soviétiques dont plusieurs ont des origines juives pour travailler sur un *Livre noir*. Il s'agit d'établir un recueil exceptionnel, censé retracer l'histoire de « l'assassinat du peuple », et donner la parole, entre autres, aux survivants parvenus à s'extraire des fosses. À cette fin ont été créées des « brigades d'écrivains, de journalistes et de personnalités publiques juives ». Ils se rendent dans les lieux dévastés par la guerre et par la Shoah. Ils sont souvent chargés d'enquêter dans leurs villes et bourgades natales, afin de collecter plus aisément les témoignages sur place ; ils inspectent les lieux des fosses communes, écoutent et transcrivent les récits des survivants. Le *Livre noir* se trouve à la croisée de deux histoires culturelles : celle de la littérature russe, où l'écrivain est le passeur de la voix du peuple opprimé, et celle de la culture juive, influencée par l'injonction mémorielle du Zakhor (souviens-toi), prescrivant de garder les traces du peuple menacé de destruction.

Le *Livre noir* est terminé en 1946 et envoyé à l'imprimerie de la maison d'édition Der Emes. Le CAJ se félicite du succès de son initiative et décide de poursuivre la collecte de témoignages pour de prochains volumes. Mikhoels propose de publier le recueil en yiddish. Mais le *Livre noir* ne verra jamais le jour en URSS, ni en russe, ni en yiddish.

Le 13 janvier 1948, sur ordre personnel de Staline, Mikhoels est assassiné à Minsk et le crime est camouflé en accident de la circulation. Ce meurtre ouvre une période noire dans l'histoire de l'URSS qui sera destructive pour les personnes et les manuscrits.

La souffrance des « civils soviétiques »

Quelques mois avant sa disparition, Mikhoels a adressé une lettre au secrétaire du Comité central du Parti communiste, Andreï Jdanov où il demande son appui pour la publication du *Livre noir*. La Direction de la propagande du parti conclut alors que le *Livre noir* contient des erreurs politiques car il met l'accent sur les massacres des Juifs tandis que c'est le peuple soviétique dans son ensemble qui a subi durant la guerre des souffrances inouïes. On reproche également au *Livre noir* de trop s'attarder sur la collaboration et de laisser penser que « les éléments antisoviétiques locaux ont joué un rôle important dans l'anéantissement de la population juive ».

En effet, dès le printemps de 1943, après la bataille de Stalingrad, les évocations des massacres des Juifs ont presque totalement disparu du discours officiel. Quand l'Armée rouge passe à l'offensive, le nationalisme devient de plus en plus prégnant, en même temps qu'il nourrit l'antisémitisme. Pays en détresse au début du conflit, l'URSS s'apprête à fêter son triomphe ; elle est désormais une puissance mondiale qui se prépare à partager l'Europe pour y posséder ses « zones d'influence ». Staline n'a plus besoin des diverses expressions de patriotisme. Afin d'assurer sa mainmise sur un empire qui sera bientôt doté de pays satellites, il faut, au contraire, un peuple homogène, uni et débarrassé des souvenirs douloureux de la guerre meurtrière. Particulariser les souffrances inouïes vécues par un peuple contredit tout à fait ce modèle triomphaliste et impérialiste qui exclut de parler de dissensions et de particularismes.

Ainsi, la prise en compte de Babi Yar dans le document officiel *Actes sur les atrocités commises par les nazis* est l'objet d'un échange de vues à un niveau élevé de la hiérarchie du Parti. Dans une première version, en février 1944, Gueorgui Aleksandrov – chef de la Direction de la propagande – introduit un changement symptomatique de la nouvelle politique : il remplace, avec l'accord du ministre des Affaires étrangères, Viatcheslav Molotov, le mot « Juifs » par l'expression « citoyens soviétiques pacifiques ».

Cette formule est une réussite du point de vue de l'idéologie et s'installe pour de longues années dans le langage soviétique. Elle crée une identité fourre-tout, évite de nommer les victimes, mais également de les distinguer dans les fosses et les ravins les plus importants dans les territoires soviétiques, comme Babi Yar. Mais, surtout, cet euphémisme, en nivelant les différences et en occultant la spécificité juive de la Shoah, conforte le mythe du « peuple soviétique uni ».

La publication du *Livre noir*, consacré entièrement au génocide des Juifs et conçu par le Comité antifasciste juif, est, à ce moment de l'histoire, impensable.

Répressions

Le 17 mai 1948, l'URSS est le premier pays à reconnaître l'État d'Israël, proclamé trois jours plus tôt. Six mois après, le président Truman prononce devant le Congrès américain un discours dans lequel il annonce soutenir Israël et lui promet aide et assistance. Pour le Kremlin, c'est la confirmation qu'Israël est en train de basculer dans le bloc capitaliste. L'espoir soviétique de la domination communiste sur l'État d'Israël s'éteint. Le monde plonge dans une longue guerre froide.

Le CAJ accuse Israël de tomber sous l'influence capitaliste, mais pour le Kremlin il est devenu désormais un organe inutile et même redoutable. Les répressions commencent tout de suite après la clôture hermétique du rideau de fer. Le 20 novembre 1948, le Politburo proclame sa décision de dissoudre le CAJ. La vague d'arrestations des membres du CAJ est déclenchée fin décembre 1948, elle atteint son apogée à la fin de janvier 1949. Les archives ayant servi à rédiger le *Livre noir* sont saisies par le NKVD, elles seront attentivement relues par les enquêteurs, classées en « affaires » (dossiers d'accusation) et utilisées lors du procès tenu à huis clos. Le *Livre noir* est devenu un témoignage à charge sur la fin du CAJ, il constitue la preuve qui a permis de prononcer la sentence. Les membres du CAJ sont accusés de liaison avec les services de renseignements étrangers et de « nationalisme bourgeois ».

En même temps que sont discrètement menées les arrestations et l'enquête contre les membres du CAJ, la « lutte contre les cosmopolites sans racines » enflamme les journaux. Partout en URSS, on s'efforce de débusquer les « cosmopolites », qui cachent leurs origines et de divulguer leurs noms juifs véritables. Les Juifs soviétiques sont désormais rangés dans la catégorie des ennemis du régime et présentés par la propagande comme des traîtres potentiels, comme une diaspora attachée à un État étranger, le jeune État d'Israël. Des humeurs pogromistes planent au-dessus des grandes villes soviétiques.

Le 13 janvier 1953, la *Pravda* dévoile le « complot des blouses blanches » – des « médecins-assassins », presque tous juifs, qui se préparent, sous l'égide des États-Unis, à tuer les hauts dirigeants du Parti. Personne ne soupçonne qu'à ce moment les membres les plus actifs du CAJ ont déjà été éliminés. Ils ont été tués par balles dans les caves de la Loubianka le 12 août 1952. Leurs corps ont été brulés au cimetière Novoe Donskoe au centre de Moscou, dans un crématoire de la marque J.A. Topf und Söhne, le même fournisseur des fours d'Auschwitz. Les cendres ont été jetées dans la fosse commune numéro 3 derrière le crématoire.

Fosses interdites

L'Ukraine à elle seule compte près de cinq mille fosses communes où ont eu lieu l'extermination des Juifs. Dès les premiers jours de la paix, les proches des victimes s'y réunissent. Rassemblés autour des ravins, ils prennent conscience de la singularité de leur expérience de la guerre et du refus des autorités de prendre en compte cette part de l'histoire. On voit très vite s'ancrer au bord des fosses une mémoire vive, indépendante, semi-clandestine, difficile à contrôler et à canaliser. Les services secrets alertent à propos des rassemblements aux bords des ravins des « éléments sionistes ».

Les autorités refusent de marquer par des monuments les lieux des massacres ou installent des stèles neutres, impersonnelles, dédiées par amalgame aux « civils soviétiques » dans leur ensemble. Le régime suppose que le fait de soviétiser la fosse va voiler le souvenir du génocide et matérialiser l'idée de la souffrance et de l'entraide communes.

Les lieux possèdent un langage, ce dont le régime soviétique se rend parfaitement compte. Le langage des ravins est direct et impitoyable, il ne cache rien. Il rappelle que la plupart des massacrés sont des Juifs, il révèle qu'une partie de la population a participé à ces massacres. Les fosses mettent à nu cette collaboration, la rage qui sévissait durant la guerre, la violence inouïe, elles rappellent ce qu'il est interdit de se rappeler et contredisent la propagande d'État. Ils ravivent également dans la mémoire les fosses de la Grande Terreur que les nazis ont révélées durant l'occupation. Les souvenirs des Kiéviens qui cherchaient dans la forêt de Bykovnia les dépouilles de leurs proches disparus durant les purges sont encore très vifs. Les ravins transmettent sans paroles leur propre histoire, véridique à sa manière, sans qu'elle soit faussée par les clichés de la propagande.

Le début de l'offensive ouverte contre les fosses communes du génocide coïncide avec l'offensive contre le CAJ, au moment où le régime stalinien mène une politique punitive contre les Juifs. Le gouvernement se rend compte que pour effacer les massacres de la mémoire collective et arracher toute forme de mémoire, il faut refaire la topographie, démolir les lieux, les faire disparaître.

Lorsque la boue sèche à Babi Yar, on bâtit un quartier neuf sur les décombres. Les bulldozers démolissent ce qui reste encore du ravin. Le boulevard périphérique y est construit en un temps record. Un parc de loisirs est aménagé à proximité, avec des aires de jeux et des terrains de sport. Le 29 septembre 1966, lors du vingt-cinquième anniversaire du massacre de Kiev, une manifestation spontanée a lieu à Babi Yar. Des centaines de personnes viennent entretenir la mémoire des victimes et réclamer l'installation d'un monument. Le meeting est filmé, sans autorisation préalable, par les réalisateurs du studio cinématographique de Kiev. Le film leur est très vite confisqué par le KGB qui cherche à établir l'identité des participants à ce « rassemblement non autorisé à Babi Yar » comme on dénomme la manifestation dans les couloirs. Mais un fragment des rushes a été caché et demeure disponible aujourd'hui dans les archives. Un monument commémoratif n'est construit à Babi Yar que dix ans plus tard, en 1976. Il est consacré aux victimes soviétiques, se trouve loin du lieu de la fusillade et ne mentionne pas le génocide des Juifs, ni par les mots ni par son style héroïque.

L'antisémitisme d'État, qu'il soit latent ou parfois plus apparent, perdure en URSS jusqu'en 1991. La Shoah reste exclue de l'historiographie officielle. La perestroïka, qu'entame Gorbatchev en 1985, fait tomber le rideau de fer et s'accompagne d'une vague d'émigration massive des Juifs soviétiques. C'est ailleurs, en dehors des frontières soviétiques, qu'ils publient leurs témoignages et se réunissent pour les cérémonies funéraires à la mémoire des victimes de Babi Yar et d'autres ravins. C'est aussi à partir d'Israël que s'organise dans la plupart des cas l'installation des monuments au-dessus des fosses communes délaissées en URSS.

Mémoire d'aujourd'hui

La période de la *perestroïka* se caractérise par le retour de la mémoire et par le rétablissement de la vérité historique, qui s'opère pour beaucoup grâce à la parole des témoins. La société soviétique prend alors conscience, avant tout, des crimes accomplis par le régime : elle est confrontée à ce qui s'est passé derrière les barbelés de ses propres camps, sur son territoire ; des déportations forcées et de la famine organisée. La censure n'usurpe plus les récits et les témoignages arrivent en masse. Dans ce flux de révélations de son propre passé féroce, l'anéantissement du peuple juif, dont les porteurs de mémoires ne sont plus là, passe de nouveau inaperçu.

La plus grande partie des territoires sur lesquels les nazis se sont livrés au génocide des Juifs se retrouve alors en territoire étranger. Ainsi, pour la majeure partie de la population russe, la mémoire de la Shoah devient externe. Babi Yar – le lieu de mémoire le plus important – se trouve aujourd'hui en Ukraine. Il est symptomatique que les premières publications du *Livre noir* aient eu lieu en Ukraine et pas en Russie. En 1991, deux maisons d'édition ukrainiennes le publient simultanément, mais dans la version abrégée. En 1993, l'édition complète du *Livre noir*, qui met en évidence les coupures effectuées par la censure, voit le jour à Vilnius, en Lituanie. En Russie, le *Livre noir* ne paraîtra qu'en 2014.

La Shoah n'est pas un sujet difficile à aborder dans la Russie d'aujourd'hui. Ainsi, un des musées les plus modernes et les plus visités à Moscou est le Musée juif inauguré en 2012. Mais dans la Russie de Poutine, le mythe de la Grande Guerre patriotique prend de l'ampleur. Il sert à réhabiliter le passé soviétique en lui donnant une nouvelle légitimité, centrée sur l'image triomphante d'un peuple libérateur de l'Europe et vainqueur du fascisme. Le pouvoir en place appelle à la fierté nationale d'une Russie qui renoue avec la gloire passée. En effet, c'est l'Armée rouge qui a libéré Auschwitz et cela correspond parfaitement à cette vision héroïque du passé. L'extermination des Juifs dans les fosses communes, qui nécessite d'évoquer les pages les plus noires de l'histoire soviétique, contredit cette vision et reste alors quasi absente de l'espace médiatique.

En Ukraine la plupart des fosses communes sont aujourd'hui indiquées par des monuments. Les anciens *shtetls* fourmillent de musées miniatures qui s'efforcent de garder la mémoire du yiddishland disparu, fondés et entretenus par des enthousiastes et des gardiens des traces. Ceux-ci n'hésitent pas à transmettre le récit intimiste, passionné, de leur propre histoire. Mais le génocide des Juifs ne fait pas partie inhérente de l'histoire nationale de l'Ukraine.

Après la chute de l'Union soviétique, les anciennes républiques construisent chacune leur identité nationale à partir de la mise en accusation de l'expérience communiste : l'Ukraine commémore la Grande Famine de 1932-1933, le seul génocide reconnu par les Ukrainiens ; dans les pays Baltes on met en avant la politique répressive menée par l'URSS et la déportation vers les camps soviétiques. Seule la Biélorussie reste le partenaire de la Russie et fête, comme sa sœur d'âme, le triomphe de la Grande Guerre patriotique. Dans ces pays qui faisaient jadis partie de l'URSS, la Shoah, malgré la présence évidente des traces, n'est toujours pas pensée comme un événement crucial du XXe siècle. L'empire au sens géographique a disparu, mais l'espace idéologique et culturel persiste, avec ses défauts de mémoire.

AUTEURS

Docteur en histoire de l'université de la Sorbonne (Paris IV), ancien membre du service culturel de l'Ambassade de France à Moscou, chargé de cours « Histoire et civilisation française » à l'université Sarah Lawrence College, **Bernard Costagliola** a publié son doctorat sous le titre *La Marine de Vichy – Blocus et collaboration*, préface de Robert O. Paxton, coll. Biblis, CNRS Éditions, 2014. Centré sur le blocus britannique, et ainsi en lien avec l'assaut tragique mené à Oran (3 juillet 1940) par la Royal Navy contre sa sœur d'armes, ce travail a été suivi d'une biographie de l'amiral Darlan « super collaborateur » pendant les années 1940-1942 : *Darlan – La collaboration à tout prix*, préface de Georges-Henri Soutou, CNRS Éditions, 2015. Il poursuit ses recherches sur la collaboration du régime de Vichy avec l'Allemagne nazie.

Caroline D'Amours est historienne, professeure adjointe au Collège militaire royal du Canada à Kingston et chercheuse associée à l'International History Institute, Boston University. Spécialiste de l'histoire militaire du Canada, ses recherches portent sur la formation des fantassins canadiens de 1939 à 1945 ainsi que sur la participation de la société québécoise aux deux guerres mondiales.

Témoin privilégié de l'Asie où il séjourne depuis trente ans, successivement au Vietnam, à Pékin, Shanghai, Taipei et aujourd'hui à New Delhi, **Arnaud Duval** a couvert l'ensemble de la région, observateur de son évolution économique et sociétale récente. Il est notamment l'auteur du *Dernier Testament de Kim Jong-il, il était une foi(s) la Corée du Nord* (Michalon, 2012), un travail de réflexion et de décryptage sur l'incroyable longévité d'une dynastie ermite, nationaliste, dictatoriale et la permanence du système totalitaire en place. Il a également participé à d'autres ouvrages collectifs, notamment *Les Enfants de dictateurs* (First Histoire, 2014) et *La Chine sera-t-elle notre cauchemar ?* (Mille et Une nuits, 2005).

Romain Fathi, docteur en histoire, est enseignant chercheur en histoire australienne à Flinders University, Adélaïde, et chercheur associé au Centre d'histoire de Sciences Po, Paris. Son dernier ouvrage intitulé *Our Corner of the Somme. Australia at Villers-Bretonneux* a paru aux Presses Universitaires de Cambridge. Ses travaux portent sur la mémoire des conflits, la Première Guerre mondiale et le traitement des corps sur les champs de bataille, ainsi que la Ligue des sociétés de la Croix-Rouge.

Irène Herrmann est professeure ordinaire en histoire transnationale de la Suisse à l'université de Genève. Elle est l'auteure de plus d'une centaine d'articles scientifiques, elle a codirigé une dizaine d'ouvrages dont *L'Étoffe des héros. Les étrangers dans la Résistance française* (Georg, 2020) et rédigé cinq monographies, dont *L'Humanitaire en questions. Réflexions autour de l'histoire de la Croix-Rouge* (Éditions du Cerf, 2018) et *12 septembre 1814. La Restauration. La Confédération réinventée* (PPUR, 2016). Ses thèmes de recherche comprennent l'histoire conceptuelle, les droits humains et l'humanitaire.

Diplomate, **Patrick Imhaus** a occupé divers postes en Asie et en Afrique avant d'être ambassadeur de France à Stockholm de 1998 à 2003. Il a passé une partie de sa vie professionnelle dans le secteur de la culture et des médias, notamment à la tête de TV5-Monde.
Sous le nom de Marc Bressant il a publié une dizaine de romans, dont *La Dernière Conférence*, Grand Prix du roman de l'Académie française en 2008, qui relate une conférence Est-Ouest fictive se déroulant au moment même où tombe le mur de Berlin.
Il est aussi l'auteur de deux courts essais consacrés à la Suède. *Alfred, Bertha et la paix* aborde le paradoxe de ce prix Nobel de la paix fondé par l'inventeur de la dynamite. Pour sa part, *Les Deux Raoul et les Autobus blancs* interroge sur le peu d'écho rencontré aujourd'hui encore en Suède par trois initiatives spectaculaires de Suédois qui, durant la Seconde Guerre mondiale, décidèrent de ne pas se satisfaire de la neutralité équivoque de leur pays.

Historien et diplomate, **Pierre Joannon** est l'un des meilleurs spécialistes français de l'histoire de l'Irlande. Il a reçu les insignes de docteur *honoris causa* de la National University of Ireland et de l'université d'Ulster. Membre de la Royal Irish Academy, cofondateur de la revue universitaire *Études irlandaises* et biographe de Michael Collins, William Butler Yeats et John Hume, il est l'auteur d'une *Histoire de l'Irlande et des Irlandais* (Perrin, 2009) qui est considérée comme l'ouvrage de référence sur le sujet.

Professeur émérite de l'université Mohammed V-Rabat, **Mohammed Kenbib** est directeur à l'Académie du royaume du Maroc de l'Institut royal pour la recherche sur l'histoire du Maroc. Docteur d'État de l'université Paris I-Sorbonne, ses recherches portent sur l'histoire contemporaine et les relations internationales. Principales publications : *Les Protégés,* Faculté des lettres de Rabat, 1996 ; *Juifs et musulmans au Maroc. Des origines à nos jours,* éd. Taillandier, Paris, 2016 ; « The American Impact on Moroccan Nationalism, 1930-1947 », in *The Atlantic Connection. 200 Years of Moroccan-American Relations,* Rabat, 1990, pp. 169-182 ; « Le général de Gaulle et les nationalistes marocains, 1940-1946 », in *Espoir,* n° 80, mars, 1992, Paris. Il est le coordinateur scientifique de l'ouvrage *Pour une Maison de l'histoire du Maroc,* Publication de l'académie du Royaume, Rabat, 2021.

Asia Kovrigina est docteure en littérature comparée, boursière postdoctorale à la Fondation de la mémoire de la Shoah, chercheuse associée au sein du Centre d'études et de recherches interdisciplinaires en lettres, arts, cinéma (CERILAC, Université de Paris). Elle a publié (avec Annie Epelboin) *La Littérature des ravins. Écrire sur la Shoah en URSS,* Robert Laffont, 2013. Auteur (avec Michaël Prazan) d'un documentaire *Goulag(s)* (France 2, 2019). Elle a publié également « Témoins oculaires de la destruction des Juifs en URSS : Parler par délégation, témoigner malgré tout », *Europe,* 1041-1042, 2016, p. 77-91 ; « Babyn Yar in personal accounts », in Vladislav Hrynevych, Paul Robert Magocsi, *Babyn Yar, History and Memory,* University of Toronto, 2016, p. 143-165.

Maître de conférences habilité à diriger les recherches à l'université de Lille, **Andreï Kozovoï** est l'auteur de plusieurs ouvrages, dont notamment le remarqué *Brejnev, l'antihéros,* Perrin, 2021 et *Les Services secrets russes des tsars* *à Poutine* (3e édition), 2022, Grand Prix de l'académie du renseignement.

Docteur de l'université de Cambridge, **Olga Kucherenko** est spécialiste de la guerre côté soviétique. On lui doit notamment deux ouvrages consacrés à l'enfance soviétique pendant le conflit : *Little Children : How Soviet Children Went to War, 1941-1945,* Oxford University Press, 2011 et *Soviet Street Children and the Second World War : Welfare and Social Control Under Stalin,* Bloomsbury, 2016. Son projet actuel porte sur les relations anglo-soviétiques, au carrefour de la diplomatie et de l'histoire sociale.

Franck Michelin est professeur à l'université Teikyō (Japon), chercheur associé au Centre Roland Mousnier de Sorbonne Université et à l'Institut français de recherche sur le Japon à la Maison franco-japonaise, spécialiste de l'histoire du Japon et des relations internationales en Asie orientale. Il est également membre correspondant de l'Académie des sciences d'outre-mer. Il est l'auteur de : *La Guerre du Pacifique a commencé en Indochine, 1940-1941,* Passés composés et ministère des Armées, 2019 ; « Géopolitique du Japon au XXIe siècle face aux cicatrices de l'histoire », *Diplomatie,* « Les grands dossiers », 56, mai 2020 ; « Le Japon et la guerre franco-thaïlandaise : histoire d'un vrai-faux complot », *Péninsule,* 78, 2019 ; « Shibusawa Eiichi and the Rise of the Capitalist Economy in Northern Japan. A Research Project », *Revue française d'histoire économique,* 2019/1 ; « La Sphère de coprospérité de la Grande Asie orientale : réflexion sur un régionalisme asiatique », *Relations internationales,* 168, février 2017 ; « Le Japon et le Pacifique : histoire d'une relation complexe » in Sémir Al Wardi, Jean-Marc Regnault, Jean-François Sabouret (éds.), *L'Océanie convoitée : Actes des colloques,* Paris et Papeete, CNRS Éditions et Api Tahiti,

2017 ; « L'occupation du Vietnam par le Japon, point de départ de l'indépendance ? » in Dominique Barjot et Jean-François Klein (éds), *De l'Indochine coloniale au Viet Nam actuel*, Académie des sciences d'outre-mer, Magellan & Cie, 2017.
Il est en train de terminer l'écriture d'un ouvrage sur l'histoire de l'armée impériale japonaise (Passés composés) et en prépare un autre sur l'histoire de la nation japonaise (Tallandier).

Raffaella Perin est professeure d'histoire du christianisme à l'université catholique du Sacré-Cœur de Milan. Spécialiste d'histoire de l'Église catholique contemporaine, ses études portent sur l'attitude du Saint-Siège à l'égard des minorités religieuses en Italie pendant l'entre-deux-guerres ; les formes de l'antisémitisme catholique dans le XXe siècle ; l'antimodernisme de la Curie romaine sous le pontificat de Pie X ; la diplomatie et la politique du Vatican pendant la Seconde Guerre mondiale. Elle est notamment l'auteure de *La radio del papa. Propaganda e diplomazia nella seconda guerra mondiale*, il Mulino, Bologna, 2017 ; *Benedict XV : The "Children of Israel" and the "Members of Different Religious Confessions"*, in *Benedict XV. A Pope in the World of the "Useless Slaughter" (1914-1918)*, dir. A. Melloni, Brepols, Turnhaut, 2020, pp. 739-762 ; « L'Antisémitisme : une question absente dans *Mit brennender Sorge* », in *Pie XI un pape contre le nazisme ? L'encyclique* Mit brennender Sorge, ed. F. Bouthillon, M. Levant, éditions dialogues, Brest, 2016, pp. 175-191 ; « Une diplomatie désarmée dans la Seconde Guerre mondiale : un bilan historiographique », *Monde(s) Histoire, Espaces, Relations*, 22, novembre 2022.

Historien, ancien directeur de recherche au CNRS, **Claude Quétel** est l'auteur de nombreux ouvrages notamment consacrés à la Seconde Guerre mondiale. Il vient de publier *Hitler – Vérités et légendes* (Perrin).

Né à Caen et enseignant à Rouen, ancien chercheur à la Fondation pour la mémoire de la déportation, spécialiste de l'histoire militaire de la Seconde Guerre mondiale, en particulier de la guerre menée en Afrique du Nord et au Moyen-Orient de 1940 à 1943, **Benoît Rondeau**, qui se rend chaque année en Égypte, a publié une vingtaine d'ouvrages et de nombreux articles, dont *Afrikakorps. L'armée de Rommel* (Tallandier, 2013), *Rommel* (Perrin, 2018), *Le Soldat britannique. Le vainqueur oublié de la Seconde Guerre mondiale* (Perrin, 2021) et *L'Épopée du désert (tome 1). La 8e armée britannique* (Ysec, 2021).

Antoine de Tarlé est spécialiste des relations franco-américaines. Il est ancien enseignant à Sciences Po Paris et ancien directeur général adjoint de *Ouest France*. Il est co-auteur de nombreux ouvrages notamment un *Dictionnaire de la guerre froide* (Larousse) et *Une journée avec* (Perrin). Il est aussi l'auteur de *Trump, le mensonge au pouvoir* (Éditions de l'Atelier, 2020).

Historien français spécialiste de la captivité de guerre et des rapports franco-allemands au XXe siècle, **Fabien Théofilakis** est maître de conférences à l'université de Paris 1 Panthéon-Sorbonne et membre du Centre d'histoire sociale des mondes contemporains. Auteur d'un ouvrage de référence, *Les Prisonniers de guerre allemands. France, 1944-1949. Une captivité de guerre en temps de paix* (Fayard, 2014), il a également codirigé avec Anne-Marie Pathé l'ouvrage *La Captivité de guerre au XXe siècle : des archives, des histoires, des mémoires* (Armand Colin, 2012) et assuré la direction scientifique du catalogue de l'exposition *[Dé]construire les mémoires.*

Récits, pratiques & acteurs au Mont-Valérien, de la Seconde Guerre mondial à nos jours (Ministère des Armées, 2020). En 2022, il publie *« L'Autre Camp. Frontstalag 170 KN 654 » Les Prisonniers de guerre français en 40* (Gallimard) et dirige l'ouvrage *Les Prisonniers de guerre français en 40* (Fayard). Il achève actuellement une recherche sur le procès Eichmann.

David Zambon, né en 1972, enseignant en histoire et géographie au lycée Sasserno de Nice et de culture générale à l'université de droit et science politique de Nice. Outre de nombreux articles dans des magazines spécialisés dans l'histoire de la Seconde Guerre mondiale, il a publié *La 132ª Divisione Corazzata « Ariete »* (2014, éditions Caraktere), *Les Italiens sur le front de l'Est* (2019, Lemme édit.), *Encyclopédie des avions de chasse italien 1939-1945* (2020, éditions Caraktere) et a participé à l'ouvrage collectif *Le Garde particulier : entre ruralité et sécurité, un acteur au service des territoires* (2019, Institut universitaire Varenne).

TABLE

CET OUVRAGE
A ÉTÉ MIS EN PAGES PAR NORD COMPO
REPRODUIT ET ACHEVÉ D'IMPRIMER
EN Août 2022

N° d'imprimeur : 168936
Dépôt légal : septembre 2022
Imprimé en France par CPI